よくわかる！ 1級
造園施工管理技士試験

（学科試験）

例題形式で効率的に習得！

造園施工管理試験問題研究会 監修

弘文社

まえがき

　造園施工管理技士は造園施工にかかわる技術者にとって，最初に目指す資格のひとつで，まさに造園にかかわる技術者の入り口の資格といえます。都市再生など都市空間の見直しが話題となり，造園へのニーズは今後ますます広がっていくと考えられます。加えて，都市部における整備事業では屋上緑化などの新しい市場も期待できます。また，環境問題がクローズアップされるなかで，環境を維持する造園技術に注目が集まることは間違いないでしょう。

　造園施工管理技士の試験は，決して難しい試験ではありません。基本的な項目をしっかり理解しておけば，十分合格が可能なレベルの試験なのです。1級造園施工管理技士の試験は，学科試験と実地試験に分かれており，出題範囲も広く，最初のうちは学習が面倒に思えるかもしれません。しかし，造園施工管理技士の試験で問われる項目は基本的な内容がほとんどです。試験に頻出の項目をしっかり抑えておけば，合格に必要な点数はきっちりと確保できるでしょう。

　本書では主に1級造園施工管理技士の学科試験の合格に必要な内容について，例題を解きながら習得できるように構成しております。時間のない方は，重要な項目を優先して学習できるように，各項目には重要度も示しているので，参考にしていただきたいと思います。なお，実地試験に必要な知識は，学科試験と重複しますので学科試験の対策を十分に講じることが，実地試験に合格する近道となります。

　実際の造園施工管理技士の試験で100点をとる必要はありません。100点を目指すことも大切ですが，まずは試験に合格して，実務で本当の実力を養うことの方が大切です。そういった考えのもと，本書では，合格に必要な最小限な項目に絞って効率的に学習できるようにしています。

　本書を手にした皆さまが合格の栄冠を勝ち取られることを祈念しております。

著者しるす

•••CONTENTS•••

まえがき …………………………………………………………………… 3

序章　受験案内
造園施工管理技術検定試験　受験制度について ………………… 10
検定の実施内容について ……………………………………………… 15

第1章　庭園の様式
1. 日本庭園の様式 …………………………………………………… 18
2. 西洋庭園の様式 …………………………………………………… 22

第2章　土壌
1. 土壌の性質 ………………………………………………………… 26

第3章　植栽
1. 植栽の施工 ………………………………………………………… 42
2. 植物生理 …………………………………………………………… 66
3. 芝などの施工 ……………………………………………………… 68

第4章　植物管理
1. せん定 ……………………………………………………………… 74
2. 肥料 ………………………………………………………………… 83
3. 病虫害 ……………………………………………………………… 88

第5章　植物材料
1. 植物材料 …………………………………………………………… 94
2. 役木 ………………………………………………………………… 121

第6章　材料
1. 石材 ………………………………………………………………… 126
2. その他材料 ………………………………………………………… 132

5

第7章　公　園

1．公園施設 …………………………………… *150*
2．運動施設 …………………………………… *165*
3．その他施設 ………………………………… *176*

第8章　土　木

1．土工 ………………………………………… *192*
2．コンクリート工 …………………………… *207*
3．擁壁工 ……………………………………… *217*
4．舗装工 ……………………………………… *224*
5．排水工 ……………………………………… *230*

第9章　設　備

1．給水設備 …………………………………… *236*
2．電気設備 …………………………………… *238*

第10章　建築・測量

1．建築 ………………………………………… *242*
2．測量 ………………………………………… *248*

第11章　設計図書

1．設計・契約図書 …………………………… *252*

第12章　施工管理

1．施工管理 …………………………………… *260*
2．施工計画 …………………………………… *264*
3．調達計画 …………………………………… *268*
4．工程計画 …………………………………… *270*
5．工程管理 …………………………………… *276*

第13章　品質管理

1．品質管理 …………………………………… *292*

第14章　労働関係法規
1．労働関係法規 ……………………………………………… 312

第15章　その他の法規
1．建設業法 …………………………………………………… 332
2．都市公園法・都市計画法 ………………………………… 336
3．建築基準法 ………………………………………………… 343
4．都市緑地法 ………………………………………………… 345
5．その他法律 ………………………………………………… 347

第16章　実　　　地
1．経験問題 …………………………………………………… 352
2．専門問題 …………………………………………………… 358

序章

受験案内

造園施工管理技術検定試験　受験制度について

造園施工管理技術検定とは

　施工管理技術検定は，造園だけに特有な資格ではなく，土木や建築，電気工事や管工事など多岐に渡っている。公共性や公益性の高い工事において，一定の品質や安全を確保するために旧建設省などが主導して建設業法に基づいて行っている検定である。

　造園施工管理技術検定が始まったのは昭和50年から。土木施工管理技術検定から分離される形でスタートしている。したがって土木施工と重複する事項は少なくないので，土木施工管理技術検定の受験者であれば，比較的取り組み易い検定試験と言える。

　なお，検定に合格すると国土交通大臣より検定合格証明書が交付される。これによって「1級造園施工管理技士」または「2級造園施工管理技士」と称することができる。

検定合格によるメリット

　建設業法で定められた基準に基づいて，造園工事業を営む一般建設業や特定建設業の許可を受ける事業者には，その営業所ごとに専任の技術者が求められる。さらに，請負工事を実施する場合には主任技術者や監理技術者といった一定の技術レベルの人員を配置することが義務付けられている。2級造園施工管理技士では主任技術者に，1級造園施工管理技士では主任技術者に加えて監理技術者になることが認められている。

　このような観点からも，この資格は造園施工を行う事業者や，管理を行うものにとって必要不可欠な資格と言える。

造園施工管理技術検定の内容

　造園施工管理技術検定には1級と2級の2つの区分がある。いずれの試験も学科試験と実地試験から構成されている。学科試験は造園に関する施工技術や材料などの基本知識，土木の基本知識や関連法規や施工管理方法などについて問う問題から構成されている。実地試験は，実務から得られた経験を確認する問題と施工管理などの基本問題から構成されている。

造園施工管理技術検定試験の合格率

1級および2級造園施工管理技術検定の試験の合格率の推移は以下の通り。1級の学科の合格率は約3割程度，2級の学科の合格率は4〜5割程度となっている。また実地試験については，1級も2級も概ね3〜4割以上となっている。

表1　1級および2級（学科）の合格率の推移

年度	受験者数 1級	受験者数 2級	合格者数 1級	合格者数 2級	合格率 1級	合格率 2級
20年度	5,855	5,022	1,478	2,473	25.2%	49.2%
21年度	5,757	4,798	1,882	2,372	32.7%	49.4%
22年度	5,143	4,390	1,459	1,808	28.4%	41.2%
23年度	4,570	4,205	1,198	1,773	26.2%	42.2%
24年度	4,421	4,338	1,034	1,946	23.4%	44.9%
25年度	4,321	4,162	1,127	2,134	26.1%	51.3%
26年度	4,220	4,012	1,687	2,238	40.0%	55.8%

表2　1級学科試験および実地試験の合格率の推移

	学科試験 受験者数A	合格者数B	合格率B/A	実地試験 受験者数C	合格者数E	合格率E/C	合格率E/A
H17年度	7,867	2,371	30.1%	4,038	1,691	41.9%	21.5%
H18年度	7,774	2,667	34.3%	3,600	851	23.6%	10.9%
H19年度	6,738	1,969	29.2%	3,574	1,072	30.0%	15.9%
H20年度	5,855	1,478	25.2%	2,558	645	25.2%	11.0%
H21年度	5,757	1,882	32.7%	2,748	694	25.3%	12.1%
H22年度	5,143	1,459	28.4%	2,637	775	29.4%	15.1%
H23年度	4,570	1,198	26.2%	2,019	530	26.3%	11.6%
H24年度	4,421	1,034	23.4%	1,728	667	38.6%	15.1%
H25年度	4,321	1,127	26.1%	1,631	431	26.4%	10.0%
H26年度	4,220	1,687	40.0%	2,300	777	33.8%	18.4%

1級技術検定は，大学で土木工学や園芸学，林学などの学科を履修した者が，大学卒業後に造園施工管理に関する実務経験が3年以上（うち1年は指導監督的実務経験年数を含む）ある者。または，これと同等の資格を有すると認定された者が対象になっている。大規模な造園工事，運動公園，総合公園といった高度な技術を必要とする工事の主任技術者や監理技術者のための資格である。

　2級技術検定は，高等学校で土木工学，園芸学，林学などの学科を履修した者が，高等学校卒業後に造園施工管理に関する実務経験を3年以上ある場合，またはこれと同等と認められた者が対象となっている。小規模な児童公園や近隣公園などの工事における主任技術者などの技術力の向上を目的としたものである。

受験資格

　造園施工管理技士の受験資格は，以下に掲げる表の通り。学歴や，履修した専攻によって受験に必要な実務経験の年数が大きく変化するので，よく留意しておくこと。

(1) 学歴又は資格により，次のいずれかに該当する者
概略ですので，詳細は各自で調べて下さい。

学 歴	学科	資 格 等		実務経験年数	
				1級	2級
(1) 大 学	指定学科	———		3年以上	1年以上
	指定学科以外	———		4年6ヶ月以上	1年6ヶ月以上
(2) 短期大学 高等専門学校	指定学科	———		5年以上	2年以上
	指定学科以外	2級合格者	専任の主任技術者経験者	7年以上	—
		上記以外の者		7年6ヶ月以上	3年以上
(3) 高等学校	指定学科	2級合格者	専任の主任技術者経験者	7年以上	—
		専任の主任技術者経験者		8年以上	—
		2級合格者		9年以上	—
		上記以外の者		10年以上	3年以上
	指定学科以外	2級合格者	専任の主任技術者経験者	8年6ヶ月以上	—
				10年6ヶ月以上	
		専任の主任技術者経験者		11年以上	—
		上記以外の者		11年6ヶ月以上	4年6ヶ月以上
(4) そ の 他		2級合格者	専任の主任技術者経験者	12年以上	—
		専任の主任技術者経験者		13年以上	—
		2級合格者		14年以上	—
		上記以外の者		15年以上	8年以上

注1) 指定学科とは，土木工学（農業土木，鉱山土木，森林土木，砂防，治山，緑地又は造園に関する学科を含む)，園芸学，林学，都市工学，交通工学

又は建築学に関する学科をいいます。
2）実務経験年数とは，工事現場において造園工事の施工管理に従事した経験年数をいいます。
3）1級受験には，実務経験年数のうち，1年以上の指導監督的実務経験年数が必要です。
4）実務経験は，卒業後のものしか認めません。
ただし，大学又は高等学校の夜間部（2部）の卒業者が在学中の実務経験を加える場合の学歴は，その一つ前の高等学校卒業又は中学校卒業となります。
5）専任の主任技術者経験者にあっては，造園工事における実務経験年数のうち，1年以上の専任の主任技術者としての実務経験年数が必要となります。
6）専任の主任技術者について
公共性のある工作物に関する重要な工事で，工事一件の請負金額が，2,500万円以上の工事現場に置く「主任技術者」は「専任」でなければならないとされています。（建設業法第26条第3項）
　したがって，請負金額が，2,500万円未満の工事の主任技術者は，専任の主任技術者とはなりません。
　なお，公共性のある工作物に関する重要な工事とは，個人住宅を除いて殆どの工事が対象となります。

検定の実施内容について

試験の実施時期と合格発表時期
変更されることもあるので，各自で事前に確認して下さい。
〈試験実施日〉
（学科試験）
　　1級 ： 9月の第1日曜日
　　2級 ： 11月の第3日曜日
（実地試験）
　　1級 ： 12月の第1日曜日
　　2級 ： 学科試験と同じ日
〈合格発表日〉
　　1級 ： 学科は10月上旬，実地は3月上旬
　　2級 ： 2月の下旬

試験開催場所
　　1級学科試験：札幌・仙台・東京・新潟・名古屋・大阪・広島・高松・福岡・沖縄
　　2級学科試験：札幌・青森・仙台・東京・新潟・金沢・名古屋・大阪・広島・高松・福岡・鹿児島・沖縄

試験の概要など
（学科試験）
　　1級 ： 四肢択一式問題で，
　　　　　午前（A問題）36問程度で，全問に解答する。試験時間は2時間30分
　　　　　午後（B問題）29問程度で，全問に解答する。試験時間は2時間
　　2級 ： 四肢択一方式で50問程度，全問に解答する。試験時間は2時間30分

（実地試験）
　　1級　：　受験者の経験に関する問題など。試験時間は2時間45分
　　2級　：　受験者の経験に関する問題など。試験時間は2時間

受験の申請

　例年5月の中旬から下旬にかけて試験の受付が行われている。年によって変動もあるので，必ず早めに確認すること。

　受験資格などについては，（一財）全国建設研修センターのホームページに記載されている。

※変更される場合もありますので，詳しくは下記にお問い合わせ下さい

造園施工管理技術検定試験に関する申し込み書類提出先及び，問合せ先
一般財団法人　全国建設研修センター　試験業務局造園・区画整理試験部造園試験課
〒187-8540　東京都小平市喜平町2-1-2
　　　　　　TEL　042(300)6866(代)　http://www.jctc.jp
　　　　　　※電話番号のおかけ間違いにご注意ください。

第1章

庭園の様式

第1章　庭園の様式

1. 日本庭園の様式

例題 1

日本庭園に関する（庭園名），（庭園様式），（庭園が造られた時代）の組み合わせとして，適当でないものはどれか。

	（庭園名）	（庭園様式）	（庭園が造られた時代）
(1)	大徳寺大仙院庭園 ―	枯山水式 ―	室町時代
(2)	修学院離宮庭園 ―	池泉回遊式 ―	江戸時代
(3)	平等院庭園 ―	浄土式 ―	平安時代
(4)	天竜寺庭園 ―	茶庭 ―	安土・桃山時代

Point → 日本における庭園様式とその代表的な庭園をよく覚えておくこと。

庭園の種類

(1) 寝殿造庭園

平安時代の代表的な貴族の邸宅として寝殿造建築がある。この寝殿造建築の南側に池を設け，その中に中島を配置し舟でその池を舟遊できるようにした庭園様式。

代表例は，神泉苑。

(2) 浄土式庭園

平安時代後期に極楽浄土の思想が広まり，阿弥陀の極楽浄土を再現するようにした寺院庭園。

代表的な例としては，京都の平等院庭園や浄瑠璃寺庭園，平泉の毛越寺庭園がある。

(3) 鎌倉時代の庭園

　鎌倉時代には，平安時代の「寝殿造り庭園」や「浄土式庭園」を基にして，武家の精神を取り入れた造園がなされるようになった。
　鎌倉時代の代表的な庭園としては，西芳寺庭園や天竜寺庭園がある。

(4) 枯山水式庭園

　室町時代に入ると禅宗が広まり，この禅宗における宗教思想を反映させた庭園様式で，水のない所に石と白砂などを用いて山水の景観を作り出す抽象的な庭園様式。
　代表的な枯山水様式の庭園としては大徳寺大仙院庭園や竜安寺庭園などが挙げられる。

(5) 茶庭

　安土桃山時代には千利休が茶道を発展させた。この茶の文化によって生み出された茶室に至る路を基にしてつくられた庭をいい，露地とも呼ぶ。「わび」を取り入れた様式。
　代表的な茶庭は表千家庭園，裏千家庭園。

(6) 池泉回遊式庭園

　江戸時代に完成した庭園様式。過去の池泉や茶庭，枯山水など様々な様式を取り入れている。庭園内に池泉を設け，その周りに回遊用の園路を設置して，回遊路を巡りながら様々な景観や趣を楽しむ庭園様式。大名庭園の中にもこの様式が取り入れられることが多い。
　代表的な回遊式庭園としては，桂離宮庭園や修学院離宮庭園が挙げられる。六義園や小石川後楽園などにもこの様式はみられる。

(7) 大名庭園

　江戸時代に池泉回遊式の様式をもとに江戸時代以前の様々な様式を取り入れた庭園である。大名が領地内の屋敷などに作庭した。
　代表的な大名庭園として，小石川後楽園（江戸），偕楽園（水戸），兼六園（金沢），後楽園（岡山）などがある。

(8) 明治時代の庭園

　明治時代になると欧米からの影響を受けた「和洋折衷」の庭園も登場する。

第1章　庭園の様式

この時代の有名な庭園としては，山県有朋の別荘に小川治兵衛が自然の風景を取り入れて造った無鄰庵庭園が有名。ほかにも，明治時代に造られた代表的な庭園としては，日比谷公園や山手公園などが挙げられる。

(9) 明治時代以降の公園制度

明治以降の公園制度の流れとそれに伴う公園の設置状況は以下の通り。

① 明治6年＝太政官布達：浅草寺や兼六園などの公園を設置
② 明治21年＝市区改正条例が制定：日比谷公園などを設置
③ 大正8年＝都市公園法が制定：明治神宮内苑と外苑
④ 昭和6年＝国立公園法の発布：国立公園の設置
⑤ 昭和31年＝都市公園法の制定
⑥ 昭和47年＝都市公園等整備5カ年計画

解答　(4)：天竜寺庭園は鎌倉時代の庭園。

類題マスター

日本庭園に関する（庭園名），（庭園様式），（庭園が造られた時代）の組み合わせとして，適当でないものはどれか。

	（庭園名）	（庭園様式）	（庭園が造られた時代）
(1)	浄瑠璃寺庭園	浄土式	平安時代
(2)	裏千家庭園	寝殿造庭園	安土桃山時代
(3)	桂離宮庭園	池泉回遊式	江戸時代
(4)	竜安寺庭園	枯山水式	室町時代

施工管理技術検定試験制度改正のお知らせ

令和3年度より、1級・2級技術検定とも従来の学科試験、実地試験より第1次検定、第2次検定に再編され、各々の合格者には「技士補」、「技士」の称号が付与されることになりました。

| 1級 第1次検定 ⇒ 合格 ⇒ 1級技士補 ⇒ 第2次検定 ⇒ 合格 ⇒ 1級技士 |
| 2級 第1次検定 ⇒ 合格 ⇒ 2級技士補 ⇒ 第2次検定 ⇒ 合格 ⇒ 2級技士 |

※ 試験の日程等は従来通りですが、受検資格や、試験範囲に若干の変更がありましたので、詳しい内容について、各自試験機関のホームページでお確かめください。

※ 基本的に学習する内容自体にこれまでと変更はありませんが、学科・実地の試験範囲の一部が第1次検定・第2次検定のなかで入れ替わっています。弊社ホームページで、書籍の学習内容の変更点についてお知らせしておりますので、併せてご確認ください。

弘文社ホームページ http://www.kobunsha.org/

類題2

日本庭園の歴史について述べた以下の文章のうち，適当でないものはどれか。

(1) 明治時代になると欧米からの影響を受けた「和洋折衷」の庭園も登場する。この時代の有名な庭園に無鄰庵庭園がある。

(2) 安土桃山時代には茶の文化によって生み出された茶室に至る路を基にしてつくられた茶庭ができた。代表例として表千家庭園がある。

(3) 浄土式庭園は鎌倉時代後期に広まった極楽浄土の思想を反映した寺院庭園で，寝殿造庭園に極楽浄土の世界を盛り込んだ様式。京都の平等院庭園や平泉の毛越寺庭園が代表例。

(4) 室町時代には，水のない所に石と白砂などを用いて山水の景観を作り出す枯山水様式が発展する。代表的な庭園としては大徳寺大仙院庭園や竜安寺庭園などが挙げられる。

● 解答・ポイント ●

解　答　類題1　(2)：裏千家庭園は茶庭（露地）の代表。
　　　　類題2　(3)：浄土式庭園は平安時代に発展した庭園。

第1章　庭園の様式

2. 西洋庭園の様式

例題 2

> 西洋の造園史に関する以下の組み合わせのうち，適当でないものはどれか。
> (1)　ベルサイユ宮苑　－　フランス平面幾何学式庭園　－　ヴィスタ
> (2)　ストゥ庭園　　　－　イギリス自然風景式庭園　　－　ハハア
> (3)　ボボリ園　　　　－　スペイン・サラセン式庭園　－　パティオ
> (4)　エステ荘　　　　－　イタリア露壇式庭園　　　　－　カスケード

 西洋における庭園様式とその代表的な庭園とキーワードをよく覚えておくこと。

庭園の種類

(1) 古代ギリシャ・ローマの庭園

　古代ギリシャの庭園の特徴の一つは広場にある。集会などが開かれた広場はアゴラと呼ばれる。古代ローマでは，アゴラはフォーラムとして受け継がれていった。また古代ローマでは，アトリウムと呼ぶ前庭，ペリステリウムと呼ぶ中庭などがあったことが，ポンペイの住宅庭園によってうかがい知ることができる。
　古代ローマの代表的な庭園としてアドリアーナ荘が挙げられる。

(2) 中世の庭園

　中世の庭園としては，修道院の庭園やイスラムの庭園，スペインやインドのサラセン式庭園などが挙げられる。
　修道院の庭園は，果樹園など実用的な庭園から始まり，後に花園などが追

22

加されるなど装飾を設けた庭園に発展していった。

イスラムの造園様式は，矩形の中庭に園路やカナール（水路），噴水などを配置していた。

スペインのサラセン式庭園では，パティオと呼ぶ中庭式庭園が造られた。庭の中央に噴水や池泉などを設けて，周囲にサイプレスと呼ぶ常緑樹を配置。幾何学的に対称的な形状で，十字形のカナールや園路を設けていた。

スペイン式の庭園の代表例として，グラナダのアルハンブラ宮殿やアルハンブラ宮殿に隣接するヘラリーフェ離宮，セビリアのアルカサールのパティオが挙げられる。

インドの庭園では，タジマハールの庭園などが代表例として挙げられる。

(3) イタリアの庭園

14世紀に起こったルネッサンスは，造園の分野にも影響を及ぼした。主に丘陵地に造られたヴィラと呼ぶ別荘の庭園が特徴的。丘陵地に造ったヴィラの庭園なので，庭園は階段状のテラスになっている。敷地は園路によって左右対称に構成され，テラスには噴水やカスケード（階段状の滝）が配置された。そのため，この庭園はイタリア露壇（テラス）式庭園とも呼ばれる。

代表例はエステ荘やランテ荘，ボボリ園などが挙げられる。

(4) フランスの庭園

イタリアから約1世紀遅れてルネッサンスの影響を受け，フランスでは平坦な地形に庭園が作られた。広い敷地に左右対称の構成で造る庭園で，フランス平面幾何学式庭園とも呼ばれる。アンドレ・ル・ノートルという造園家によって確立した。中央に配置するヴィスタと呼ぶ通景線や樹林のボスケが特徴。

フランス平面幾何学式庭園の代表例として，ベルサイユ宮苑やヴォー・ル・ヴィコント庭園が挙げられる。

(5) イギリスの庭園

イギリスでは，同国の田園趣味を取り入れたイギリス自然風景式庭園が18世紀に登場した。ブリッジマンが，背景となる実際の風景との間に堀割を設けるハハアと呼ぶ技法を考案。その後，ケントやブラウン，レプトンらの造園家の手によって完成した。自然美を重んじ，自然の風景を取り入れた庭園。

第1章　庭園の様式

代表例として，ストゥ庭園やスタウアヘッド庭園が挙げられる。

(6) 西洋の近代の庭園

近代の西洋庭園は，特権階級が保有していた庭園が市民に開放され公園に転じた。ハイドパークやリージェントパークが有名。

アメリカでは，世界の都市公園運動の先駆けとなるセントラルパークがオルムステッドなどの手によってニューヨークに造られた。

　(3)：ボボリ園はイタリア露壇式庭園の代表。スペイン・サラセン式庭園の代表例は，アルハンブラ宮殿など。

類題マスター

西洋の造園史に関する以下の組み合わせのうち，適当でないものはどれか。

(1)　ル・ノートル　　　　　—　フランス　—　ヴォー・ル・ヴィコント庭園
(2)　ブリッジマン　　　　　—　イギリス　—　ストゥ庭園
(3)　オルムステッド　　　　—　アメリカ　—　セントラルパーク
(4)　レプトン　　　　　　　—　イタリア　—　エステ荘

● 解答・ポイント ●

解　答　　(4)：レプトンは英国の造園家。

第 2 章

土　　　壌

第2章 土 壌

1. 土壌の性質

例題 1

土壌に関する以下の文章のうち，適当でないものはどれか。
(1) 土性は，土壌に含まれている砂と粘土の割合によって，埴土や壌土などに区分される。
(2) 土壌を構成する粒子は，粒子の大きさが大きい順に礫，砂，シルト，粘土に区分される。
(3) 埴土をナイフで切断すると，切断面には光沢がある。
(4) 多少固まりになっても転がしてひも状に伸ばすことができないのは，壌土である。

Point → 腐植や土性についてよく理解しておくこと。

解説

(1) 土壌断面

FAO（国際連合食糧農業機関）は，土壌の断面を図2・1のように，区分している。

最上部のO層は，堆積腐植層とも呼ばれ，さらに地表面から順に未分解落葉層（L層），植物組織が認められる程度に分解した腐葉層（F層），植物組織が判別できないくらいに分解が進んだ腐植層（H層）の3層に別れている。全体的には，まだ腐食の進んでいない落ち葉や落枝等が集まってできている。

A層はO層の下の層で，腐植に富み，従来の区分で表層と呼ばれる部分の一部。腐植とは，枯れた植物や死んだ動物が微生物に分解されて生成されたものなど褐色または黒色の土壌有機物をいう。腐植は，生物の遺体のたんぱく質やリグニンが多く含まれ，微生物などの生育を促進する。

さらに，腐植は微生物などが生産するグルコースなどの効果によって，土

粒子を結合させ安定で良好な土壌を形成。土壌の団粒化や膨軟化を促進する。保水性，通気性に富み，腐食を促進させる微生物の活動を活性化し，植物の生育を促進する上で非常に有効である。

　この層は，暗褐色や黒褐色など暗色で粒状構造が発達している。A，E，AB，BA層の順番に構成される。

　B層は表層の下の層で，下層とも呼ばれる。母材が風化して生成された遊離鉄によって，赤褐色や褐色，黄褐色を示す風化層または，洗脱された物質の集積層。ち密で粘性がある。

　C層はB層（下層）のさらに下の層で，基層とも呼ばれる。基層は岩石がもろくなったような層で，礫によって構成されている。C層は淡色で，有機物が乏しい層となっている。

　C層の下にはR層と呼ぶ土壌の母材を供給した固結母材の層がある。

第2章 土壌

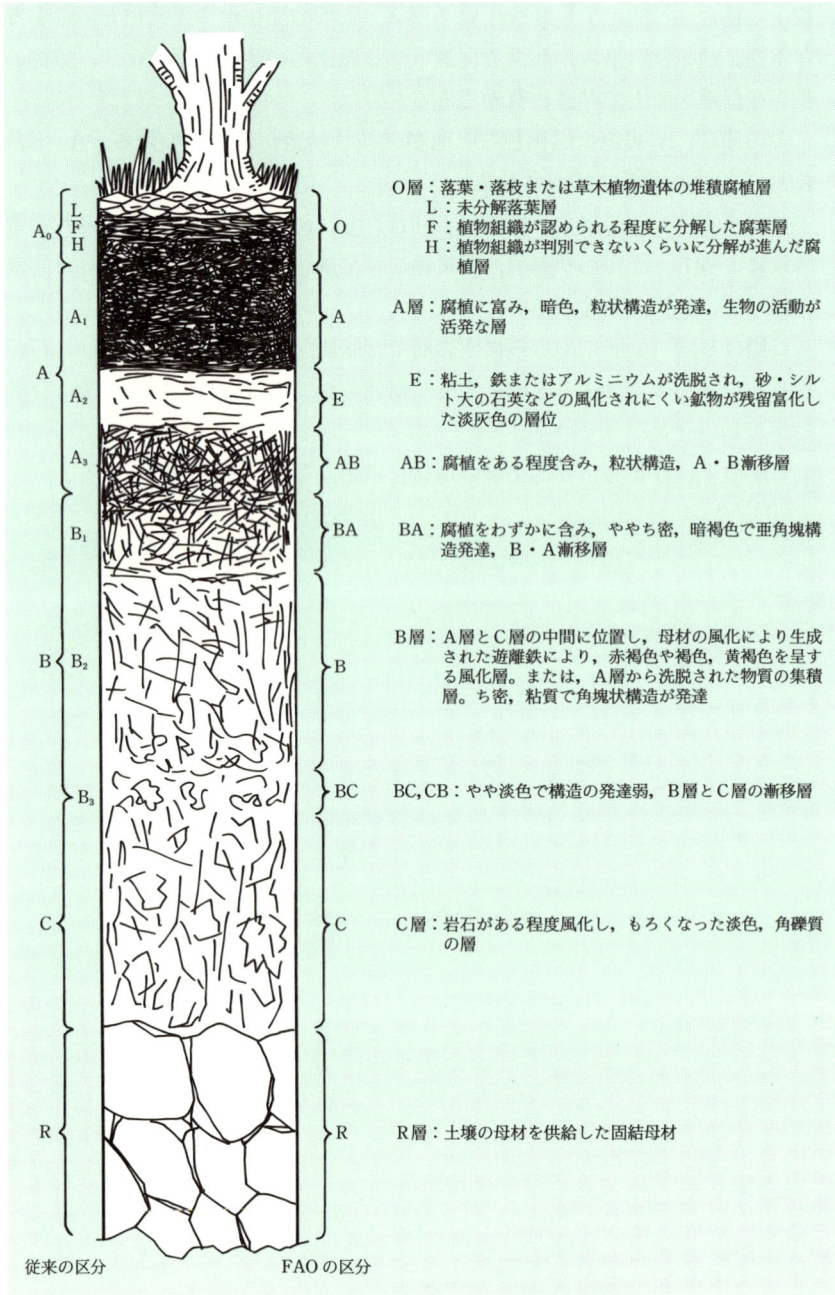

図2・1 FAOによる土壌断面図

2-1 土壌の性質

(2) 土性

土壌は砂や粘土など様々な成分によって構成されているが、この土壌中の砂や粘土などの鉱質粒子の分布割合によって区分されている（表2・1）。

表2・1 土性区分

区分	埴土（C）	埴壌土（CL）	壌土（L）	砂壌土（SL）	砂土（S）
粘土%	50％以上	50.0〜37.5％	37.5〜25.0％	25.0〜12.5％	12.5％以下

また、各土性区分における特徴をまとめると表2・2のようになる。

表2・2 土性区分と特徴

土性	現地での粘土と砂の感じ方	ナイフ切断面の性状	粘土細工を作る際の性質
埴土	ほとんど砂を感じないでぬるぬるとした粘土の感じが強い。	なめらかで光沢あり。	転がして細いひも（＜3mm）にした後に輪を作ってもきれいにできる。
壌埴土	大部分が粘土で一部砂を感じる。	埴土と壌土の中間。	転がすと細いひもになるが（＜3mm）、さらに伸ばしたり曲げたりすると切れる。
壌土	砂と粘土が半々の感じ。	平滑だが光沢はない。	転がすと太いひも状（＞3mm）になるが、それ以上細くすると切れる。
砂壌土	大部分が砂の感じで、わずかに粘土を感じる。	表面がざらざらしている。	多少固まりになるが、転がしてひも状にできない。
砂土	ざらざらとほとんど砂だけの感じ。	同上	転がしてもざらざらで固まらない。

　(4)：表2・2参照。

第2章 土 壌

類題マスター

腐植に関する記述のうち，最も適当なものはどれか。
(1) FAO（国際連合食糧農業機関）による土壌断面の区分におけるC層は，腐植に富んでいる。
(2) 腐植は，生物の死体などたんぱく質やでんぷんから構成されている。
(3) 一般に有機物を適度に含んでいる土壌は，暗褐色や黒褐色など暗色をしている。
(4) 腐植は土壌の団粒化や膨軟化を抑制する。

● 解答・ポイント ●

解　答　(3)：腐植にはたんぱく質やリグニンなどが多く含まれる。でんぷんは微生物などによって，初期の段階で分解されてしまうので少ない。

2−1 土壌の性質

例題 2

植物の生育にとって適正な土壌のpHに関する以下の記述における（　）内の語句の組み合わせとして最も適当なものはどれか。

一般的な植物は，土壌のpHが（　ア　）程度であれば，生育に影響をほとんど与えない。一般に降水によって，土壌は（　イ　）に傾く。しかし，都市化が進んだ地域では，コンクリート構造物や乾燥によって土壌が（　ウ　）を示すことがある。

(1) (ア) 7～8　　(イ) 酸性　　　(ウ) アルカリ性
(2) (ア) 5.5～7　(イ) 酸性　　　(ウ) アルカリ性
(3) (ア) 7～8　　(イ) アルカリ性 (ウ) 酸性
(4) (ア) 5.5～7　(イ) アルカリ性 (ウ) 酸性

Point → 土壌の様々な性質についてしっかりと把握しておくこと。

解説

(1) 土壌の硬度

土壌には，植物が生育する上で最適な硬度がある。土壌の硬度を測定する機器としては，山中式土壌硬度計や長谷川式土壌貫入計がある。植物の生育に適当な硬度は，山中式土壌硬度計による硬度指標の平均値で8～20 mm程度である。これよりも硬くなると植物の根の伸長が難しくなり，生育に支障をきたす。

長谷川式土壌貫入計は，貫入コーンを一定の高さから落下させて1回当りの貫入深さを軟らか度S値（cm/drop）として示したもの。S値が4.0であれば，山中式土壌硬度計の硬度指標11 mmに相当。根などの発達に良好な状態である。

なお，硬度は土壌の含水比によって大きく左右されるので，降水直後等は硬度の測定を行わない。

31

第2章 土　壌

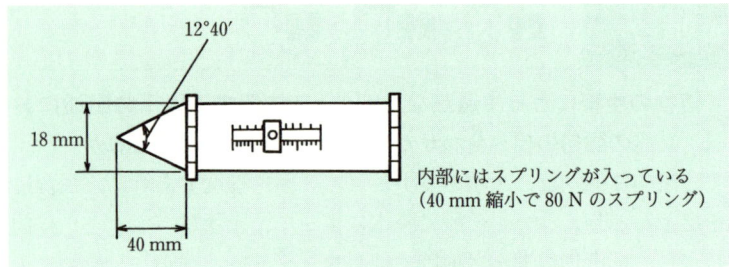

図2・2　山中式土壌硬度計

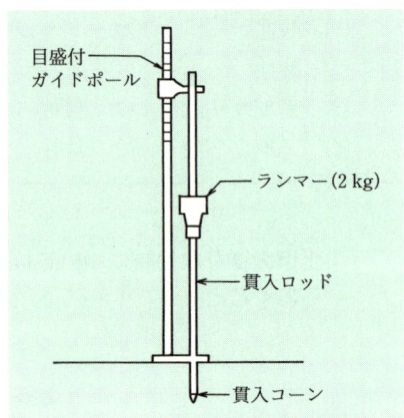

図2・3　長谷川式土壌貫入計

(2)　土壌のpH

　一般に植物はpH 6〜6.5程度の土壌を好むものの，pH 5.5の弱酸性からpH 7強程度の弱アルカリ性までであれば，生育に悪影響を及ぼすことは少ない。しかし，過度の酸性やアルカリ性は植物の生育に悪影響を及ぼす。
　土壌は以下のように様々な要因によって酸性化される。

① 　雨水による溶脱作用で生じる酸性化

　降水によって土壌中のカルシウムやマグネシウムといった塩基成分が次第に溶脱する。これによって，土壌はだんだん酸性に傾くようになる。

② 　有機酸による酸性化

　有機物が腐食，分解する際に有機酸が発生する。この際，土壌中に酸素が十分供給されなければ，酢酸や乳酸などが発生。土壌が酸性化する。

③ 　生理的酸性肥料による酸性化

　肥料として塩化アンモニア，硫酸アンモニア，塩化カリウムなどを用いた

場合，アンモニア分やカリウム分が植物に吸収される。その結果，塩化物イオンや硫酸イオンなどが残留して，酸を生成する。このため土壌は酸性化される。

④ 硫酸による酸性化

河川などに温泉や鉱山から発生した硫酸が混合し，この水を農業用水などとして利用することによって土壌が酸性化されることがある。

このような土壌の酸性化を防ぐために，土壌を中性化する必要がある。土壌の中性化には石灰（炭酸カルシウム）などが用いられる。なお，都市部においては，コンクリート構造物や乾燥の影響によって，土壌がアルカリ性に傾くこともある。

(3) 土壌の粒径区分

土壌は，その粒径によっても区分される。土壌の粒径区分は表2・3の通り。

表2・3 粒径区分（日本土壌学会法と国際土壌学会法）

粒径区分（日本土壌学会法）

礫		2 mm 以上
砂	粗砂	2～0.25 mm
	細砂	0.25～0.05 mm
	微砂	0.05～0.01 mm
粘土		0.01 mm 以下

粒径区分（国際土壌学会法）

礫		2 mm 以上
砂	粗砂	2～0.2 mm
	細砂	0.2～0.02 mm
シルト		0.02～0.002 mm
粘土		0.002 mm 以下

解答 (2)：降水による溶脱作用によって土壌は酸性化する。

類題マスター

類題1

土粒子を小さい順に並べた組み合わせとして，適当なものはどれか。

(1) シルト ― 粘土 ― 砂 ― 礫
(2) 粘土 ― シルト ― 砂 ― 礫
(3) 礫 ― シルト ― 砂 ― 粘土
(4) 粘土 ― 砂 ― シルト ― 礫

第2章 土 壌

類題2

土壌の酸性化に関係する次の文章のうち，適当でないものはどれか。
(1) 降水が，土壌中のカルシウムやマグネシウムといった塩基成分を溶解。これによって，土壌はだんだん酸性に傾く。
(2) 肥料として塩化アンモニアなどを用いた場合，塩化物イオンなどが残留して，酸を生成。この結果，土壌は酸性化される。
(3) 有機物が腐食，分解する際に有機酸が発生。土壌中に酸素が十分供給されなければ，酢酸や乳酸などが生じて，土壌が酸性化する。
(4) 都市部においては，コンクリート構造物や乾燥の影響によって土壌が酸性化する。

類題3

土壌の硬度に関して以下の文章のうち，適当でないものはどれか。
(1) 長谷川式土壌貫入計は，貫入コーンを一定の高さから落下させて1回当りの貫入深さを軟らか度としてS値で示す。
(2) 植物の生育に適当な硬度は，山中式土壌硬度計による硬度指標で8〜20 mm程度である。
(3) 長谷川式土壌貫入計によって測ったS値が4.0であれば，山中式土壌硬度計の硬度指標11 mmに該当するので，根などの発達に良好な状態だと考えられる。
(4) 硬度は土壌の含水比に左右されにくいので，降水直後に硬度の測定を行っても問題はない。

● 解答・ポイント ●

解　答　　類題1　(2)：表2・3参照。
　　　　　類題2　(4)：コンクリート構造物などの影響によって，土壌がアルカリ性に傾くことがある。
　　　　　類題3　(4)：硬度は含水比に左右されるので，降水直後の測定は控える。

2-1 土壌の性質

例題3 重要 重要

土壌に関する記述のうち，適当でないものを選べ。
(1) 一般的に土壌中の空気における酸素の割合は大気中の酸素の割合よりも少ない。
(2) 植物が利用できる土壌中に含まれる有効水分は，主に吸湿水である。
(3) 土壌に含まれる二酸化炭素が増えると，植物の生育に悪影響を与えることがある。
(4) 埴土は砂壌土に比べて通気性が悪い。

Point → 土壌に含まれる大気組成など土壌の特性をよく理解しておくこと。

解説

(1) 土壌の三相

土壌は固体と液体と気体が混在した状態で存在する。これらは，土壌の三要素と呼ばれる。これらは，順に固相，液相，気相とされ，合わせて土壌の三相とされている。

(2) 土壌に含まれる水分

土壌に含まれる水分の量は，土壌の種類に応じて変化する。例えば，粘土分の多い土壌では通気性が悪く，透水性も低くなる。逆に，砂分の多い土壌では通気性が良く，透水性も高くなることが多い。

土壌には液相の水と気相の水が土壌中の空隙に存在している。これらの水分は，吸着や保持されている状態に応じて，結合水と毛管水，吸湿水，重力水に区分されている。

植物が有効水分として利用できるのは，主に毛管水。毛管力によって土壌中に保持されている。結合水は，土壌粒子によって移動が妨げられている水分。吸湿水は，土壌粒子の表面被膜水で，重力水は重力の作用によって下方に抜け落ちていく水で，浸透水や停滞水，地下水がこれに該当する。

土壌に含まれる土壌水を示す指標として，以下のようなものがある。

35

第2章　土　壌

① 含水比
　土壌を105℃に加熱して乾燥した際の水分量を土の乾燥重量で除して百分率で示したもの。

② 含水率
　土壌を105℃で加熱して乾燥した際の水分量を土の湿潤重量で除して百分率で示したもの。

③ 水分率
　土壌中に含まれる水分の体積を土壌の全体積で除して，百分率で示したもの。

④ pF
　土壌が水を吸引するのに必要な水柱の高さをセンチメートル単位で測定した数値を対数で表したもの。植物が正常に生育するのは，pF 2.8以下とされる。

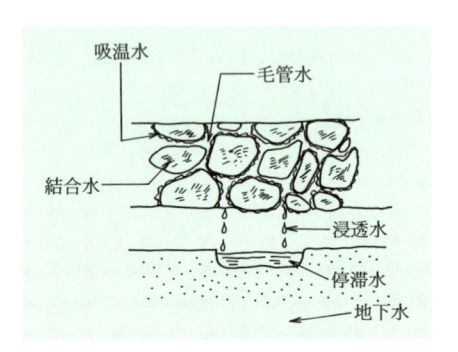

図2・4　土壌水の概念図

(3) 土壌に含まれる大気

　また，土壌中に含まれる空気と大気中の空気の成分は表2・4の通りとなる。一般に土壌に含まれる空気は，主に窒素と酸素，二酸化炭素で構成されている。土壌中の空気の成分は，大気に比べて酸素の割合が少なく，二酸化炭素の割合が多くなっている。

　土壌に含まれる大気のうち，植物の正常な生育には酸素が10％以上必要とされる。酸素量が2％以下にまで低下すると，植物の生育は止まって，枯れてしまうことが多い。通気が悪くなると土壌の酸素の量は減少しやすくなる。また，土壌は踏み固められると二酸化炭素が増える傾向にあり，その結果，植物の生育に悪影響を及ぼす恐れがある。

36

表2・4　大気と土壌内の空気の成分比較

	窒素	酸素	二酸化炭素	アルゴン
大気	78.09%	20.95%	0.03%	0.93%
土壌	75~90%	2~21%	0.1~10%	0.93~1.1%

(4) 土壌の温度

　土壌の温度は、種子の発芽や植物の生育や品質などに影響を及ぼす。おおむね15~20℃程度の範囲の際に落葉樹の伸長が活発になる。冬期の土壌温度が-15~-10℃程度だと、低温障害になる恐れが大きい。

解答　(2)：植物が利用できる土壌中に含まれる有効水分は、主に毛管水。

類題マスター

土壌に関する記述のうち、最も適当なものはどれか。
(1) 植物が利用できる土壌中に含まれる有効水分は、主に結合水である。
(2) 土壌に含まれる大気のうち、植物の正常な生育には二酸化炭素が10%以上必要とされる。
(3) 一般的に土壌中の空気における二酸化炭素の割合は大気中の二酸化炭素の割合よりも少ない。
(4) 通気が悪くなると土壌の酸素の量は減少しやすくなる。

● 解答・ポイント ●

解　答　(4)：畑などでは、土壌の通気が悪くならないように土を耕している。

第2章 土壌

例題 4 重要

植栽土壌の改良に関する記述のうち，適当でないものはどれか。
(1) 排水性が悪い土壌を改良するために，黒曜石系の土壌改良材を使用した。
(2) 有効水分が不足している土壌を改良するために，黒曜石系の土壌改良材を使用した。
(3) 植物養分が不足している土壌を改良するために，塵介し尿系の土壌改良材を使用した。
(4) 固結している土壌を改良するために，バーク系の土壌改良材を使用した。

Point → 土壌改良の方法や土壌改良材についてよく理解しておくこと。

解説

土壌改良工法は，土層を改良する盛土工や土層工，排水工，客土工と，土壌の物理的性質や化学的性質などを改良する土壌改良材施用工や中和剤施用工，施肥工，除塩工に分類できる。

(1) 盛土工

植栽に適している盛土材料を使って，有効土層（植物の根が無理なく生育できる良質な土壌で，低木では深さ約30 cm，中木では深さ約60～100 cm，高木では深さ約1～2 mの範囲が必要）を造るもの。表土復元工も盛土工の一つ。表土復元工では，仮置き場を使用する際に以下の点に留意する。
① 雨による流出や風による飛散，日照による乾燥などを防ぐためにシートがけなどで養生する。
② 表土が圧密されすぎないよう盛土の厚さを抑える。
③ 仮置き場は排水勾配を設けて，過湿による土壌のクライ化を防ぐ。

(2) 土層工

　土壌に対して耕転や砕土，混合などの作業を行うことをいう。

(3) 排水工

　植栽の基盤として，通気や通水を確保する。排水には，地表で排水する方法と地下で排水する方法がある。地上で排水する工法は，表面排水と開きょ排水が，地下で排水する工法は，暗きょ排水と砂溝法，砂柱法がある。

(4) 客土工

　外部から搬入した良質な土壌による客土によって地盤を改良する。

(5) 土壌改良材施用工

　土壌改良材を使って，土壌の性質を改善する方法。例えば，排水性や通気性を確保したい場合，真珠貝や黒曜石のパーライト系の材料が用いられることが多い。また，尿素系の土壌改良材も有効。土壌が固結している場合であれば，有機質系のバーク系や泥炭系，家畜ふん尿系の土壌改良材が適する。

　養分が不足している土壌に対しては，家畜のふん尿系や塵介し尿系の土壌改良材やフミン酸系の土壌改良材が有効になる。

　土壌の腐植を確保する場合であれば，バーク系や泥炭系，フミン酸系など有機質系の土壌改良材が有効。土壌の構造を改善したい場合は，高分子系のポパール系やオレフィン系の土壌改良材が有効。

　土壌のpHを改善するには，強酸性の場合であれば，苦土石灰など石灰質の肥料を，アルカリ性の場合は，硫黄粉末を，弱アルカリ性であれば窒素肥料などを利用する。

　土壌改良施用工は全面改良と帯状改良，植穴改良の三つに分類される。

解答　(2)：有効水分が不足しているような場合に黒曜石系の土壌改良材を利用すると状況が悪化する。

第3章

植　　　栽

第3章 植栽

1. 植栽の施工

例題 1　重要 重要 重要

樹木の支柱に関する記述のうち，適当でないものはどれか。
(1)　布掛とは，植込地に植え付けられた列植に横架材を渡して，両端や中間部を斜柱で支える支柱をいう。
(2)　ワイヤー支柱とは，樹高が高く，八ツ掛による支柱では十分な効果が発揮できない場合に鉄線を利用して支える支柱をいう。
(3)　八つ掛支柱では，控えとなる丸太を幹または，丸太と交差する場所の2カ所以上で結束する。
(4)　街路樹に使う直幹型の樹木の支柱に方杖支柱を使用した。

Point → 植栽の施工のうち，支柱に関する問題はほぼ毎年出題されており，植栽施工のなかでも非常に重要な項目である。

解説

(1) **支柱の目的**
　支柱は移植した樹木を安定させるために行う。支柱がなければ風などの影響によって樹木が揺れて倒れたり，揺れの影響によって樹木の根の発育が阻害されるなどの恐れがあるからだ。

(2) **支柱の施工**
　支柱は樹木の大きさに応じて，美観や目的などを考慮して施工する。支柱を取り付ける場合には，植込地の周辺で生じる強風や季節風などの状況を十分に考慮して，取り付け位置などを決める。
① **支柱と幹の固定**
　支柱となる丸太と樹木の幹の固定では，丸太と幹の取り付け部分に杉皮を

巻く。また，結束はしゅろ縄で割り縄がけに結束する。杉皮は，大きな節や穴割れ，腐った部分などがないものを使用し，しゅろ縄は，より合わせが均等で強靱なものを使う。

② 支柱と支柱の固定

支柱の丸太と丸太が接合する部分については釘を打ち，鉄線で結束する。支柱に唐竹を使用する場合は，先端を節止めし，結束部にはのこぎり目を入れてずれなどを防止する。なお，唐竹は2年生以上で指定の寸法を満たし，曲がりや腐食，病虫害などのない良好な材料を使用する。

③ 支柱の打ち込み

支柱の丸太は元口を下にして所定の深さまで打ち込む（元口とは市中の尖っている方の端部，反対側を末口という）。

④ その他留意点

また，支柱の丸太には防腐剤を2回塗りし，十分乾燥させたものを使用する。取り付け後の切り口にも防腐剤を塗布する。

(3) 支柱の種類

① 八つ掛支柱

3～4本の支柱で樹木の幹の高い位置で支える方法。主に高木に用いる。樹木の幹周が90cm以上の樹木であれば，4本の支柱を利用することが多い。支柱の施工に広いスペースを必要とするが，支柱の支持力は強い。この支柱は丸太と樹木または丸太と交わる部分の2箇所以上で結束する。風向や土質などの現場の条件を考慮したうえで，適当な角度で美観も考えて設置する。大規模な植え込み地などで適用する。

② 布掛支柱

植込地に植栽を列植したり，集団植栽する場合など植栽間の間隔が小さい場合に適用する方法。横架材を樹木間に通し，両端部や中間部は斜柱で支持する。

③ 添え柱

樹高の低い木や幹の強度が弱い樹木，幼木などに適用する。根元をしっかり地中に差し，樹幹をまっすぐ支えるようにする。

④ 鳥居型支柱

例えば，街路樹などスペースの使用が制約される場所で樹木の幹の低い位置に設置する。適用する樹木の幹周が短い方から順に二脚型，三脚型，十字型という仕様で対応する。

第3章　植　栽

⑤　ワイヤー支柱

　スペースが広い場所で，主に樹高が高い大木に利用する。樹木の幹に樹幹保護材を取り付けて結束する。ワイヤーと地上のなす角は45°〜60°，結束高さは樹高の3分の2程度とする。ワイヤーは緩みのないように張り，地上部分は第三者への安全に配慮して，ワイヤをビニールパイプで覆ったり，テープを巻き付けるなどしたりして，危険防止措置を施しておく。

⑥　方杖

　幹が斜めになっている樹木を丁字型の支柱で支える。街路樹のような直立型の樹木の支柱としては利用しない。

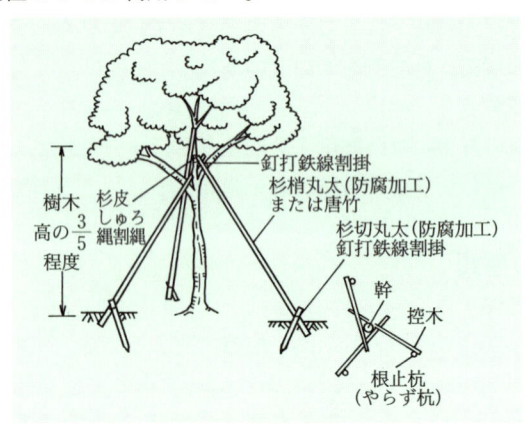

図3・1　八つ掛支柱

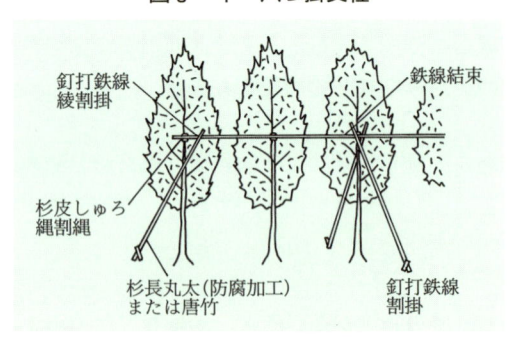

図3・2　布掛支柱

3-1 植栽の施工

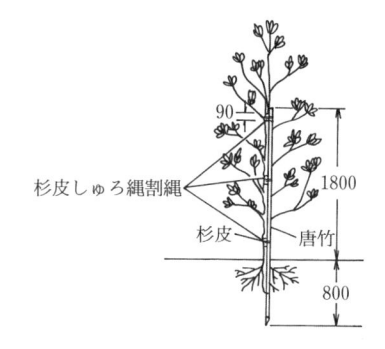

図3・3 添え柱

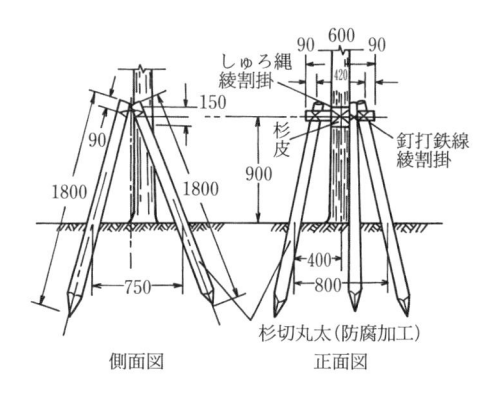

図3・4 鳥居型支柱

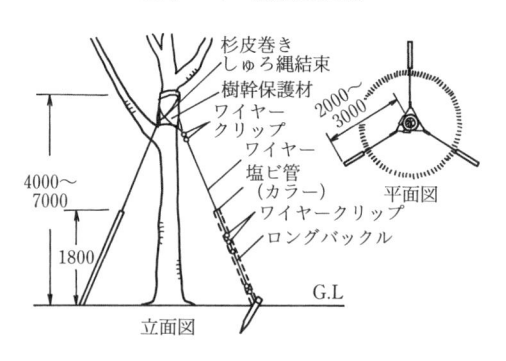

図3・5 ワイヤー張り支柱

第3章 植栽

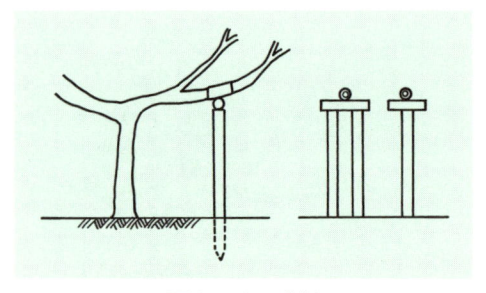

図3・6 方杖

解答 (4)：方杖支柱は，斜幹の樹木に利用する支柱。

類題マスター

ワイヤー支柱の施工に関する記述のうち，適当でないものはどれか。
(1) ワイヤー支柱の結束高さは樹高の2分の1程度とする。
(2) 地上部分は第三者への安全に配慮して，ワイヤをビニールパイプで覆ったり，テープを巻き付けるなどしたりして危険防止措置を施す。
(3) ワイヤー支柱は，スペースが広い場所で，主に樹高が高い樹木に利用する。
(4) 樹幹の結束部に幹当てを取り付け，緩みのないようにロープを張る。

● 解答・ポイント ●

解　答　(1)：ワイヤー支柱の結束高さは樹高の3分の2程度とする。

3-1 植栽の施工

例題 2 重要 重要

樹木の移植時期に関する記述のうち，適当でないものはどれか。
(1) 常緑広葉樹の移植は，萌芽後や9～10月ごろが望ましい。
(2) 粗根や直根を持つ植物は移植が困難な場合が多く，細根や密生根を持った植物は移植が容易である場合が多い。
(3) 移植に適さない時期に移植する場合は，蒸散抑制剤を散布して，活着率を高める。
(4) 樹種が同じであっても，産地が異なる場合，移植時期の選定や移植の際の養生には特に留意する。

Point → 植栽の移植は樹木に応じて時期が異なっていることに注意する。

解説

樹木を移植する際，移植される樹木の根は切断される。そのため，樹木の吸水能力は低下する。樹木には移植によってこうした負担がかかるので，この負担を低減することが重要である。病虫害などで樹勢が弱いものや，大木や老木などは移植が困難な場合が多い。

(1) 移植の時期

移植を行ううえで非常に重要な要素が移植時期の選定である。移植の時期は樹木の種別によって異なり，その生長サイクルによって決まる。地方によって，ズレはあるが，移植に適した時期は，概ね以下の通り。

なお，移植に適さない時期に移植する場合は，蒸散抑制剤を散布して，活着率（植栽した樹木の数を母数として，そのうち枯死せずに生育した樹木数の比率を示したもの）を高める必要がある。

① 針葉樹

2～4月ごろの萌芽前と9～10月ごろが移植に最適な時期。

② 常緑広葉樹

移植の最適期は4月ごろの萌芽前。次に適しているのは，6～7月ごろの

梅雨の時期。
③ 落葉樹
2〜3月にかけての萌芽直前と11〜12月ごろの落葉後の時期が移植に最適。
④ 竹類
3〜4月ごろの地下茎の生長が始まる前の時期が最適。

(2) 移植に当たっての注意
① 産地
樹種が同じであっても，産地が異なる場合，移植時期の選定や移植の際の養生には特に留意する。
② 根回し
生長が盛んな時期であれば，移植後1〜2カ月程度で根の切り口から新たな根が生える。春の萌芽前や萌芽期に実施することが望ましいことが多い。
　粗根や直根を持つ植物は移植が困難な場合が多く，細根や密生根を持った植物は移植が容易である場合が多い。

(3) 樹木別移植の難易
一般に根の深さによって移植の難易度は変わる。根が浅い方が移植は容易で，根が深い方が移植が困難になることが多い。
① 移植が難しい樹種
〈常緑針葉樹〉
　アスナロ，イチイ，コウヤマキ，スギ，ハイビャクシン，ヒノキ，モミ
〈落葉針葉樹〉
　カラマツ
〈常緑広葉樹〉
　ウバメガシ，カクレミノ，キョウチクトウ，シャリンバイ，ジンチョウゲ，ホソバタイサンボク，チャ，トベラ，ビワ
〈落葉広葉樹〉
　エニシダ，カキ，カシワ，クヌギ，コブシ，ナンキンハゼ，ハクモクレン，モミジバフウ，ユリノキ
② 移植が中庸な樹種
〈常緑針葉樹〉
　アカマツ，イヌマキ，カイヅカイブキ，キャラボク，クロマツ，ドイツ

3−1　植栽の施工

　　　トウヒ，トドマツ，ヒマラヤスギ，ビャクシン（イブキ）
　〈常緑広葉樹〉
　　　アセビ，アラカシ，イヌツゲ，キンモクセイ，クス，シラカシ，ツゲ，ナワシログミ，ヒイラギナンテン，マテバシイ，モッコク，ヤマモモ，ユズリハ
　〈落葉広葉樹〉
　　　アキニレ，エゴノキ，エンジュ，カツラ，ケヤキ，コナラ，サトザクラ，サルスベリ，サンシュユ，シラカンバ，トチノキ，ナナカマド，ハナミズキ（アメリカヤマボウシ），ハルニレ，ヒメシャラ，ボケ，ミズキ，ヤマザクラ

③　移植が容易な樹種
　〈常緑針葉樹〉
　　　サワラ，ニオイヒバ，
　〈落葉針葉樹〉
　　　メタセコイヤ（アケボノスギ），ラクウショウ
　〈常緑広葉樹〉
　　　アオキ，アベリア，オオムラサキ，キリシマツツジ，クチナシ，クロガネモチ，サザンカ，サツキツツジ，サンゴジュ，スダジイ，トウネズミモチ，ネズミモチ，ハクチョウゲ，ヒイラギ，ビョウヤナギ，ヒラドツツジ，マサキ，モチノキ，ヤツデ，ヤブコウジ
　〈落葉広葉樹〉
　　　アオギリ，アジサイ，イチョウ，イヌシデ，イロハモミジ，ウメ，ウメモドキ，オオシマザクラ，キブシ，コデマリ，シダレヤナギ，シモツケ，スズカケノキ（プラタナス），ソメイヨシノ，タニウツギ，トウカエデ，ドウダンツツジ，ニシキギ，トゲナシニセアカシア，マユミ，ムクゲ，メギ，ヤマツツジ，ヤマブキ，ヤマボウシ，ユキヤナギ，ライラック，レンギョウ，レンゲツツジ

解答　(1)：常緑広葉樹の移植の最適期は4月ごろの萌芽前。次に適しているのは，6〜7月ごろの梅雨の時。

第3章　植栽

例題3　重要　重要　重要

樹木の根回しに関する記述のうち，適当でないものはどれか。
(1) 常緑樹の根回しを春に行った場合，翌年の春または梅雨の時期に移植を行う方がよい。
(2) 溝掘り式の鉢径は根元の幹の直径の3～5倍として，樹木の周囲を掘り込むようにする。
(3) 老木などでは木に与える負担を減らすため，原則として根回しは1回で済ますようにする。
(4) 落葉樹の根回しを春に行った場合，その年の秋か翌年の春先に移植を行う方がよい。

Point　→　植栽の施工のうち，根回しも出題頻度が高い項目である。根回しの種類と内容を理解しておくこと。

解説

　老木や大木では，根が発達している。一方，地中から水分や養分を吸収するのは，根の先端の方にある細い根などが中心になっており，幹の根元に近い部分の太い根は，木を支える働きをしている。このような根が生長した樹木や性質上移植が困難な樹木では，直接掘り取りや植え付けを行ってしまうと，枯れてしまう危険がある。
　このような場合，根回しという処理を施すことによって，移植を行う。根回しとは，現在，樹木が生えている場所において，根元の近くの根を切断して，切断した部分から新しい根の生育を促す作業をいう。

(1) 根回しの時期
　根回しに最も適当な時期は，根の活動が始まる直前の早春の萌芽前の時期である。根回しは，葉の生長が止まり養分を蓄積する時期となる夏の終わりまでには終えておく必要がある。秋以降では根の生長も止まって発根しないので，定着が困難になるからだ。

3-1 植栽の施工

落葉樹では、春に根回しを行った場合、その年の秋か翌年の春先に移植を行う。常緑樹では春に根回しを行った場合、翌年の春または梅雨の時期に移植を行うことが望ましい。状況に応じてさらに1年移植をずらすこともありうる。また、老木などでは根回しを一度に行わないで2～3回に分けて実施する場合もある。

(2) 根回しの方法
① 溝掘り式
　鉢径は根元の幹の直径の3～5倍として、樹木の周囲を掘り込む。支持根とする太い根を3～4本選んで三方か四方に平均的に残す。その掘り残した支持根を幅15cm程度で環状はく皮を施す。残りの根は、鉢に沿って切断する。
　根の基部と先端を切り離した後にはく皮した部分から新しい根の生長を促す。根の切断には鋭利な刃物を使用して、切り口は切り直す。

(断面図)

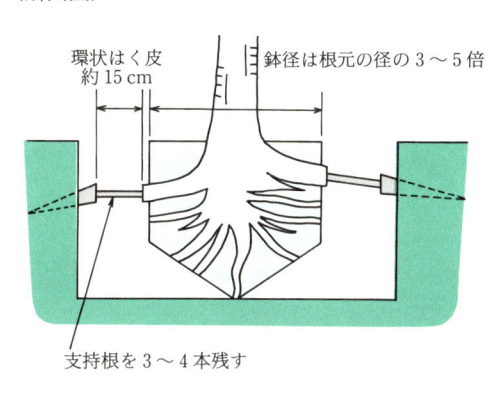

(平面図：2年に分けて施工する場合)

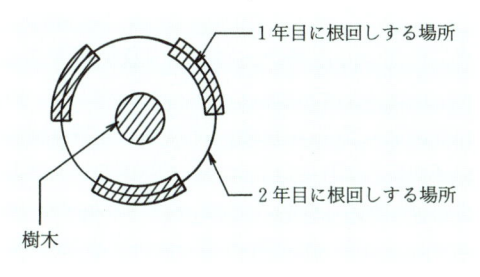

図3・7　溝掘り式

第3章 植 栽

この処理の後に根巻き，縄締めを行って表土を埋め戻す。根回し後には根の吸水能力と蒸散力のバランスを考慮して（蒸散抑制のため），枝葉のせん定などの養生を行う。老木などの場合は，一度に根回しを行わず，半分ずつ2度に分けて移植する場合もある。

(3) 断根法

幹の周囲を掘って，そこに生えている側根を切断する方法。浅根性や比較的小さい樹木に適用する。地表から根切り鋏で側根を切るだけの場合もある。大部分の根を切断しているので，根回し後の養生は十分に行う必要がある。

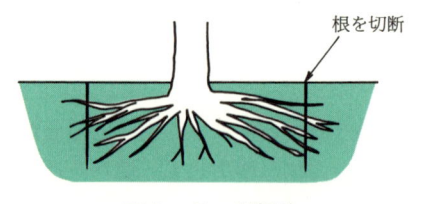

図3・8　断根法

解答　(3)：老木などでは根回しを一度に行わないで2～3回に分けて実施する場合もある。

類題マスター

類題1

根回しに関する記述のうち，最も適当なものはどれか。
(1) 断根法は，主に浅根性や比較的小さい樹木に適用する。
(2) 溝掘り式で根回しした場合，樹木への負担が大きいので枝葉のせん定は控えるようにする。
(3) 溝掘り式で根回しする際には，掘り残した支持根を幅5cm程度で環状はく皮を施す。
(4) 溝掘り式では，鉢径は根元の直径の2倍程度として，樹木の周囲を掘り込む。

類題2

根回しに関する記述のうち，適当でないものはどれか。

(1) 根回し後には根の吸水能力と蒸散力のバランスを考慮して，枝葉のせん定などの養生を行う。
(2) 断根法では，根回し後の養生は十分に行う必要がある。
(3) 根回しに最も適当な時期は，9～10月の秋の時期である。
(4) 溝掘り式の根回しで環状はく皮を施すのは，はく皮した部分から新しい根の生長を促すためである。

● 解答・ポイント ●

解　答　　類題1　(1)
　　　　　類題2　(3)：根回しに最も適当な時期は，根の活動が始まる直前の早春の萌芽前の時期。

第3章 植栽

例題 4 重要 重要 重要

樹木の掘り取りに関する記述のうち，適当でないものはどれか。
(1) 鉢がくずれないように，鉢の表面にある雑草や地被類はできる限り残しておくようにする。
(2) 追掘りはジンチョウゲやフジ，ネムノキなど根の切断によって移植が困難になるものや根の柔らかいものに適用する。
(3) 振い掘りとは，根鉢を大きめに掘り上げ，鉢土を振るい落として縄を巻かないでそのまま植える方法。移植適期の落葉樹に適用する。
(4) 凍土法は，落葉樹など休眠中の植物に適用する。

Point → 掘り取りの種類ごとの特徴を把握しておくこと。

解説

掘り取りとは樹木を移植する場合などで，現在植わっている場所から掘り出すことである。

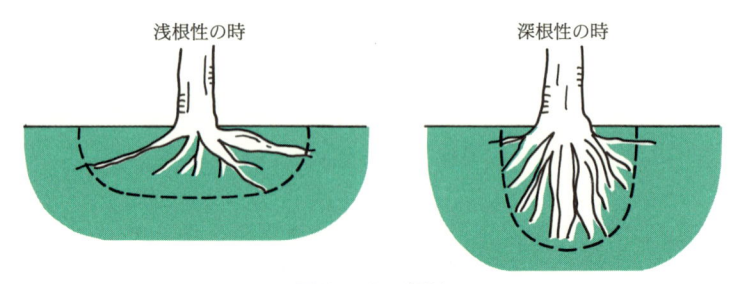

浅根性の時　　深根性の時

図3・9　根鉢

(1) 掘り取りの方法
① 根巻き
根に土を付けたまま掘り，根鉢を作る。鉢の表面が崩れないように縄などで緊縛して掘り上げる。土付け法とも呼ばれ，針葉樹，常緑広葉樹，適期以外の落葉樹などに幅広く適用される。

② 振い掘り

　根鉢を大きめに掘り上げ，鉢土を振るい落として縄を巻かないでそのまま植える方法。移植適期の落葉樹に適用する。

③ 追掘り

　太い根を切らずに先端の細い根まで掘り取る方法。たぐい掘りともいう。ジンチョウゲやフジ，ブドウ，ネムノキなど根の切断によって移植が困難になるものや根の柔らかいものに適用する方法。根を乾燥させないように注意する。

④ 凍土法

　鉢土が凍っていることを利用して掘り上げる方法で，根鉢部分の深さまで土が凍っているような地域で適用。落葉樹など休眠中の植物に適用する。土が崩れる心配がない場合に適用する。

(2) 掘り取りの順序

　根に多くの土を付けたままにしておく方が，移植先で活着しやすい面がある半面，移植先までの距離が遠く，運搬に時間がかかる場合，根に密着していない土が分離して，鉢が崩れ，乾燥の被害を生じる恐れが高まる。掘り取りでは，根に密着している土を鉢として扱うことが求められる。

　掘り取りの手順は以下の通り。

① 掘り取り前の灌水

　非常に乾燥している場合は，掘り取りを始める数日前までに十分な灌水を行っておく。これによって，水を十分に吸収させて，移植後の水分不足に備えておく。

② 不要な枝の切除

　老いた枝や枯れた枝，弱っている枝や密生している枝については切除しておく。なお，下枝など作業に支障になる枝は，縄で上に向けて幹に縛り付ける（しおり上げる）。春などの生育を始める段階では，枝に傷が付く場合もあるので注意が必要なものの，樹木の休眠期であれば，かなり強くしおり上げることができる。

　幹に近い枝から順に外枝に向かってしおり上げる。太い枝や古い枝は急いで無理に曲げないようにする。

③ 上鉢のかき取り

　鉢の表面部分は雑草の種や根が含まれる。加えて，柔らかく崩れやすいので，固いところまでかき取る。この作業によって，移植先で雑草の繁茂を抑

第3章 植 栽

制する効果もある。

④ 鉢径の決定

深根型，浅根型といった根の種別などに応じて根鉢の適切な大きさを決定する。鉢土の大きさはその後の植物の定着を左右すると同時に運搬や植え付け作業の効率性とも関係するので，施工性，経済性も考慮して決定する。

⑤ 掘り回し

鉢径決定後，枝の分布状況もよく考慮する。根の分布状況は枝の分布状況と類似していることが多いので，枝が多く出ている方向から始め，そこから枝の少ない方向に掘り回していく。

⑥ 鉢付け

鉢からはみ出している太い根を切断しながら掘り下げる。側根がなくなってきたら斜め方向に掘り下げ，鉢底を作る。掘り上がった鉢は，その形状に応じて皿鉢，並鉢，貝尻の3種類に区分される。掘り取りによって傷んだ直根は，鋭利な刃物で切り直す。その後，腐食防止剤を塗る。

皿鉢　　並鉢　　貝尻

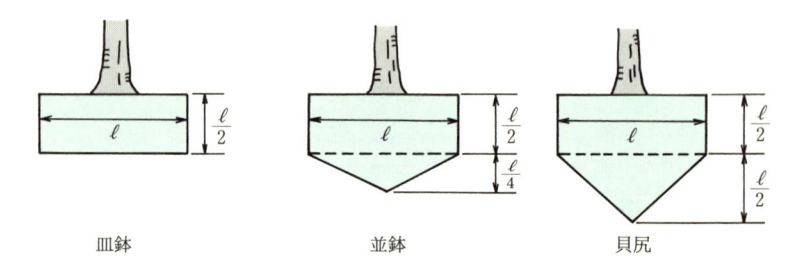

図3・10　鉢の形状

⑦ 倒伏防止

根を掘り下げていくと強風などで樹木が倒壊する危険がある。そのため掘り下げ時に仮支柱などで支える必要がある。

(3) 鉢径の決定

鉢径の大きさは高・中木では一般的に根元の幹の直径の3〜5倍程度とされている。鉢径の計算式は，以下の通り。

　　常緑樹鉢径＝ $24+(N-3)\times 4$ [cm]
　　落葉樹鉢径＝ $24+(N-3)\times 5$ [cm]（振い法）
　　　　N：幹の根元直径
　　　　24は鉢の直径の定数（図3・10の ℓ に該当）

3－1 植栽の施工

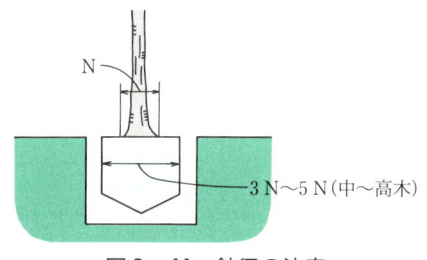

図3・11 鉢径の決定

解答 (1)：新たな移植先で雑草が繁茂しないように上鉢をかき取っておく。

類題マスター

樹木の掘り取りに関する以下の記述のうち，適当でないものはどれか。
(1) 根を掘り下げていくと強風などで樹木が倒壊する危険がある。そのため掘り下げ時に仮支柱などで支える必要がある。
(2) 掘り取りされた鉢は，その形状に応じて皿鉢，並鉢，貝尻の3種類に区分される。
(3) 掘り取り前はできる限り乾燥した状態にしておく。
(4) 掘り取りの際に下枝などが支障になる場合は，上に向けて幹に縛り付ける（しおり上げる）。

● 解答・ポイント ●

解答　(3)：非常に乾燥している場合は，掘り取りを始める数日前までに十分な灌水を行っておく。

第3章　植　栽

例題 5　重要

樹木の植え付けに関する記述のうち，適当でないものはどれか。
(1) 鉢を埋めながら水を注ぎ，棒などでよく突き固めを行って埋め戻す方法を水極めという。
(2) 水を使わずに棒などで埋め戻し土を突き固めて埋め戻す方法を土極めという。
(3) 植え付け時には，鉢よりも大きく土壌を掘り下げ，穴の底部中央に良質な土をやや高く盛り上げて敷いておく。
(4) 埋め戻しにあたっては，必ず植え付け用の穴を掘った時に発生した元の土を使用する。

Point → 植え付けの手順と種類を理解しておくこと。

解説

(1) 植え付けの手順

設計図書に基づいて植栽の鉢を植え付ける作業の手順は，以下の通り。

① 植穴の掘削

植え込み場所に穴（植穴）を掘る。植穴の大きさは鉢よりも大きく掘る。掘削した土を埋め戻しに使う場合は，植栽の生育に悪影響を与える瓦礫などの障害物は取り除いておく。

② 位置決め

植穴の底部に良質の土を敷く。植栽の位置決め時に調整が行いやすいように中央部はやや盛り上げておく。地上部での景観などを考慮して，植穴に鉢を据え付ける。根巻きに化学合成品が使われている場合は，植え付け時に除去しておく。

③ 埋め戻し

鉢と植穴の隙間を埋め戻す。掘削した元の土壌が不良土であれば土壌改良剤なども適用し，良質な客土で埋め戻しを行う。なお，元肥など遅効性の肥料を利用する場合は，分解の際に生じる熱によって，根の悪影響を与えないように，肥料が根に直接当たらないよう注意する。また，土壌改良剤を利用

する場合には，客土や埋め戻し土と十分に混ぜ合わせておく。
　埋め戻し土が自重で沈下していくことも考慮しておく。埋め戻しにあたっては，水極めや土極めといった処理を行い，鉢土と埋め戻し土がよくなじみ，定着するようにする。
④　仕上げ
　植え付け後に根から吸収する水分の量と枝葉から放出される水分量のバランスなどを考慮して，整枝を兼ねたせん定を行う。鉢の外周に沿って，溝掘りや盛土によって水鉢と呼ぶ浅い溝を作る。植え付けた樹木が風などを受けると根の生育に悪い影響を与える恐れがあるので，支柱などを取り付ける。

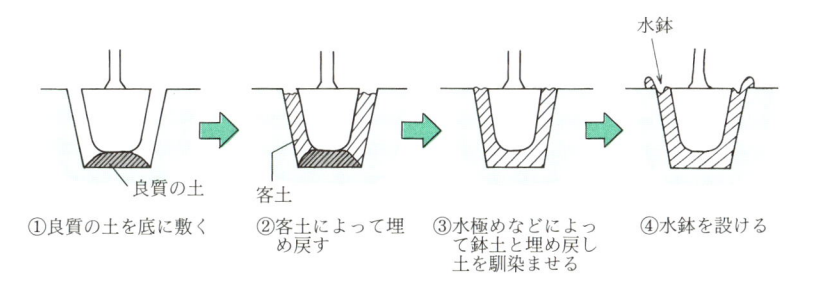

図3・12　植え込みの手順

(2) 植え付けの種類

　樹木の植込みには次のような2種類の方法がある。
① 水極め（みずぎめ）
　鉢を埋めながら水を注ぎ，棒などでよく突き固めを行って埋め戻す方法を水極めという。通常の植え付けではこの方法を適用する。
② 土極め（つちぎめ）
　棒などで埋め戻し土を突き固めて埋め戻す方法を土極めという。水を使わずに植え込む方法。マツ類の移植の際に用いる方法。

解答　(4)：不良土は良質な客土に入れ替える。

第3章　植　栽

類題マスター

植え付けの方法に関する以下の記述のうち，適当でないものはどれか。

(1) 根巻きに化学合成品が使われている場合は，植え付け時に除去しておく。
(2) 掘削した土を埋め戻しに使う場合は，植栽の生育に悪影響を与える瓦礫などの障害物は取り除いておく。
(3) 植え付け後にはせん定を行い，水鉢を設けておく。
(4) 一般に，マツ類の移植を行う場合，水極めという植え付け方法を適用する。

● 解答・ポイント ●

解　答　　(4)：一般にマツ類は土極めを適用する。

例題 6 重要

植栽の運搬に関する記述のうち，適当でないものはどれか。
(1) 樹木の運搬に際しては，幹や枝が損傷しないようにこも縄やわらなどで保護する。
(2) 樹木には日射や空気の循環が必要なので，運搬の際に乾燥を防止するためであってもシートで覆ったりしてはならない。
(3) 強風や大雨など悪天候で植え付けをすぐに行えないような場合は，運搬作業を取りやめる。
(4) 根巻きをきちんと行い，運搬中に鉢が崩れないようにする。

Point → 運搬に関わる事項を理解しておくこと。

解説

(1) 運搬手段

植栽の運搬手段は大きく分けて2つある。

1つは，人力や台車などに乗せて運搬する方法。樹木の重量が軽く，大きさが小さく，また運搬距離が比較的短い場合に適用する。

もう1つは，トラックやクレーンを使用する方法。樹木の重量や大きさが大きい場合や，運搬距離が長い場合に適用する。

(2) 運搬時のポイント

植栽の運搬にあたっては，主に以下の点に注意する。
① 樹木の積み込み時や運搬時に樹木が損傷しないようにこも縄やわら，麻布などを使って樹木を保護する。
② 枝が広がっている場合，運搬の支障にならないように枝を幹にくくりつける（しおり上げる）。
③ 根巻きをきちんと行い，運搬中に鉢が崩れないようにする。
④ 樹木の乾燥防止を行う。樹木をシートで覆ったり，蒸散抑制剤を散布するなど，必要な手段を講じる。
⑤ 強風や大雨など悪天候で植え付けをすぐに行えないような場合は，運搬

第3章 植　栽

作業を取りやめる。

解答　(2)：樹木の乾燥防止のために樹木をシートで覆うなどする。

3−1 植栽の施工

例題 7 重要

屋上緑化に関する記述のうち，適当でないものはどれか。
(1) 灌水装置が付いた場所で屋上緑化する場合，人工軽量土壌を使うと，一般に芝生であれば 15 cm，高木であれば 60 cm の土壌の厚さが必要になる。
(2) 風が強い場所であれば，飛散したり倒れたりしないよう，根が深く，倒れにくい樹種を選ぶ。
(3) 屋上は日射量が多いので，幹焼けや葉焼けを起こしにくい種類の植栽を選ぶ。
(4) 漏水防止やコンクリートからのアルカリ分を遮断するために防根シートを敷設する。

Point → 屋上緑化に関わる事項を理解しておくこと。

解説

　都心部ではヒートアイランド現象による気温の上昇が問題になっている。緑が減り，アスファルトの路面が増えたことによって，地表面からの気化熱が減り，地表面の冷却が進まなくなる。加えて，冷房など都市活動による廃熱なども気温上昇を招く。

(1) 屋上緑化の留意点
① 荷重
　建物の構造に悪影響を与えないよう，事前に荷重の確認が建築基準法施行令で義務付けられている。植栽に樹木を用いる場合は，大きくなりすぎない樹種の選定や梁の上部への植栽，生長の抑制管理などの配慮が必要となる。
② 土壌
　屋上緑化など建物の緑化に用いる土壌には，自然の土壌に加えて，改良土壌や人工軽量土壌がある。植栽に必要な土壌の厚さ，経済性なども考慮して，適切な材料を選ぶ。

③ 防水

植物の根が生長することによって，防水層が破断してしまい，その結果，漏水を招く恐れがあるので，耐根性のある防水材を利用したり防根シートを敷設したりする必要がある。防根シートにはコンクリートからのアルカリ分を遮断する効果もある。

表3・1　屋上緑化につかう土壌の比較

工法	自然土壌工法	改良土壌工法	人工軽量土壌工法
材料	関東や東北ではクロボクやロームなど火山灰土壌，関西や九州ではまさ土，東海ではサバ土など山砂系の土壌が使われる。	自然土壌に土壌改良材を加えて軽量化したもの。通気性や保水性を高めている。	特殊な場所での緑化が可能になる土壌で，非常に軽い。
湿潤時の比重	1.6〜1.8	1.1〜1.3	0.6〜0.8
植栽樹木と必要な土壌厚さ（灌水装置がある場合）	芝生：15cm 低木：30cm 中木（高さ約2m）：45cm 高木（高さ約4m）：60cm	芝生：15cm 低木：30cm 中木（高さ約2m）：45cm 高木（高さ約4m）：60cm	芝生：8cm 低木：15cm 中木（高さ約2m）：25cm 高木（高さ約4m）：40cm
維持管理	根詰まりや固結の防止管理が必要。	根詰まりや固結の防止管理が必要だが，自然土壌工法よりは少なくなる。	不要な場合もある。
特徴	重いので運搬や荷上げが大変。施工時の飛散は少ない。	現地で混合することが多いので，運搬以外の手間が生じる。	荷上げなどは容易だが，施工の際に風で飛ばされる恐れもある。

④ 安全性など

バルコニーやベランダにおける避難路などについて，建築基準法や消防法を満たすよう留意する。屋上やバルコニーでは高さ1.1m以上の手すりが必要である。

⑤ 環境条件に対する配慮

風が強い場所であれば，飛散したり倒れたりしないよう，根が深く，倒れにくい樹種を選ぶほうがよい。また樹木を植栽する際には風除けの支柱などを要する場合がある。土壌の厚さが薄い場合は，立ち上がり壁などにアンカーを取り付けてワイヤーなどによって固定したり，根鉢を地中で固定してし

まう方法もある。防風フェンスを設けることもある。
　屋上は日射量が多いので，幹焼けや葉焼けを起こしにくいような種類の植栽を選ぶ。
　屋上では地下からの水分補給が期待できず，風も強いので乾燥しやすい環境にある。乾燥に強い種類や保水性の高い土壌の採用などを考慮する。土壌の厚さが少ない場合は，日常的に灌水することが望ましい。大面積の場合などは，自動的に灌水できるような措置も考慮する。一方，集中豪雨などによる雨水の急増を緩和できるように排水層や排水勾配にも留意する。

解答　(1)：表3・1を参照。

第3章 植栽

2. 植物生理

例題 8

樹生に関する記述のうち，適当でないものはどれか。
(1) 森林火災などによって植生が失われた場所に再び植物が群生するような遷移を一次遷移と呼ぶ。
(2) 遷移の最後の形態である極相は，植物群落にとって最も安定した状態にある。
(3) 裸地の後の遷移の初期段階では，耐乾性で貧栄養や強い日射に耐えうる開拓植物が群落を作る。
(4) 植生の遷移は，一般に裸地→1年生草本→多年生草本→陽樹低木林→陽樹高木林→陰樹高木林の順に進む。

Point → 植物の遷移についてよく理解しておくこと。

解説

　植生の遷移とは，ある地域に生育している植物群落の集団が，その地域の自然環境の変化に伴って，変化を遂げていくことをいう。

(1) **植生遷移の順序**
　裸地や植被されている土地に様々な植物の種子などが侵入して，次第に群落（それぞれの環境に適応した植物の集まり）が変化していく。植生遷移の順序は以下の通り。
　①裸地→②1年生草本→③多年生草本→④陽樹低木林→⑤陽樹高木林→⑥陰樹高木林→⑦極相
　裸地とは，堆積地など植物の痕跡がない場所。耐乾性で貧栄養や強い日射に耐えうる開拓植物の種子が風などで広がり，一年生草本による群落を作る。代表的な植物はヒメジョンやヒメムカシヨモギなど。続いて，年数を経ると

66

ヨモギやススキなど多年生草本の群落ができる。その後，シバヤナギやヤマハギなどの陽樹低木，アカマツやミズキなど陽樹高木，シラカシやスダジイなど陰樹高木に遷移していく。

(2) 遷移の種類

　自然状態で遷移が続く形態を正常遷移と呼ぶ。また，放牧などによって植物の生育が阻害され，次第に土地が荒廃していくことを退行遷移と呼んでいる。さらに，継続的な放牧などによって草原が続く場所のように，遷移が一定の状態で停滞している状況を偏向遷移と呼ぶ。

　生育基盤となる土壌が全く形成されていない場所から始まる遷移を一次遷移と呼ぶ。また，山火事などによっていったん植生が失われた後の土壌内にすでに種子などが存在する状態で始まる遷移を二次遷移と呼ぶ。

(3) 極相

　一般に極相は，遷移の最後の形態をいう。植物群落にとって，最も安定した状態。極相は気候条件によって決まる気候的極相や，土地などの条件によって定まる土地的極相，生物の作用に伴って決まる生物的極相などに分類できる。

解答　(1)：選択肢の説明は二次遷移のこと。

第3章 植栽

3. 芝などの施工

例題 9 重要

芝生に関する記述のうち，適当でないものはどれか。
(1) 芝生を植える土壌は地表 30 cm の深さまで開墾し，石や雑草などを除去する。
(2) 芝を張った後にローラーで転圧すると芝生が痛み，生育に悪影響を及ぼすので，そのようなことは行わない。
(3) pH 5.5 以下の酸性土壌であれば，60〜120 g/m³ の消石灰や炭酸カルシウムなどを散布して中和する。
(4) 植芝や播種であれば，基肥が必要になる。

Point → 芝生の造成方法を理解し，その注意事項を覚えておくこと。

解説

(1) 芝生地の造成

　芝生を植栽する土壌は地表から 30 cm の深さまで開墾し，石や雑草などを除去しておく。ササやチガヤなど深根性の植物は念入りに取り除く。
　土地が pH 5.5 以下の酸性土壌であれば，60〜120 g/m³ の消石灰や炭酸カルシウムなどを散布して中和する。
　張芝であれば，基肥を入れなくても追肥で生育できるが，植芝や撒種であれば，基肥が必要になる。窒素分は，基肥で大量に与えるよりも追肥で補う方が好ましい。
　芝生地は透水性をよくしておかないと芝生の生育が悪くなるので，排水勾配を付ける。排水勾配は表面の凹凸を取り除き，中央部を高くすることで確保する。

(2) 芝生の植え付け法

芝生の植え付け方法として，以下の3種類がある。

① 張芝法

主にコウライシバやノシバなどに適用する方法。切り芝を張り付け，1枚当たり2～5本の芝串で固定していく。芝張り後は確実に定着させるためにローラーで転圧する。また切り芝の張り付け後に芝の葉が半分程度隠れるくらい土をかける。

乾燥の状況に応じて適宜灌水する。

目地張り，べた張り，互の目張り，市松張り，筋張りなどの張り方がある。

② 植芝法

芝の匍匐茎（ほふく）を切り，地表に播き，浅く覆土をしてローラーで転圧する方法。主に張芝法と同じ芝種に適用する。栄養繁殖を中心とする。床土に15～20 cm間隔で深さ4～5 cmの浅い溝を作り，ここに長さ10 cm程度の匍匐茎の茎の部分を埋め，土をかけてローラーで転圧する。植え付け後は4～5日間，十分に灌水する。養生の際には窒素肥料を多く与える。

③ 播種法

芝生造成用の敷地にベントグラス類やライグラス類，ノシバなどの種子を

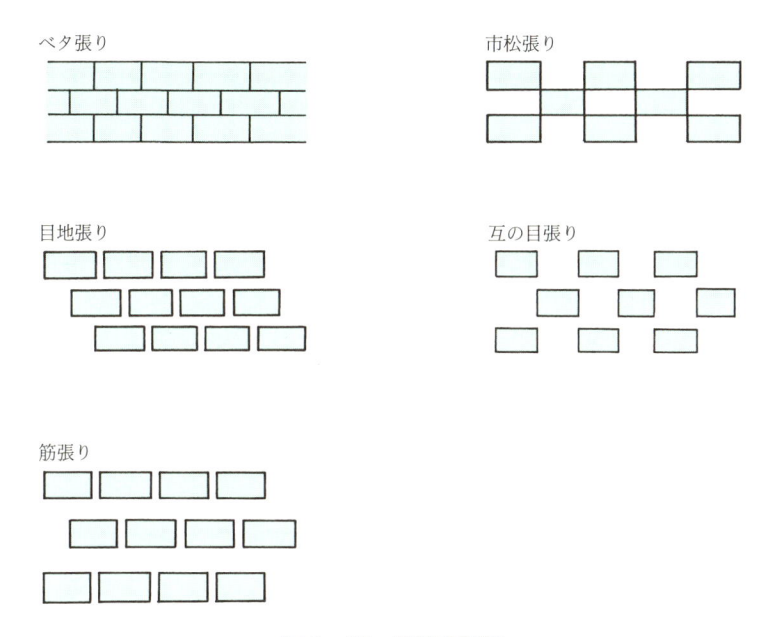

図3・13 張芝の種類

播く方法。他の方法に比べて手間がかからないので経済的である。植え付けの時期は限定される。植え付け後は雑草の除草を徹底する。発芽するまでは表面が乾かないよう灌水を行う。

⑶ 芝生の管理

芝生は適宜刈り込みを行う必要がある。その目的は，以下の通り。
① 通風をよくして病虫害を予防すること
② 芝の生長を促進し，密度を高めること
③ 雑草の進入を阻止すること
④ 芝生の美観を整えることなど

刈り込みは一度に短く刈り込むのではなく，複数回に分けて少しずつ行う。また，刈り込み後の茎葉は除去する。

また，通気性を確保するためにエアレーションという穴あけを行う。エアレーションによって通気がよくなり，生育を助ける。エアレーションは深さ10 cm，間隔10 cm程度で芝生全面に実施し，穴あけ後は軽く目土を行い，施肥などの養生も行う。

解答 ⑵：芝張り後は確実に定着させるためにローラーで転圧する。

類題マスター

芝生の施工や管理に関する記述のうち，適当でないものはどれか。
⑴ 張芝後の目土は芝の葉が半分程度隠れる程度にする。
⑵ 通気性を確保するためにエアレーションという穴あけを行う。
⑶ 張芝する場合，串などで固定すると芝生に傷が付くので，芝は上に乗せた状態のままにしておく方が良い。
⑷ 芝生地は表面の排水を確保するため中央部を高くして適度な排水勾配をつけておく。

● 解答・ポイント ●

解　答　⑶：芝串で固定する。

例題 10 重要

法面緑化工法に関する記述のうち，適当でないものはどれか。
(1) 植生マット工は，種子や肥料などを装着したマットを法面に貼り付けていく工法。施工直後から雨裂防止が可能。
(2) 植生袋工は，肥土に種子を混合して網袋に入れ，法面に設けた水平溝に貼り付ける工法。種子肥料の流出が少ない。
(3) 植生ポット工は，あらかじめ千鳥状に開けた穴に肥料を挿入して，芝草を植えた鉢を埋め込む方法。確実性は低い。
(4) 張芝工は，法肩から切り芝を並べ，芝と法面とが密着するように貼り付ける。目土をかぶせ，芝片1枚当たり2本の芝串で固定することが多い。

Point → 法面緑化について理解し，その注意事項を覚えておくこと。

解説

法面の緑化には，芝や草のほか竹やササ，樹木などを利用する。草などの種子を直接法面に播く播種工と苗を法面に植え付ける苗植工とに区分できる。

(1) 法面緑化工法
法面緑化工法には，次のような種類がある。
① 種子吹きつけ工
種子や肥料，土の吹き付け材料に水を加えて，吹き付け機を使って法面に吹き付ける。種子と肥料，ファイバーに水を加えて吹き付ける場合もある。法面の施工にあたって，表面のごみや浮石などを除去し，法面が乾燥している場合には深さ20cm程度まで湿潤な状態にしておく。

土質が悪い場合には，法面全体に事前に客土を吹き付けた後で上記の種子吹き付け工を施す工法もある。この場合は切り土法面に用いる。
② 植生マット工
種子や肥料などを装着したマットを法面に貼り付けていく工法。マットに

は不織マットやムシロ，布紙などを利用する。マットを止める芝串は1mに8本用いる。マット間の重なり幅は5cm以上にする。施工直後から雨裂防止が可能。

③ 植生筋工

種子や肥料などを装着した帯状の布，または紙を筋状に挿入する工法。種子帯の間隔は30cmを標準とする。

④ 植生袋工

肥土に種子を混合して網袋に入れ，法面に設けた水平溝に貼り付ける工法。種子肥料の流出が少なく，柔軟性に富むので，密着しやすい。

⑤ 植生穴工

法面に穴を設けて，底に固形の肥料や添加剤を混入して充てん。その上に種紙を置いて，覆土する。全面を緑化するまでに時間がかかる。客土は深い位置まで可能。

⑥ 植生ポット工

あらかじめ千鳥状に開けた穴に肥料を挿入して，芝草を植えた鉢を埋め込む方法。事前に栽培した植栽を使うので，確実性が高い。

⑦ 張芝工

法肩から切り芝を並べ，芝と法面とが密着するように貼り付ける。目土をかぶせ，芝串で固定する。べた張りや目地張りといった方法がある。施工と同時に緑化ができるが，夏季の施工では乾燥が激しいので注意する。芝串は，芝片1枚当たり2本を目安とする。

⑧ 筋芝工

土羽土を使って，法尻から切り芝を法面に沿って水平に並べ，さらに土を盛って土羽打ちして法面を仕上げる。全面を被覆するまでに時間がかかる。

⑨ 低木による緑化

ハギやエニシダなどの植物で被覆する。ニセアカシアやヤナギなどを利用して砂防植栽にする場合もある。急勾配での施工が困難で，コストも高い。

⑩ つる性の植物による緑化

ツタなどを利用する。石積みなどの構造物の表面を被覆させることが多い。一定のレベルに生長するまでの管理には注意が必要。

解答 (3)：植生ポット工は確実性が高い。

第4章

植物管理

第4章　植物管理

1. せん定

例題 1

樹木のせん定に関する記述のうち，適当でないものはどれか。
(1) 一般に樹木の切り詰めせん定する場合，外芽の上部で切る。
(2) 毎年同じ枝を同じ場所でせん定するようにする。
(3) 切り返しせん定では，枝の分岐点において，長い方の枝を付け根から切り取って樹冠を小さくする。
(4) 枝おろしを行った後には，切り口に防腐剤を塗布する。

Point → せん定の方法をよく覚えておくこと。

解説

　植物を健全に生育させるためや美観を保つための手段として，せん定がある。せん定とは，樹木の枝，葉，幹，根を切り取ることである。せん定には，自然の樹形を考慮しながら樹形の骨格をつくる枝おろしなどの基本せん定と，枝葉のせん定や芽摘み，切り詰めなどの軽せん定がある。

(1) **せん定の目的**
　樹木のせん定目的は主に以下の事項である。
① **美観の確保**
　植栽の樹形を鑑賞用にしたり，周囲の景観に合わせたりするために行う。
② **生育の促進**
　植栽した樹木を自然の状態のまま放置すると，枝葉が密集するなど生育が阻害されることがある。そのため，樹冠内の風通しや日当たりを確保して，樹木の生育を促進する。適正なせん定は，発芽や発根を促す効果がある。また，せん定は病虫害の被害を受けた場所や，その被害の危険がある部分を取り除くことで，病虫害の被害拡大を抑えることができる。

③ 用途の確保

樹木には防風，防火，遮へいなど様々な用途がある。こうした目的に対して，樹木が効果的に機能を発揮できるような形状を確保するために行う。

(2) せん定の基準

せん定の際に留意すべき点は，主に以下の通り。
① 互生枝になるようにする（対生枝にならないようにする）。
② 根張の方向と枝の方向を合わせる。
③ 枝は一方向だけでなく，四方にまんべんなく出るようにする。
④ 幹ぶき枝などは樹勢を消耗するので除去する。
⑤ 毎年同じ枝を同じ場所でせん定するとその部位が年々拳状となるので，なるべくそのようなせん定はしない。
⑥ 病虫害の被害を受けている枝をせん定する。

(3) せん定する枝

せん定する枝は，以下の通り（図4・1を参照）。

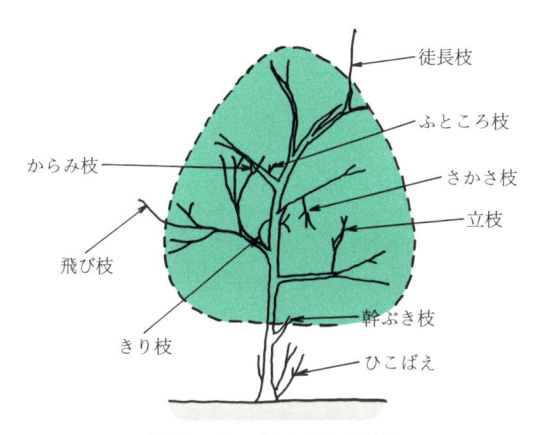

図4・1　せん定する枝

① ひこばえ（やご）

根元や地中にある根元に近い部分にある根から生えた小枝。放置すると養分が吸収されてしまい，樹勢が衰えるのでせん定する。

② 幹ぶき（胴ぶき）

枝から小枝が発生したもの。そのままにすると，樹勢が衰えるうえに，美観も悪くなるので，せん定する。

③　従長枝
一直線に伸びる軟弱な枝。養分を過度に吸収するのでせん定する。
④　からみ枝
からみついた形状の枝。体裁が悪いのでせん定する。
⑤　さかさ枝
逆の方向に伸びる枝。樹形を乱すのでせん定する。
⑥　ふところ枝
樹枝の内部にある小さな枝。日当たりなどを悪くするのでせん定する。

(4)　せん定の方法
①　枝抜き
枝透かしともいう。支障となる枝や除去すべき枝を付け根から枝を切り取る方法。太い枝を付け根からせん定する枝おろし（図4・3）も枝抜きせん定に含む。枝おろしせん定の手順は以下の通り。
　(i)　下から鋸でのこ目を入れる。（上から切ると枝の重みで切り口が割れて枝の元の部分で樹皮がはがれて傷が付く危険がある）
　(ii)　(i)で入れたのこ目より先の部分で上から鋸をひき，切り落とす。
　(iii)　切り口を幹に沿って上から下に斜めに切り落とす。
　(iv)　切り口には防腐剤を塗布する。

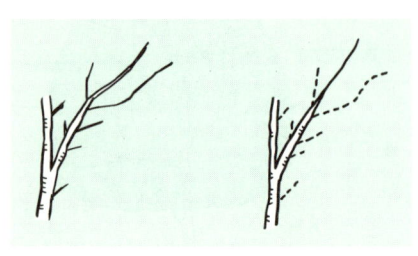

図4・2　枝抜き

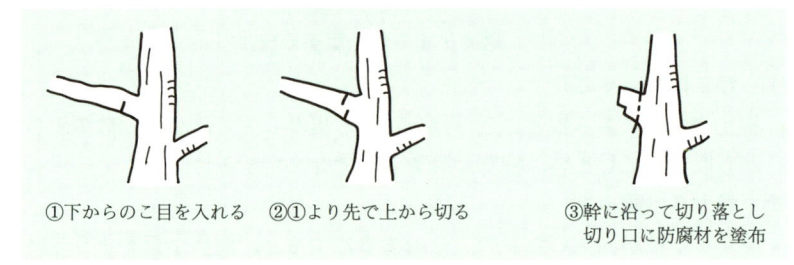

①下からのこ目を入れる　②①より先で上から切る　③幹に沿って切り落とし切り口に防腐材を塗布

図4・3　枝おろしせん定

② 切り返し

枝の分岐点において，長い方の枝を付け根から切り取って樹冠を小さくするもの。毎年同じ場所で新生の枝の根元を残してせん定すると，その部分から発芽を繰り返し，こぶ状になってしまう。こうした場合は，こぶの根元に近い部分で，新しい枝を残して切り取ることも必要。

図4・4　切り返しせん定

③ 切り詰め

当年枝を葉芽の上で切り落とす手法。定芽の方向が樹冠を形成する際に適切な枝の向きになるようにする。外芽の上部を少し残して，芽の反対側に傾斜をつけてせん定する。枝に対して直角に切り込むと芽の反対側が，芽と芽の中間部で切り込むと芽の部分までの枝が，枯れてしまう恐れが高まる。定芽の方向を選んで樹形を形成するためと，樹冠を小さくする場合に用いる方法。枝垂れ性の樹木の場合は，内芽の先から切るようにする。

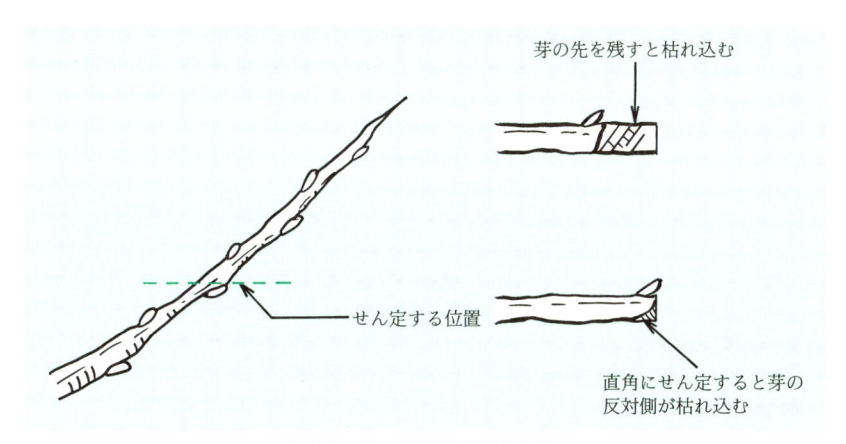

図4・5　切り詰めせん定

第4章　植物管理

解答　(2)：毎年同じ枝を同じ場所でせん定するとその部位が年々拳状となる恐れが大きくなる。

類題マスター

樹木のせん定に関する記述うち，適当でないものはどれか。
(1)　切り返しせん定では，枝の分岐点において短い方の枝を付け根から切り取って樹冠を小さくする。
(2)　せん定は，枝が一方向だけでなく，四方にまんべんなく出るようにする。
(3)　せん定の際，根張の方向と枝の方向を合わせるよう留意する。
(4)　枝おろしせん定をする際は，枝の下からのこ目を入れた後でその先の部分を上から鋸で切り取る。

● 解答・ポイント ●

解　答　　(1)：切り返しせん定では，枝の分岐点において長い方の枝を付け根から切り取って樹冠を小さくする。

4－1　せん定

例題 2　重要

刈り込みに関する記述うち，適当でないものはどれか。
(1)　機械で刈り込んだ場合は，刈り込み後に切り返しせん定を行ってはならない。
(2)　同じ場所ばかりを刈り込むと萌芽力が衰えるので，ときどき深く切り戻す。
(3)　生垣を刈り込む際は，上枝を強く，下枝を弱く刈り込む。
(4)　針葉樹の場合は，萌芽力を損なわないよう芽摘みなどを行う。

Point → 刈り込みの方法をよく覚えておくこと。

解説

刈り込みは，樹木の樹冠を一定の形状にするために行う。

(1)　刈り込みの頻度

刈り込みは1年間に1～3回行うのが一般的で，その回数に応じて，年1回型や年2回型などに区分される。1年に1回行う場合は，一般的に6～7月に実施する。ただし，花木については樹木に応じた対応が必要となる。例えば，サツキ類やツツジであれば，6月下旬までに刈り込みを終える必要がある。

年に2回実施する場合は，5～6月に一回目を，9～10月に2回目の刈り込みを行う。萌芽力の強いマサキなどに適用する。特に萌芽性の強い特殊な樹種では年3回の刈り込みを行う場合もある。

(2)　刈り込みの種類
① 玉物刈り込み
　樹木を丸く刈り込む手法。
② 寄せ植え刈り込み
　複数の樹木を一つのかたまりとして，樹高などに合わせて刈り込む手法。

③　生垣刈り込み
　列植されている樹木を主に角型に刈り揃える手法。枯れ枝や徒長枝などを刈り込む。枝を整えた後で，一定の幅で両面を刈り込んで，天端部分を刈り揃える。
④　仕立てもの刈り込み
　樹木を一定の形態に刈り込む手法。円錐づくりやろうそくづくりなどがある。

(3) 刈り込みの際に留意する点
① 枝が密生している部分では，中透かしを行う。樹冠の周囲の小枝を輪郭線に沿って刈り込む。
② 生垣を刈り込む際は，上枝を強く，下枝を弱く刈り込む。その結果，下枝が枯れずに裾の部分の美観も保てる。
③ 針葉樹の場合は，萌芽力を損なわないよう芽摘みなどを行う。
④ 数年間の期間をあけてから刈り込む場合は，最初の刈り込みで一度に刈り込み過ぎず，複数の刈り込みを重ねる。ヒノキやサワラなど不定芽が発生しにくいものでは，特に留意する。
⑤ 同じ場所ばかりを刈り込むと萌芽力が衰えるので，ときどき深く切り戻す。
⑥ 機械で刈り込んだ場合は，刈り込み後に必要に応じて切り返しせん定を行う。
⑦ 刈り取った枝葉が樹冠内に残らないよう，すみやかに処分する。
⑧ 植え込み内で作業する場合には，踏み込み部分の枝などを損傷しないよう留意し，作業が終わった後に枝返しを行う。
⑨ 仕立物の刈り込みでは，枝の曲げ方やひねり方などにも留意する必要がある。枝を曲げる際には，吊り上げや吊り込み，吊り下げや垂れ込みといった方法がある。

解答　(1)：機械で刈り込んだ場合は，刈り込み後に必要に応じて切り返しせん定を行う。

4－1　せん定

例題 3　重要　重要　重要

　秋のせん定が翌年の開花に大きな支障を及ぼす花木として適当なものはどれか。
(1)　キョウチクトウ　　(2)　サルスベリ
(3)　ハクチョウゲ　　　(4)　サツキツツジ

Point → せん定の時期をよく覚えておくこと。

[解説]

　植物にはその種類に応じた最適なせん定時期がある。

(1) 花木類

　花芽分化期をよく考慮する。花芽分化後にせん定すると、開花する量が減少する。そのため一般的に開花終了直前にせん定するのが最適とされる。

　当年に花芽ができ、その年の夏から秋にかけて開花するものは、秋から翌年の春の萌芽前までにせん定する。キョウチクトウやサルスベリが代表例。

　当年に花芽を付け、花芽が低温時期を経て翌年の春に開花するものは、一般に開花直後にせん定する。ウメ、モモ、サクラ、ユキヤナギなど側芽に花芽がある樹木は、花芽分化後にせん定しても、花の数は減っても花は咲く。そのため、せん定時期には余裕がある。一方、主に頂芽に花芽分化するものは、夏以降にせん定を行ってはならず、花を終えた直後にせん定を行う。代表的な花木は、サツキツツジ、ハクモクレン、クチナシ、ハナミズキなど。

(2) 針葉樹

　真冬を除く10〜3月。

(3) 落葉樹

　新緑が出て、葉が固まった7〜8月と落葉後の11〜3月。

(4) 常緑広葉樹

　新芽が伸びた後に生長がいったん止まった5〜6月、従長枝などの影響に

81

第4章　植物管理

よって生長がいったん止まった9〜10月が好ましい。

表4・1　当年中に花芽分化し開花する花木

種　類	花芽の位置	種　類	花芽の位置
キョウチクトウ	頂芽	シモツケ	頂芽
キンモクセイ	側芽	ハクチョウゲ	頂芽
キンシバイ	頂芽	ビヨウヤナギ	頂芽
サザンカ	頂芽	ムクゲ	頂芽
サルスベリ	頂芽		

表4・2　花芽分化の翌年に開花する花木

種　類	花芽の位置	種　類	花芽の位置
アジサイ	頂芽・側芽	シャリンバイ	頂芽
ウツギ	上部側芽	ジンチョウゲ	頂芽
ウメ	側芽	ニセアカシア	側芽
エンジュ	頂芽	ネジキ	側芽
エゴノキ	頂芽	ハクモクレン	頂芽
キリシマツツジ	頂芽	ハナカイドウ	頂芽・側芽
クチナシ	頂芽	ハナミズキ	頂芽
コブシ	頂芽	ヒメシャラ	側芽
サクラ類	中・短枝	ヤブツバキ	頂芽
サツキ	新梢の節	ユキヤナギ	側芽

解答　(4)

類題マスター

秋にせん定しても翌年の開花に影響を及ぼす影響が小さいものとして適当ものはどれか。

(1)　ハクモクレン　　(2)　ハナミズキ　　(3)　クチナシ　　(4)　ハギ

● 解答・ポイント ●

解　答　(4)

4-2 肥料

2. 肥 料

例題 4 重要

　植物の生育に必要な肥料について述べた記述のうち，適当でないものはどれか。
(1)　窒素を過剰に供給すると，葉に含まれる葉緑素が不足し，葉の色が黄色を帯びてきて葉枯れなどを起こす。
(2)　カルシウムは，植物の新陳代謝によって生じる酸を中和する作用があり，酸性の土壌を中和する効果も期待できる。
(3)　花の色や果実の成熟にはリン酸が必要である。
(4)　カリ肥料は根や茎を丈夫にすることから根肥とも呼ばれている。

Point → 肥料の3要素の生理作用をよく覚えておくこと。

解説

(1)　施肥の目的

　樹木などを植える土壌に肥料を与える施肥の目的は，以下の通りである。
① 樹木の健全な育成
② 病虫害や公害などに対する抵抗力の増進
③ 美観の高い花や果実の実り具合などをよくする
④ 土壌の中に存在する微生物の繁殖を助ける

(2)　肥料の種類

　植物の生育にとって肥料は重要であるが，植物の葉，茎，根，実に応じて特に必要となる成分は異なる。植物の生育に必要な養分は16種類あるとされるが，そのうち，主な肥料は窒素とリン酸，カリの3種類とカルシウムである。以下にそれぞれの成分に応じた生理作用を説明する。

83

① **窒素肥料（N）**

植物の細胞の原形質は主にたんぱく質から構成されているが，このたんぱく質の生成に窒素は不可欠である。また，葉緑素も窒素化合物であり，窒素肥料は葉や茎の生育に非常に重要である。窒素が不足すると葉に含まれる葉緑素が不足し，葉の色が黄色を帯びてきて葉枯れなどを起こす。

一方過剰に窒素を供給すると，葉が濃緑色になり，花が咲く時期が遅れたり，病気にかかりやすくなったりする。

窒素肥料は葉の育成に非常に重要であることから葉肥とも呼ばれる。

② **リン酸肥料（P_2O_5）**

植物の生育初期においてはリン酸が大量に必要となる。生育初期にリン酸が不足すると，植物の葉は暗緑色になる。葉の周囲に黒色の点を生じ，葉枯れを引き起こす。また，花の色や果実の成熟にも多く必要となる。

リン酸肥料を過剰に供給しても害は出にくい。

花や果実の生育に重要であることから，実肥とも呼ばれている。

③ **カリ肥料（K_2O）**

カリは植物の光合成と非常に深く関わっている。さらにカリはでんぷんの合成やその移動と密接な関係にあり，植物の代謝生理に非常に大きな役割を果たしている。

カリが欠乏してしまうと，幼葉は青みをおびて濃くなってしまう。欠乏量が増すと葉脈の間や葉の周辺にも黄色の斑点ができて枯れてしまう。

一方，過剰に供給すると，窒素やカルシウムなどの吸収を阻害して生育に悪影響を与える。また根が黄色くなる。

カリ肥料は根や茎を丈夫にすることから根肥とも呼ばれている。

④ **カルシウム（Ca）**

植物の新陳代謝によって生じる酸を中和する作用がある。また土壌の酸性を中和する。

カルシウムが不足すると，若い葉が巻き上がり，根の生育も止まってしまう。土壌が酸性になり，リン酸やマグネシウムの不足も招く。

過剰に供給しすぎると土壌がアルカリ性になる。また，微小成分の吸収も困難になる。

解答 (1)：窒素が不足すると葉に含まれる葉緑素が不足し，葉の色が黄色を帯びてきて葉枯れなどを起こす。

4－2 肥 料

例題 5

植物の施肥に関する以下の記述のうち，適当でないものはどれか。
(1) 元肥は植物の生育が活発な 3～6 月に施肥する方法で，速効性の肥料が適している。
(2) 追肥は一般的に 6～9 月に施す。
(3) 冬季において植物の生育が止まっている間に施す肥料には遅効性のものを利用する。
(4) 有機肥料は安定した団粒構造となっており，土の性質を改善する。

Point → 施肥の基本についてよく理解しておくこと。

解説

(1) 施肥の種類

施肥には以下のような種類のものがある。花木や果樹の場合は，年に 2 回程度の施肥が求められる。冬季の元肥と，開花や果実の結実の後に追肥を施すことが望ましい。

① 元肥（寒肥）

植物の生育が止まっている 12～2 月ころの冬季に施す肥料で，遅効性の肥料が用いられる。肥料の効果は植物の生長期にあたる 3～6 月から表れてくる。

② 追肥

植物の生育中において，その植物の生育状況をみて，生育が悪化しているような場合に施される肥料。現状の土壌や基肥の状態を改善する。根の活動が旺盛な 6～9 月ごろに施すのが一般的。主に速効性の肥料が用いられる。

(2) 施肥の方法

① 高木の場合

高木への施肥では，以下のような方法がある。

(i) 車肥

樹木の幹の根元から放射状に 4 カ所程度の溝を掘り，肥料を施す方法。

溝は深さ15〜20 cm程度の大きさで，車軸形状に施す。なお，溝の場所は毎年異なる場所となるようにする。溝は外側にいくにつれて幅広く，かつ深くする。

(ii) 輪肥

樹幹投影線上に沿って円状に溝を掘り，肥料を施す方法。溝は深さ20 cm程度。溝を掘る際に根を傷つけないようにする。

(iii) つぼ肥

樹幹投影線上に6カ所程度つぼ状の穴を設け，ここに肥料を施す方法。穴の深さは20 cm程度とする。

(iv) 面肥

樹幹投影線から樹木の根元の周辺までの範囲において肥料を散布する方法。浅い範囲までしか施肥せず，主に速効性が求められる追肥に用いられる。

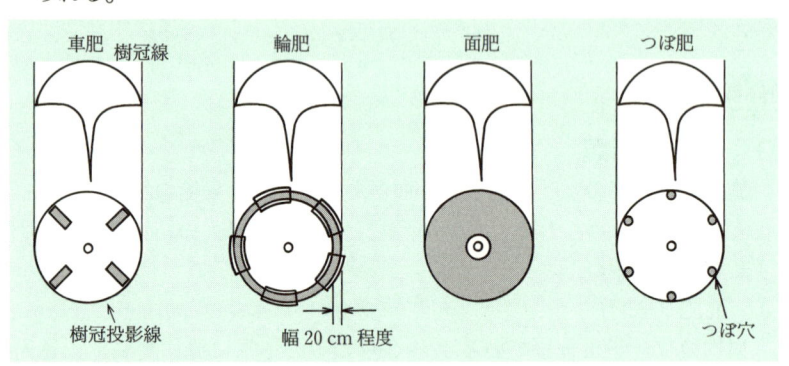

※樹幹投影線が重要なのは，丁度この樹幹投影線部分に細根が多く存在しているためである。

図4・6 高木の施肥

② 低木の場合

1本立ちしている場合には，輪肥やつぼ肥を中心にする。列植の場合には，生垣施肥と同様にする。群植の場合には，有機質の肥料であれば，1 m³当たり3カ所の縦穴を掘って，肥料を施した後で覆土する。化成肥料であれば，植え込み内に一様に散布する。

③ 生垣の場合

元肥の場合，生垣の両側に深さ20 cm程度の縦穴を1カ所ずつ掘って，穴の底に肥料を施す。

追肥の場合，生垣の両端に平行に深さ約20 cmの溝を掘って，溝の底に

4－2　肥　料

肥料を敷いて覆土する。溝や縦穴の位置は細根の密集する部分のやや外側に設ける。

解答　(1)：元肥は遅効性の肥料を用いる。

類題マスター

施肥に関する以下の記述のうち，適当でないものはどれか。
(1) 車肥を施す場合，溝の場所は毎年異なる場所となるようにする。溝は外側にいくにつれて幅広く，かつ深くする。
(2) つぼ肥とは，樹幹投影線上に6カ所程度つぼ状の穴を設け，ここに肥料を施す方法。
(3) 面肥は，浅い範囲までしか施肥しないので，肥料の効果はゆっくりと表れる。主に遅効性の肥料を利用する。
(4) 樹幹投影線上に沿って円形の溝を掘り，肥料を施す方法を輪肥という。

● 解答・ポイント ●

解　答　(3)：面肥は主に速効性の追肥として利用する。

第4章　植物管理

3. 病虫害

例題 6

植物における害虫とその及ぼす害に関する記述のうち，適当でないものはどれか。
(1) カミキリムシは幼虫が樹木の幹部等を食害し，その生育を妨げる。
(2) チャドクガの幼虫は葉を食害し生育を妨げる。
(3) アブラムシは芽や花芽，新葉に群生し，汁液を吸収しその生育を妨げる。
(4) カイガラムシは葉を食害し生育を妨げる。

Point → 植物の害虫の種別とその害虫が及ぼす害について整理しておくこと。

解説

植物に関する害虫は，その植物に及ぼす害に応じて以下のように区分される。

(1) 害虫の種類
① 食葉性害虫
葉を害する害虫。ドクガ類やミノガ類，アメリカシロヒトリなどのヒトリガ類，シャクガ類，スズメガ類などガの幼虫は葉に群生して葉を食害する。ハムシの成虫は葉を食害する。なお，ハムシの幼虫は植物の根や葉を食害する。
② 穿孔性害虫
樹木の幹や枝，新梢に穴を開ける害虫。カミキリムシは幼虫が樹皮の下の部分や材部を食い荒らす。食害された植物は枯死したり，生育が著しく遅れるなどの被害を受ける。なお，カミキリムシの成虫は，芽を食害する。マツ

4－3 病虫害

ノキクイムシなどキクイムシ類も枝や幹を穿孔する。キバチ，コウモリガなどもこれに該当する。

③ 吸収（汁）性害虫

　樹木の幹や枝，葉に寄生して，樹木の樹液を吸収する害虫。カイガラムシ類は，汁液を吸い取るだけでなく，すす病も誘発する。アブラムシ類は，芽や花芽など柔らかい部分に群生して，汁液を吸い取る。ウイルスを媒介する場合もある。カメムシ類は幼虫，成虫ともに新芽や花芽，実などから汁液を吸収する。

④ 虫こぶ（えい）性害虫

　葉に虫こぶ（えい）を作る害虫。タマバチやアブラムシ，タマバエ，キジラミなどがある。

(2) 害虫の駆除

　害虫の駆除には，害虫の天敵となる鳥や虫を保護したり，導入したりすることが有効。また，被害を受けた際には，捕殺や農薬の散布なども有効。防除にも農薬散布は有効であるものの，近年では，農薬散布を避けて，天敵の導入や遺伝子操作などによる対策も注目を集めている。

解答　(4)：カイガラムシは汁液を吸収する害虫。

類題マスター

　植物における害虫とその及ぼす害について述べた記述のうち，適当でないものはどれか。
(1) ドクガ類の幼虫は，葉を食害する。
(2) アブラムシは芽や花芽，新葉に群生し，汁液を吸収し，その生育を妨げる。
(3) カミキリムシは成虫が樹木の幹部等を食害し，その生育を妨げる。
(4) カイガラムシは枝，茎，葉に寄生し，枯死させたり衰弱させたりする。

● 解答・ポイント ●

　解　答　　(3)：カミキリムシは幼虫が材部を食害する。

第4章　植物管理

例題 7 重要 重要

以下のような症状を呈する樹木の病名として適当なものはどれか。
「橙黄色の粉をふいたような病斑を葉の表面に生じる」
(1)　さび病
(2)　こうやく病
(3)　たんそ病
(4)　てんぐす病

Point → 植物の病名と症状をよく理解しておくこと。

解説

(1)　病原
植物に病気をもたらす原因は，カビやバクテリア，ウイルス，線虫に大別される。

① カビ
カビによる病気は，気孔等を通じてカビが植物の内部に侵入して発生する。植物に侵入したカビは温度条件や湿度条件が適当な状態になった時に菌糸を伸ばし，寄生した植物の養分を栄養源として奪い取る。病原体となるカビは樹木内に広がって，樹木が衰弱して枯死に至ることもある。
主な植物の病気の例は，うどんこ病にすす病，さび病，もち病など。

② バクテリア
細胞分裂を繰り返して増えるバクテリアは樹木の傷口から侵入して増殖する。斑点病や軟腐病などがこれに該当する。

③ ウイルス
アブラムシなど虫を媒介にして樹木内に侵入して増殖する。モザイク病や萎縮病がこれに該当する。

④ 線虫
線虫が気孔や表皮などから植物の内部に侵入して，病害を及ぼす。根こぶ線虫病などが該当する。

(2) 病気の種類
① うどんこ病
　葉面が小麦粉をまいたように白く覆われた状態になる。病原菌の種類や樹種に応じて，色が褐色や紫褐色になることもある。春から秋にかけて，白い粉状の菌体を生じて，これが伝染を繰り返す。秋に褐色から黒色に変わる粒状物を生じて，これが越冬して翌年の病原となる。
　防除には，春から梅雨の時期や秋にジネブ剤やマンネブ剤などを利用する。
② さび病
　葉面または，針葉樹の場合は針葉の上に，黄色からさび色の病原菌の胞子である粉をふいた状態になる。樹種や病原菌に応じて，幹や枝にこぶをつくるものをはじめ，様々な種類がある。
　防除は，開葉期から秋にかけてマンネブ剤やジネブ剤を使う。病気になった葉は切除して焼却する。
③ こうやく病
　幹や枝の表面を褐色や灰褐色，黒褐色のビロード状の厚い膜が覆う病気。こうやくを塗った状況に似ている。枝幹に多くの膜を生じた樹木は，衰弱していく。
　こうやく病の要因は一般にカイガラムシにある。カイガラムシは，サクラやウメ等の樹木の枝などに付いてその汁液をえさとしているが，このカイガラムシが出す排泄物の上に広がる。
　膜を削ぎ落とし，カイガラムシの駆除や水和イオン剤の塗布などの対応が必要になる。
④ もち病
　春の開葉期からしばらくすると，花や若芽の全体，又は一部について表面が白くなり，膨らむ病気。もちが膨らんだような状態になることから名前が付いた。
⑤ てんぐす病
　枝の一部が膨らみ，その先の部分から多数の小枝が密集してほうき状に伸びて，てんぐ巣をつくる。病巣の葉は葉面に白い粉を生じ，病原菌は越冬して，開葉と同時に進展していく。てんぐす病になっている枝を切除した後に，焼却して対応する。そのままにしておくとあちこちに病気が広がり，樹木が衰弱する。
⑥ たんそ病
　葉や果実，幼茎や幼枝に生じる。円形の黒褐色や褐色の病斑が葉や茎や果

第4章　植物管理

実等に発生する。葉の勢力が失われて，落葉する。駆除するには，被害を受けた枝などを切除して焼却し，マンネブ剤やジネブ剤を開葉期から秋にかけて利用する。

⑦　白，紫紋羽病

　白色や紫色のくもの巣状の菌糸が根の表面につく病気。根が侵された後に，地上部分がしおれて枯れる。一度かかると治療は難しい。

⑧　モザイク病

　ウイルスが原因の病気で，植物が衰弱したり，白斑を生じたり，奇形になるなど様々な症状をもたらす。

⑨　根こぶ線虫病

　根こぶ線虫によって引き起こされる。根に様々なこぶが生じ数珠状になる。細い根が腐り，樹木は生育不良に陥る。

解答　(1)

類題マスター

植物の病害に関する記述のうち，適当でないものはどれか。
(1)　うどんこ病やすす病の原因は植物の体内にカビが侵入することにある。
(2)　バクテリアは樹木の傷口から侵入して増殖する。斑点病などがこれに該当する。
(3)　ウイルスによる病害は，アブラムシなど虫を媒介にして樹木内に侵入して増殖する結果，生じる。
(4)　さび病は，線虫が気孔や表皮などから植物の内部に侵入して生じる。

● 解答・ポイント ●

解　答　　(4)：さび病はカビによって引き起こされる。

第5章

植物材料

第 5 章　植物材料

1. 植物材料

例題 1　重要 重要 重要

造園樹木の特徴に関する記述のうち，適当でないものはどれか。
(1)　キンモクセイ，サンショウ，カラタチは実の香りが強い。
(2)　ウメモドキ，ヒメリンゴ，サンゴジュは赤色系の実をつける。
(3)　ハナミズキ，ナナカマド，イロハモミジは秋に紅葉する。
(4)　コブシ，トチノキ，ハクモクレンは白色系の花が咲く。

Point → 造園植物の花や実の特徴をよく理解しておくこと。

解説

植物の葉や花，実などの色や芳香などの特徴別に区分したものは，以下の通り。

(1) 葉の色
① 秋に紅葉するもの（赤色系）
　ハナミズキ，イロハモミジ，オオモミジ，カキ，ドウダンツツジ，ナナカマド，ナンキンハゼ，ニシキギ，ヌルデ，ヤマボウシ，ツタ
② 秋に紅葉するもの（黄色系）
　イチョウ，ラクウショウ，カツラ，ケヤキ，ムクロジ
③ 新葉が赤色系のもの
　カナメモチ，オオバベニガシワ，クス，アカシデ，チャンチン
④ 新緑が美しいもの
　カラマツ，トウヒ，マサキ，カエデ類，ドウダンツツジ，ユリノキ，シダレヤナギ

(2) 樹冠の色
① 白色系
シラカンバ
② 緑色系
アオギリ（幼木と中木）
③ 黒色系
エゴノキ，クロモジ
④ 赤色系
アカマツ，ヒメシャラ，サルスベリ

(3) 花の色
① 白色系の花が咲くもの
クチナシ，ウツギ，コブシ，トチノキ，ユキヤナギ，ハクモクレン，ニセアカシア，ヒメシャラ，エンジュ，ドウダンツツジ，コデマリ
② 紅赤色系
ハナミズキ，ザクロ，ネムノキ，カイドウ，モモ，オオムラサキツツジ，ベニキリシマ
③ 黄色系
サンシュユ，ロウバイ，ヒョウガミズキ，レンギョウ，ヤマブキ，エニシダ，キンシバイ，ビヨウヤナギ
④ 橙色系
キンモクセイ，ヤマツツジ，ノウゼンカヅラ，レンゲツツジ
⑤ 青紫色系
アジサイ，シモクレン，フジ，ライラック，オオムラサキ

(4) 芳香のある植物
① 花に香りがあるもの
ロウバイ，ウメ，ハクモクレン，ジンチョウゲ，コブシ，ライラック，シモクレン，ボタン，エゴノキ，バラ，クチナシ，エンジュ，モッコク，キンモクセイ，ヒイラギ
② 果実に香りがあるもの
ボケ，カリン，ユズ，カラタチ
③ 葉に香りがあるもの
ゲッケイジュ，サンショウ，クス，ニオイヒバ

第5章　植物材料

⑸　果実の色

① 　赤色系

　ハナミズキ，ウメモドキ，ヒメリンゴ，サンゴジュ，モチノキ，クチナシ，カキ

② 　黄色系

　カリン，ユズ，ビワ，ダイダイ，ナツミカン

③ 　紫色系

　アケビ，ブドウ，ムラサキシキブ

④ 　黒色系

　イヌツゲ，ネズミモチ，ムクノキ，クスノキ，ヒイラギナンテン

解答　⑴：キンモクセイは花の，サンショウは葉の香りがそれぞれ強い。

類題マスター

類題1

造園植物に関する記述のうち，適当でないものはどれか。

⑴　ハナミズキ，イロハモミジ，ドウダンツツジは秋に紅葉する。
⑵　ネズミモチ，ムクノキ，クスノキは黒色系の実をつける。
⑶　コブシ，シモクレン，エゴノキは花の香りが強い。
⑷　カイドウ，モモ，レンギョウは黄色系の花が咲く。

類題2

造園植物に関する記述のうち，適当なものはどれか。

⑴　サンゴジュ，ネズミモチ，カリンは赤色系の実をつける。
⑵　ライラック，エンジュ，クスは葉に強い香りがある。
⑶　キンモクセイ，シモクレン，エニシダは黄色系の花が咲く。
⑷　アカマツ，ヒメシャラ，サルスベリは幹の色に特徴がある。

● 解答・ポイント ●

解　答　　類題1　⑷：カイドウとモモは紅赤系の花が咲く。
　　　　　類題2　⑷：いずれも赤色系の幹。

5－1　植物材料

例題 2

造園樹木の特徴に関する以下の記述のうち，適当でないものはどれか。
(1)　イヌマキ，サンゴジュ，スズカケノキは耐火性や防火性に富む。
(2)　イチイ，コウヤマキ，マサキは陽樹である。
(3)　アオキ，イヌツゲ，クロガネモチは耐潮性が強い。
(4)　ウバメガシ，キンモクセイ，サザンカは生垣に適する。

Point → 樹木の名称と特徴をよく理解しておくこと。

解説

樹木にはいろいろな実用上の分類がある。

(1)　葉の形状による分類
① 針葉樹
　裸子植物のうち，マツ科，スギ科，ヒノキ科，イチイ科などがこれにあたる。葉の形状は針状のものと鱗片状のものが多い。
② 広葉樹
　ほとんどの被子植物の樹木はこれに属する。
③ 竹類
　タケとササ類。

(2)　樹高による分類
① 高木
　明確な基準はないが，一般に成木の樹高が 3～5 m 以上の樹木をいう。
② 低木
　明確な基準はないが，一般に成木の樹高が 3 m 以下の樹木をいう。
③ つる物
　地上をつる状にはったり，壁や他の植物に絡まって生長するものなどがある。

(3) 葉の着生状態による分類

① 常緑樹
一年中葉をつけているもの。気温などによって，一斉に落葉することもあるが，落葉後すぐに新芽が形成されることが多い。

② 落葉樹
一年以内に落葉するもの。

③ 半落葉樹
秋冬の気温によって落葉したり常緑だったりする。

(4) 日照の要否による分類

① 陽樹
生育に強い太陽光を必要とするもの

例：アカマツ，アオギリ，アキニレ，イチョウ，ウツギ，ウメ，エゴノキ，エニシダ，エノキ，エンジュ，オオシマザクラ，オオムラサキ，カイズカイブキ，カラマツ，キョウチクトウ，クヌギ，クロマツ，ケヤキ，コデマリ，サルスベリ，サンシュユ，シダレヤナギ，シモツケ，シャリンバイ，シラカンバ，スギ，スズカケノキ（プラタナス），ソメイヨシノ，ドウダンツツジ，トウカエデ，トベラ，ナンキンハゼ，ニオイヒバ，ハイビャクシン，ハナミズキ（アメリカヤマボウシ），ハルニレ，ヒマラヤスギ，ヒラドツツジ，ボケ，マテバシイ，ミズキ，ムクゲ，メタセコイヤ，モウソウチク，モミジバフウ，ヤマザクラ，ユリノキ，ライラック，レンギョウなど

② 陰樹
日陰に耐えてよく生長できる樹木

例：アオキ，アスナロ，アセビ，イチイ，カクレミノ，ゲッケイジュ，コウヤマキ，ナンテン，ヒイラギナンテン，マサキ，モチノキ，ヤツデ，ヤブコウジなど

(5) 環境への対応などによる分類

① 耐潮性の強い樹木
海岸の植栽などでは耐潮性の強い樹種を選定する必要がある。

例：アオキ，アキニレ，アジサイ，アスナロ，イヌツゲ，イヌマキ，ウバメガシ，エノキ，オオシマザクラ，カイズカイブキ，キョウチクトウ，クロガネモチ，クロマツ，サザンカ，サンゴジュ，シャリンバイ，ス

ズカケノキ（プラタナス），ソテツ，トベラ，ナンキンハゼ，トゲナシニセアカシア，ネズミモチ，ハイビャクシン，マサキ，マテバシイ，モチノキ，モッコク，ヤツデ，ヤブツバキ，ヤマモモ，ユーカリノキ，ユズリハなど

② 公害に強い樹木

窒素酸化物や一酸化炭素，亜硫酸ガスなどの大気汚染ガスの被害を受けると落葉したり，枯死したりすることがある。こうした被害は気孔の開く夏に一層顕著であるが，こうした大気汚染に比較的強い樹種もある。

例：アオキ，イチョウ，イヌツゲ，ウバメガシ，エノキ，エンジュ，カイズカイブキ，キョウチクトウ，クス，クチナシ，クロガネモチ，クロマツ，サンゴジュ，シダレヤナギ，シャリンバイ，シラカシ，ジンチョウゲ，スズカケノキ（プラタナス），スダジイ，ソテツ，トウカエデ，トベラ，ナンキンハゼ，ネズミモチ，ヒイラギ，マサキ，マテバシイ，モッコク，ヤツデ，ヤブツバキ，ヤマモモ，ユキヤナギ，レンギョウなど

③ 酸性土に耐える樹木

例：アカマツ，ケヤキ，シャクナゲ，シラカシ，ドウダンツツジ，ブナ，モミ

(6) 用途による分類

① 生垣用樹木

生垣に適した樹木は，丈夫で刈り込みに耐え，枝葉は密生するなどの特性がある。

例：アスナロ，イチイ，カイズカイブキ，スギ，ヒノキ，ラクウショウ，イヌツゲ，ウバメガシ，キンモクセイ，サザンカ，サンゴジュ，ツゲ，トベラ，ネズミモチ，ハクチョウゲ，マサキ，マテバシイ，モッコク，ヤブツバキ，カラタチ，ドウダンツツジ，ボケなど

② 街路樹用樹木

街路樹として適している樹木には，大気汚染や病虫害に強く，せん定に耐えるなどの特徴を有している。

例：アオギリ，イチョウ，エンジュ，クスノキ，ケヤキ，シダレヤナギ，スズカケノキ（プラタナス），トウカエデ，ニセアカシア，ユリノキ

③ 耐火性・防火性の強い樹木

樹木の幹や葉が密生し，葉も大きく水分を多く含む樹木は防火用の樹木と

第5章　植物材料

して適当である。

例：アカマツ，イヌツゲ，イチョウ，イチイ，イヌマキ，エンジュ，カラマツ，コウヤマキ，サザンカ，サンゴジュ，ジンチョウゲ，スズカケノキ（プラタナス），スギ，ツバキ，トウカエデ，トベラ，ヒイラギ，ヒノキ，モチノキ，ヤツデ，ユリノキなど

樹木の種別毎の特徴は表5・1の通り。

表5・1　樹木の特性

樹種名	科目	常落別	高木・低木	陰陽度	生長度	耐煙性	耐潮性	乾湿性	移植難易度
アオキ	みずき	常広	低	陰	中	強	強	中	易
アオギリ	あおぎり	落広	高	陽	早	強	中	中	易
アカシデ	かばのき	落広	高	陽	早	中	弱	中	易
アカマツ	まつ	常針	高	陽	早	弱	弱	乾	中
アキニレ	にれ	落広	高	陽	やや遅	強	強	湿	中
アジサイ	ゆきのした	落広	低	中	早	中	強	湿	易
アスナロ	ひのき	常針	高	陰	遅	中	強	中	難
アセビ	つつじ	常広	低	陰	遅	強	中	中	中
アベリア	すいかずら	常広	低	陽	早	強	中	乾	易
アメリカヤマナラシ	やなぎ	落広	高	陽	早	強	中	湿	易
アラカシ	ぶな	常広	高	中	早	強	中	中	中
イチイ	いちい	常針	高	陰	遅	中	中	中	難
イチョウ	いちょう	落広	高	陽	早	強	中	中	易
イヌシデ	かばのき	落広	高	中	早	中	弱	中	易
イヌツゲ	もちのき	常広	高	中	遅	強	強	中	中
イヌマキ	まき	常針	高	中	遅	中	強	湿	中
イボタノキ	もくせい	落広	高	陽	早	強	中	中	易
イロハモミジ	かえで	落広	高	中	早	弱	弱	湿	易
ウツギ	ゆきのした	落広	低	陽	早	強	中	湿	易
ウバメガシ	ぶな	常広	高	中	遅	強	強	中	難
ウメ	ばら	落広	高	陽	遅	中	中	中	易
ウメモドキ	もちのき	落広	低	陽	遅	中	中	中	易
エゴノキ	えごのき	落広	高	陽	中	中	中	中	中
エニシダ	まめ	落広	低	陽	早	強	強	中	難
エノキ	にれ	落広	高	陽	早	強	強	中	やや易
エンジュ	まめ	落広	高	陽	やや早	強	中	中	中
オオシマザクラ	ばら	落広	高	陽	早	強	強	中	易
オオムラサキ	つつじ	常広	低	陽	早	強	中	中	易
カイズカイブキ	ひのき	常針	高	陽	早	強	強	中	中
カツラ	かつら	落広	高	中	早	中	中	湿	中
カキ	かきのき	落広	高	陽	遅	中	中	中	難

5-1 植物材料

樹種名	科目	常落別	高木・低木	陰陽度	生長度	耐煙性	耐潮性	乾湿性	移植難易度
カクレミノ	うこぎ	常広	高	陰	遅	強	強	強	難
カシワ	ぶな	落広	高	陽	遅	中	強	湿	難
カナメモチ	ばら	常広	高	中	早	強	強	中	易
カラタチ	みかん	落広	高	中	中	強	強	中	難
カラマツ	まつ	落針	高	陽	早	弱	弱	乾	難
キャラボク	いちい	常針	低	中	遅	中	中	中	中
キョウチクトウ	きょうちくとう	常広	高	陽	早	強	強	乾	難
キンモクセイ	もくせい	常広	高	中	遅	中	中	中	中
クス	くすのき	常広	高	中	早	強	中	中	中
クチナシ	あかね	常広	低	中	早	中	中	中	易
クヌギ	ぶな	落広	高	陽	早	中	中	湿	難
クロガネモチ	もちのき	常広	高	中	遅	強	強	中	易
クロマツ	まつ	常針	高	陽	早	強	強	乾	中
ゲッケイジュ	くすのき	常広	高	陰	早	強	強	中	難
ケヤキ	にれ	落広	高	陽	早	弱	中	中	中
コウヤマキ	こうやまき	常針	高	陰	中	中	中	中	難
コデマリ	ばら	落広	低	陽	中	中	中	中	易
コナラ	ぶな	落広	高	陽	中	中	中	中	中
コブシ	もくれん	落広	高	中	早	中	中	湿	難
サザンカ	つばき	常広	高	中	遅	中	強	中	易
サツキツツジ	つつじ	常広	低	中	中	強	中	中	易
サルスベリ	みそはぎ	落広	高	陽	中	中	弱	乾	中
サワラ	ひのき	常針	高	中	早	中	中	中	中
サンゴジュ	すいかずら	常広	高	中	早	強	強	湿	易
サンシュユ	みずき	落広	高	陽	中	中	中	中	中
シダレヤナギ	やなぎ	落広	高	陽	早	強	中	湿	易
シモツケ	ばら	落広	低	陽	早	中	中	湿	易
シャリンバイ	ばら	常広	低	陽	遅	強	強	中	難
ジンチョウゲ	じんちょうげ	常広	低	中	遅	強	中	湿	難
シラカシ	ぶな	常広	高	中	早	強	中	中	中
シラカンバ	かばのき	落広	高	陽	早	中	弱	湿	中
スギ	すぎ	常針	高	陽	早	弱	中	湿	難
スズカケノキ(プラタナス)	すずかけのき	落広	高	陽	早	強	強	中	易
スダジイ	ぶな	常広	高	中	早	中	中	中	易
ソメイヨシノ	ばら	落広	高	陽	早	弱	弱	中	易
ソテツ	そてつ	常	高	中	遅	強	強	乾	易
タイサンボク	もくれん	常広	高	陽	中	中	中	中	難
タニウツギ	すいかずら	落広	低	陽	早	強	中	湿	易
タラヨウ	もちのき	常広	高	陰	中	強	中	中	易

第5章　植物材料

樹　種　名	科　目	常落別	高木・低木	陰陽度	生長度	耐煙性	耐潮性	乾湿性	移植難易度
チャ	つばき	常広	低	中	遅	中	中	中	難
ツゲ	つげ	常広	高	中	遅	強	強	中	中
トウカエデ	かえで	落広	高	陽	早	強	中	中	易
ドウダンツツジ	つつじ	落広	低	陽	遅	中	弱	中	易
トウネズミモチ	もくせい	常広	高	中	早	強	強	中	易
トチノキ	とちのき	落広	高		早	中	中	湿	中
トベラ	とべら	常広	低	陽	早	強	強	中	難
ナツツバキ	つばき	落広	高	陽	早	中	中	中	易
ナナカマド	ばら	落広	高	中	中	中	中	中	中
ナンキンハゼ	とうだいぐさ	落広	高	陽	早	強	強	湿	難
ナリヒラダケ	いね	竹	高	陽	早	強	中	乾	中
ナワシログミ	ぐみ	常広	低	陽	早	強	強	乾	中
ナンテン	めぎ	常広	低	陰	遅	中	中	中	易
ニオイヒバ	ひのき	常針	高	陽	早	強	弱	中	易
ニシキギ	にしきぎ	落広	低	中	遅	中	中	中	易
ニセアカシア	まめ	落広	高	陽	早	強	強	乾	易
ネズミモチ	もくせい	常広	高	中	中	強	強	中	中
ノウゼンカズラ	のうぜんかずら	落蔓		中	早	中	中	中	易
ハイビャクシン	ひのき	常針	低	陽	遅	中	強	乾	難
ハクチョウゲ	あかね	常広	低	中	中	中	弱	中	易
ハクモクレン	もくれん	落広	高	中	中	中	中	中	難
ハナズオウ	まめ	落広	低	陽	早	強	中	中	中
ハナミズキ（アメリカヤマボウシ）	みずき	落広	高	陽	中	中	中	中	中
ハルニレ	にれ	落広	高	陽	早	中	中	中	中
ヒイラギ	もくせい	常広	高	中	遅	強	中	中	易
ヒイラギナンテン	めぎ	常広	低	陰	遅	強	中	湿	中
ヒノキ	ひのき	常針	高	中	早	中	中	中	難
ヒメシャラ	つばき	落広	高	中	早	中	中	中	中
ビャクシン(イブキ)	ひのき	常針	高	陽	遅	強	強	乾	中
ヒラドツツジ	つつじ	常広	低	陽	中	強	中	中	易
ビョウヤナギ	おとぎりそう	常広	低	中	中	中	中	乾	易
ヒマラヤスギ	まつ	常針	高	陽	早	中	弱	中	中
ビワ	ばら	常広	高	陽	遅	強	強	乾	難
ボケ	ばら	落広	低	陽	早	強	中	中	易
マサキ	にしきぎ	常広	高	陰	早	強	強	中	易
マダケ	いね	竹	高	陽	中	中	中	乾	中
マテバシイ	ぶな	常広	高	陽	早	強	強	中	中
ミズキ	みずき	落広	高	陽	早	強	中	湿	中
ムクゲ	あおい	落広	低	陽	早	強	中	湿	易

5-1 植物材料

樹種名	科目	常落別	高木・低木	陰陽度	生長度	耐煙性	耐潮性	乾湿性	移植難易度
ムクノキ	にれ	落広	高	陽	早	強	中	湿	中
ムベ	あけび	常蔓		陽	早	強	強	湿	中
メタセコイヤ(アケボノスギ)	すぎ	落針	高	陽	早	中	弱	湿	易
モウソウチク	いね	竹	高	陽	早	中	中	乾	中
モクレン	もくれん	落広	低	陽	遅	中	中	湿	中
モチノキ	もちのき	常広	高	陰	中	強	強	中	易
モッコク	つばき	常広	高	中	遅	強	強	中	中
モミ	まつ	常針	高	中	早	中	中	乾	難
モミジバフウ	まんさく	落広	高	陽	早	中	中	湿	難
モモ	ばら	落広	高	陽	早	中	中	中	易
ヤツデ	うこぎ	常広	低	陰	早	強	強	中	易
ヤブコウジ	やぶこうじ	常広	低	陰	早	中	中	中	易
ヤブツバキ	つばき	常広	高	中	遅	強	強	中	中
ヤマザクラ	ばら	落広	高	陽	早	中	弱	中	中
ヤマハギ	まめ	落広	低	陽	早	中	中	中	易
ヤマブキ	ばら	落広	低	中	早	中	中	湿	易
ヤマボウシ	みずき	落広	高	中	中	中	中	湿	中
ヤマモモ	やまもも	常広	高	中	遅	強	強	中	中
ユーカリノキ	ふともも	常広	高	陽	早	中	強	湿	難
ユキヤナギ	ばら	落広	低	中	早	強	中	中	易
ユズリハ	とうだいぐさ	常広	高	中	遅	中	強	湿	中
ユリノキ	もくれん	落広	高	陽	早	中	弱	中	難
ライラック	もくせい	落広	高	陽	中	中	中	中	易
ラクウショウ	すぎ	落針	高	中	早	中	弱	湿	易
レンギョウ	もくせい	落広	低	陽	早	強	中	中	易
レンゲツツジ	ツツジ	落広	低	陽	中	中	中	湿	易

陰陽度：陽＝陽樹　陰＝陰樹

解答 (2)：イチイ，コウヤマキ，マサキはいずれも陰樹。

第 5 章　植物材料

類題マスター

類題 1

造園樹木に関する記述のうち，適当でないものはどれか。
(1) ユキヤナギ，ネズミモチ，モッコクは耐煙性が強い。
(2) アオキ，ヤブコウジ，モチノキは陰樹である。
(3) アカマツ，ユリノキ，イチョウは耐火性や防火性が高い。
(4) サンゴジュ，コウヤマキ，シダレヤナギは移植が難しい。

類題 2

造園樹木に関する記述のうち，適当でないものはどれか。
(1) シャリンバイ，コブシ，モミジバフウは移植が困難。
(2) ジンチョウゲ，スズカケノキ，レンギョウは公害に強い。
(3) カイズカイブキ，キョウチクトウ，クロガネモチは耐潮性が弱い。
(4) イチョウ，エンジュ，トベラは防火・耐火性が高い。

● 解答・ポイント ●

解　答　　類題 1　(4)：サンゴジュとシダレヤナギは比較的移植が容易。
　　　　　類題 2　(3)：カイズカイブキ，キョウチクトウ，クロガネモチは耐潮性が強い。

5-1 植物材料

例題 3

造園植物に関する記述のうち，適当でないものはどれか。
(1) クローバーはマメ科の植物で，冬季に落葉する。陽光地を好み，播種による繁殖法が一般的。
(2) ユキノシタはユキノシタ科の植物で，冬季は落葉する。
(3) フッキソウはツゲ科の植物で，常緑である。さらに，湿性の半陰地を好む。
(4) スギゴケはスギゴケ科の植物で，常緑である。湿気の多い場所を好み，胞子で繁殖する。

Point → 地被植物の名称と特徴をよく理解しておくこと。

解説

地被植物とは，地表面を広く覆う背の低い植物で，芝，草木，低木，ツル植物，ササ類などのことをいう。

(1) 地被植物のもたらす効果

地被植物には以下のような効果がある。

① 砂塵の飛しょう防止

裸地に比べて，地被植物で覆われている部分は，砂塵の飛しょう量が減る。

② 法面の崩落防止

切り土や盛り土によって道路の側面などに生じた法面に植生を施すことによって法面が安定し，法面の崩落事故を防止する効果がある。

③ 霜立ちの防止

裸地に比べ，霜を抑制する効果がある。

④ 雑草の発生防止

裸地に比べて，雑草の発生を抑制することが可能。

⑤ 美観の向上

植物の緑の色彩は，安らぎを与える効果がある。加えて，大気を浄化する効果もある。

⑥ 気温上昇の抑制

裸地に比べて，地表面の温度を夏は0.5〜3℃抑制し，冬は0.8〜4℃高める効果がある。気温の寒暖差を緩衝する効果がある。

⑦ 芝生の効果

さらに，芝生であれば，転倒時にもたらされる衝撃を抑制する効果があるうえに，競技場などで芝生を用いると，ぬかるみの発生を減らすことができる。

・主な地被植物の特徴は下表の通り（芝生については，9-4で述べる）。

表5・2　地被植物の特性

植物名	科目	常落	陰陽度	乾湿性	繁殖法
アジュガ	しそ	常	陽〜中	中	株
オロシマチク	いね	常	陽〜中	中	株
カンアオイ	うまのすずくさ	常	陽〜中	湿〜中	株・種
クローバー	まめ	落	陽	湿〜中	種
コグマザサ	いね	常	陽〜中	中	株
ゴシキグサ	どくだみ	落	陽〜中	中〜湿	株
シャガ	あやめ	常	陰〜中	中〜湿	株
ジャノヒゲ(リュウノヒゲ)	ゆり	常	陰〜中	中〜湿	株
スギゴケ	すぎごけ	常	陰〜中	湿	胞子
セキショウ	さといも	常	陰〜中	中〜湿	株
チゴザサ	いね	常	陽〜中	中	株
ツルニチニチソウ	きょうちくとう	常	陽〜中	中	挿・株
ツワブキ	きく	常	陰〜中	湿〜中	株
トクサ	とくさ	常	陰〜中	湿〜中	挿・株
ハラン	ゆり	常	陰〜中	湿〜中	株
フッキソウ	つげ	常	陰〜中	湿〜中	挿
プラティア	ききょう	常	陽〜中	乾〜中	株
ポテンティラ	ばら	常	陽〜中	乾〜中	挿・株
ユキノシタ	ゆきのした	常	陰〜中	湿〜中	株
ヨウシュコナスビ	さくらそう	半落	陰〜中	湿〜中	株

株：株分け（親株から切り離して，子株に分ける方法），挿：挿木（樹木の一部を切り，土に挿入して苗木とする方法）

解答　(2)：ユキノシタはユキノシタ科の植物で常緑。

5−1 植物材料

例題 4

花壇用の植物に関する組み合わせのうち，適当でないものはどれか。
(1) 春まき一年草　　コスモス，サルビア
(2) 球根類　　　　　ヒアシンス，クロッカス
(3) 秋まき一年草　　マーガレット，マリーゴールド
(4) 宿根草　　　　　スズラン，キキョウ

Point → 花壇用の草花の名称と特徴をよく理解しておくこと。

解説

(1) 草花の分類
花壇に用いる植物の特徴は以下のような区分で分類できる。

① 一年草

種子をまいてから開花，結実を経て枯れてしまうまでの期間が1年以内のものをいう。種をまく時期が春のものを春まき一年草，秋のものを秋まき一年草という。

春まき一年草と秋まき一年草の代表的な品種は，それぞれ以下の通り。

[春まき一年草]
　　オシロイバナ，オジギソウ，ケイトウ，コスモス，サルビア，ジニア（ヒャクニチソウ），ヒマワリ，ベゴニア，ペチュニア，ホウセンカ，マツバボタン（ポーチュラカ），マリーゴールド

[秋まき一年草]
　　アスター（エゾギク），カスミソウ，カルフォルニアポピー（ハナビシソウ），キンギョソウ，キンセンカ，スイートピー，ナデシコ，ハボタン，パンジー，ヒナギク，フロックス，ルピナス，ロベリア，ワスレナグサ

② 宿根草

一度植えると長年にわたって生存できる植物。地上部分が枯れても根の部分が生存するために，翌年以降も発芽して生長する。1年草よりも手間がかからないので，育てやすい。ただし，一度植え込むとその場所をずっと占用

107

第5章　植物材料

してしまう。

　宿根草の代表的な例は次の通り。

　　　アサギリソウ，アメリカフヨウ，ガーベラ，キク，キキョウ，キボウシ，シャクヤク，シロタエギク，スズラン，ナデシコ，ハナショウブ，ハマギク，フクジュソウ，ホトトギス，マーガレット

③　**球根類**

　宿根草の一部であるが，形態と栽培法が異なる。春植えと秋植えのものがある。春植えは，夏から秋にかけて咲き，秋植えは春に開花する。春植えの場合，霜が降りる前に球根を掘り出したうえで，貯蔵して越冬させる。秋植えの場合は，5～6月に地上部が枯れた後に球根を掘り出して貯蔵する。

　球根類の代表的な例は次の通り。

　　　アネモネ，アマリリス，カンナ，グラジオラス，クロッカス，ジンジャー，ダリア，チューリップ，ヒアシンス，オニユリ，テッポウユリ，ヤマユリ，ラナンキュラス，リコリス（ヒガンバナ）

表5・3　花壇材料

[春まき一年草]

種　　　　類	科　　目	開花期
オシロイバナ	おしろいばな	6～11月
オジギソウ	まめ	8～9月
ケイトウ	ひゆ	6～9月
コスモス	きく	6～11月
コリウス	しそ	5～10月
サルビア	しそ	6～11月
ジニア（ヒャクニチソウ）	きく	6～10月
トレニア	ごまのはぐさ	7～10月
ヒマワリ	きく	8～9月
ベゴニア	しゅうかいどう	4～11月
ペチュニア	なす	5～11月
ホウセンカ	つりふねそう	6～8月
マツバボタン（ポーチュラカ）	すべりひゆ	5～8月
マリーゴールド	きく	4～11月

[秋まき一年草]

種　　　　類	科　　目	開花期
アスター（エゾギク）	きく	6～9月

5－1　植物材料

カスミソウ	なでしこ	5～6月
カルフォルニアポピー	けし	5～6月
キンギョソウ	ごまのはぐさ	5～9月
キンセンカ	きく	4～5月
スイートアリッサム	あぶらな	4～6月
スイートピー	まめ	5～7月
ナデシコ	なでしこ	5～6月
ハボタン	あぶらな	11～2月（鑑葉）
パンジー	すみれ	3～6月
ヒナギク	きく	3～6月
フロックス	はなしのぶ	5～7月
ヤグルマソウ	きく	2～5月
ルピナス	まめ	4～5月
ロベリア	ききょう	4～7月
ワスレナグサ	むらさき	4～5月

[宿根草]

種　　　類	科　　目	開　花　期
アサギリソウ	きく	10月
アメリカフヨウ	あおい	7～9月
ガーベラ	きく	5～11月
キク	きく	10～11月
キキョウ	ききょう	6～9月
キショウブ	あやめ	5～6月
キボウシ	ゆり	6～8月
シャクヤク	きんぽうげ	5月
シュウカイドウ	しゅうかいどう	9～11月
シロタエギク	きく	5～10月
スズラン	ゆり	5～6月
ナデシコ	なでしこ	5～6月
ハナショウブ	あやめ	6月
ハマギク	きく	10月
フクジュソウ	きんぽうげ	3～4月
ベンケイソウ	べんけいそう	7～10月
ホトトギス	ゆり	9～10月
マーガレット	きく	1～6月

第5章　植物材料

| ルドベキヤ | きく | 7〜8月 |

[球根類]

種　　　類	科　　　目	開花期
アネモネ	きんぽうげ	4〜5月
アマリリス	ひがんばな	5〜7月
カンナ	かんな	5〜11月
グラジオラス	あやめ	5〜7月
クロッカス	あやめ	3〜4月
ジンジャー	しょうが	7〜9月
スイセン	ひがんばな	3〜4月
ダリア	きく	5〜11月
チューリップ	ゆり	4〜5月
ヒアシンス	ゆり	3〜4月
オニユリ	ゆり	8〜9月
ヤマユリ	ゆり	6〜8月
ラナンキュラス	きんぽうげ	5月
リコリス（ヒガンバナ）	ひがんばな	9〜10月

解答　(3)：マーガレットは宿根草，マリーゴールドは春まき一年草。

類題マスター

花壇用の植物に関する組み合わせのうち，適当でないものはどれか。

(1) 春まき一年草：オシロイバナ，ヒャクニチソウ，ベゴニア
(2) 秋まき一年草：キンセンカ，スイートピー，ワスレナグサ
(3) 球根類：アネモネ，カンナ，グラジオラス
(4) 宿根草：ダリア，マツバボタン，ガーベラ

● 解答・ポイント ●

解　答　(4)：マツバボタンは春まき一年草，ダリアは球根類。

例題 5

芝の特性に関する記述のうち，適当でないものはどれか。
(1) フェスキュー類は西洋芝で，粗い株立ち性なので，他の種類の芝と混播する必要がある。のり面緑化などに利用される。
(2) ビロードシバは小型な日本芝で，踏圧に弱い。主に観賞用に利用されている。
(3) バミューダグラス類は，踏圧に強く，生長力も強い。砂地でも育つ。
(4) ノシバは，東北から北海道にかけて一般に利用される。常緑で軟らかい。ゴルフ場のグリーンや公園でよく利用される。通常は種子で繁殖する。

Point → 芝の種類とその特性についてよく覚えておくこと。

解説

(1) 日本芝と西洋芝

芝生は，斜面での地すべりの防止や地表面の砂塵の飛しょう防止，転倒時の衝撃緩和あるいは美化などの様々な目的によって造成される。芝生は，日本芝と西洋芝に分類できる。ここで日本芝と西洋芝の特徴を整理すると以下のようになる。

① 日本芝

日本芝はすべて夏型芝で，夏は緑色になり，冬は地上部分が枯れる。日本芝は，西洋芝に比べて，以下のような特徴がある。
 (a) 夏型の芝で高温においてよく生育し，夏は緑色になり，冬季は休眠して枯れ，灰黄色になる。
 (b) ほふく型で草丈が低いので，刈り込みの回数が少なくて済む。
 (c) 種子繁殖が困難で，栄養繁殖が必要なので，芝生の造成に手間がかかる。
 (d) 旱魃に強く，灌水をあまり必要としない。
 (e) 酸性やアルカリ性の土壌に対する抵抗力が強い。

(f) 踏圧に対する耐力が大きい。
(g) 日陰に耐えにくく，一日数時間程度の日射が必要。
(h) 一種類で芝生を造成することが多い。
(i) 致命的な打撃を与える病虫害が少ない。
(j) 代表的な芝生の種類は，ノシバ，コウライシバ，ビロードシバなど。

② 西洋芝

　西洋芝は日本芝と反対に，大部分が冬型芝。冬でも緑色を保つものが多い。西洋芝の特徴は以下の通り。
(a) 冬型の芝で，冷涼な気候において良好に生育する。
(b) 株立ち型の種類が多く，草丈が高くなるので，刈り込みの回数など刈り込みに要する手間が大きい。
(c) 種子繁殖が容易なので，芝生の新規造成が容易。
(d) 適宜灌水が必要。
(e) 酸性地では生育が困難な種類が多い。
(f) 日本芝よりも踏圧に対する抵抗力が弱いものが多い。
(g) 日影に耐える種類が多い。
(h) 複数の種類の芝生を混合して造成することが多い。
(i) 夏に高温多湿になると，病気にかかりやすい。
(j) 代表的な品種は，バミューダグラス類やベントグラス類，ブルーグラス類，フェスキュー類，ライグラス類など。

(2) 芝生の品種

① ノシバ

　日本芝の一種。日本全土に分布する。日本芝のなかでは，耐寒性，耐暑性，耐乾性に最も優れる。ほふく型で主に苗で繁殖する。踏圧にも強く，病虫害にも強い。グラウンドやゴルフ場，河川堤防，道路のり面などに利用されている。

② コウライシバ

　日本芝の一種。ノシバとビロードシバの中間に位置する。ノシバよりも生長力は優れる。庭園やゴルフ場で主に利用される。

③ ビロードシバ

　日本芝の一種。日本芝のなかで，最も小型な種類。耐寒性は他の日本芝に劣り，踏圧にも弱い。ほふく型で苗繁殖する。主に観賞用に利用されている。

④ バミューダグラス類

西洋芝の代表例。コモン種とアフリカ種，改良種の3種類がある。耐乾性が強く，砂地でも育つ。生長力が強く，踏圧にはよく耐える。

コモン種は種子繁殖で環境適応力に優れ，グラウンドやのり面緑化，海岸埋め立て地などに利用される。アフリカ種は苗繁殖，生長が極めてよいが，管理に手間がかかる。改良種は，造園分野ではティフトンシバがよく利用されている。ほふく型で苗繁殖，踏圧に強く，グラウンドや校庭で利用される。

⑤ ベントグラス類

西洋芝の一例。東北から北海道にかけて一般に利用されている。常緑で触感が軟らかい。ち密な芝なのでゴルフ場のグリーンや公園でよく利用される。通常は造成が容易な種子で繁殖する。コロニアル種とクリーピング種とがある。

⑥ ブルーグラス類

西洋芝の一例で，イチゴツナギ属の仲間。日陰でもよく育つ。6〜9月にはさび病を予防する必要がある。常緑で株立ち型の芝で，種子繁殖する。

⑦ フェスキュー類

西洋芝の一例。葉の付け根が丸くなり，水分の蒸発を抑える。土質や気温，病気によく耐え，環境適応力が強い。粗い株立ち性で，他の種類の芝と混播する必要がある。のり面緑化や海岸埋立地の緑化などに利用される。

⑧ ライグラス類

西洋芝の一例。低温でも良く育つ。低刈りに耐え，発芽がよく短期間で芝生が造成できる。ペレニアルライグラスとイタリアンライグラスの2種類がある。イタリアンライグラスは越年草で，越年した翌年の夏には消失する。そのため，芝生を構成する基本種が生育するまでのつなぎとして利用されたり，夏芝が枯れる冬の間だけ緑を保つ芝として利用されたりする。ゴルフ場のオーバーシード用に利用されることが多い。

解答 (4)

第 5 章　植物材料

類題マスター

日本芝と西洋芝に関する記述のうち，適当でないものはどれか。
(1) 西洋芝は株立ち型の種類が多く，草丈が高くなるので，刈り込みの回数など刈り込みに要する手間が大きい。
(2) 西洋芝は夏型の芝で高温においてよく生育し，夏は緑色になり，冬季は休眠して枯れ，灰黄色になるものが多い。
(3) 西洋芝は日本芝に比べて酸性地では生育が困難な種類が多い。
(4) 西洋芝は日本芝に比べて夏に高温多湿になると，病気にかかりやすい。

● 解答・ポイント ●

解　答　(2)：西洋芝は常緑のものが多い。

5−1 植物材料

例題 6 重要 重要 重要

次の数量表に基づいて植栽工事を実施する場合,「公共用緑化樹木品質寸法規格（案）」に照らして，適当でないものはどれか。

樹種	規格				
	H	C	W	B.N
イヌシデ	4.0	0.2	−	3本立
ナツツバキ	3.5	0.2	−	3本立以上
ケヤキ	3.0	0.2	2.0	−
キョウチクトウ	1.2	−	−	3本立以上

(1) イヌシデで3本立で，樹高がそれぞれ4.1 m, 4.2 m, 3.2 mで，幹周が0.15 m, 0.13 m, 0.12 m
(2) ナツツバキで3本立で，樹高がそれぞれ3.6 m, 3.6 m, 3.7 mで，幹周が0.1 m, 0.11 m, 0.09 m
(3) ケヤキで樹高が3.0 m, 幹周が0.21 m, 枝張は最長部が2.1 m, 最短部が1.7 m
(4) キョウチクトウで5本立で，樹高がそれぞれ1.5 m, 1.3 m, 1.2 m, 1.0 m, 0.9 m

Point → 公共用緑化樹木の品質寸法規格基準（案）は頻出の項目なので，規格の判定基準についてよく理解しておくこと。

解説

公共事業で利用される樹木については，旧建設省が「公共用緑化樹木の品質寸法規格基準（案）」を提示している。同規格（案）では，樹木の高さや幹周の長さなどの寸法や樹形や樹勢などの品質の規格を示している。

(1) 樹木各部の名称

「公共用緑化樹木の品質寸法規格（案）」を理解するうえで，把握しておくべき樹木各部の名称を図5・1に示す。

第5章　植物材料

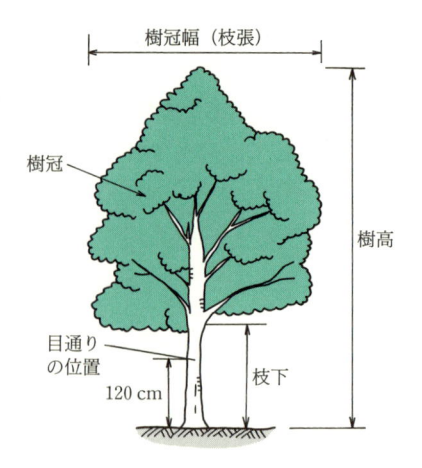

図5・1　樹木各部の名称

(2) 公共用緑化樹木の用語の定義

公共用緑化樹木の用語の定義について，表5・4に示す。

表5・4　公共用緑化樹木の品質寸法基準(案)における用語の定義

用　語	定　義
公共用緑化樹木	主として公園緑地，道路，公共施設等の公共緑化に用いられる樹木材料をいう
樹形	樹木の特性，年数，手入れの状態によって生じる幹と樹幹によって構成される固有の形をいう。なお，樹種特有の形を基本として育成された樹形を「自然樹形」という
樹高 (略称：H)	樹木の樹冠の頂端から根鉢の上端までの垂直高をいい，一部の突出した枝は含まれない。なお，ヤシ類など特殊樹にあって，「幹高」と特記する場合は幹部の垂直高さをいう
幹周 (略称：C)	樹木の幹の周長をいい，根鉢の上端より1.2m上がりの位置を測定する。この部分に枝が分岐しているときは，その上部を測定する。幹が2本以上の樹木の場合においては，おのおのの幹周の総和の70％をもって幹周とする。なお，「根元周」と特記する場合は，幹の根元の周長をいう
枝張(葉張) (略称：W)	樹木の四方面に伸長した枝(葉)の幅をいう。測定方向により幅に長短がある場合は，最長と最短の平均値とする。なお，一部の突出した枝は含まない。葉張とは低木の場合についていう
株立(物)	樹木の幹が根元近くから分岐して，そう状を呈したものをいう。なお，株物とは低木でそう状を呈したものをいう

株立数 (略称：BN)	株立（物）の根元近くから分岐している幹（枝）の数をいう。樹高と株立数の関係は，以下の通り 　2本立：1本は所要の樹高に達しており，他は所要の樹高の70％以上に達していること 　3本立以上：指定株立数について，過半数は所要の樹高に達しており，他は所要の樹高の70％以上に達していること
単幹	幹が根元近くから分岐せずに1本であるもの。
徒長	枝葉の伸長成長だけが盛んで，組織の充実が伴わない状態。
根鉢	樹木の移植に際し，掘り上げられる根形を含んだ土のまとまり。
ふるい掘り	樹木の移植に際し，土のまとまりをつけずに掘り上げること。ふるい根，素掘りともいう
根巻	樹木の移動に際し，土をつけたままで鉢を掘り，土を落とさないよう，鉢の表面縄その他の材料で十分締め付けて掘り上げること
コンテナ	樹木などを植え付ける植栽容器をいう
仕立物	樹木の自然な生育に任せるのではなく，その樹木が本来持っている自然樹形とは異なり，人工的に樹形を作って育成したもの
寄せ株育成物	数本の樹木を根際で寄せて，この部分を一体化させて株立状に育成したもの。
接ぎ木物	樹木の全体あるいは部分を他の木に接着して育成したもの。

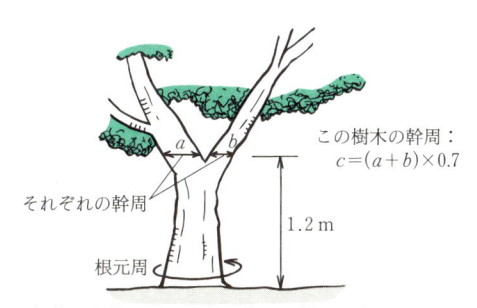

この樹木の幹周：
$c = (a+b) \times 0.7$

それぞれの幹周
根元周
1.2 m

根鉢の上端から1.2 mの高さで幹が2本以上になっている場合は，幹周の和の70％が幹周となる。

図5・2　幹周の計算法

(3) 公共用緑化樹木の品質規格

「公共用緑化樹木の品質寸法規格基準（案）」は樹姿と樹勢の2つの区分で

第5章　植物材料

品質について示している。それぞれ表5・5の通り。

表5・5　公共用緑化樹木の品質規格表（案）

［樹姿］

項　目	規　格
樹形	樹種の特性に応じた自然樹形で樹形が整っていること
幹（高木のみ適用）	幹がほぼまっすぐで、単幹であること。（ただし、株立物および自然樹形で幹が斜上するものはこの限りではない）
枝葉の配分	配分が四方に均等であること
枝葉の密度	従属的な生長、あるいはその他異常な成長が認められず節間が詰まり、着葉密度が良好であること
枝下	樹冠を形成する一番下の枝の高さが適正な位置にあること

［樹勢］

項　目	規　格
生育	充実し生気ある生育をしており、移植容易なように根づくりされたものであること
根	根系の発達がよく、四方に均等に配分され、根鉢範囲に細根が多く、乾燥していないこと
根鉢	樹種の特性に応じた適正な根鉢、根株を持ち、鉢崩れのないように堅固に根巻きされ、乾燥していないこと。ふるい掘りでは特に根部の養生を十分にするなど（乾き過ぎていないこと）根の健全さが保たれ、損傷がないこと
葉	正常な葉形、葉色、密度（着葉）を保ち、しおれ（変形、変色）や軟弱葉がなく、生き生きしていること
樹皮（肌）	損傷、ゆ傷痕がほとんど目立たず、正常な状態を保っていること
枝	樹木の特性に応じた姿を保ち、枯損枝、枝折れなどの処理、および必要に応じて適切なせん定が行われていること
病虫害	発生がないもの。過去に発生したことがあるものにあっては、発生が軽微で、その痕跡がほとんど認められていないよう育成されたものであること

解答　(3)：イヌシデは過半の樹高が4.0 m以上で4.0×0.7＝2.8＜3.2、幹周は(0.15＋0.13＋0.12)×0.7＝0.28＞0.2で適当。

ナツツバキは樹高が全て3.5 m以上で、幹周は(0.1＋0.11＋0.09)×0.7＝0.21＞0.2で適当。

ケヤキは樹高と幹周を満たしているものの、枝張は(2.1＋1.7)÷2＝1.9＜2.0で規格を満たしておらず適当でない。

5−1　植物材料

キョウチクトウは5本立で，樹高の過半が1.2m以上で，1.2×0.7＝0.84＜0.9で適当。

類題マスター

類題1
「公共用緑化樹木の品質寸法規格基準（案）」に関する記述のうち，適当でないものはどれか。
(1) 枝葉は四方に均等に分布していること。
(2) 枝は適切にせん定されており，樹木の特性に応じた姿を保つこと。
(3) 病虫害が過去に発生したものはその発生が軽微で，痕跡がほとんど認められないように育成していること。
(4) 根は四方に均等に分布し，根鉢範囲に細根が多く乾燥していること。

類題2
「公共用緑化樹木の品質寸法規格基準（案）」に関する記述のうち，適当でないものはどれか。
(1) 樹高とは，樹木の樹冠の頂端から根鉢の上端までの垂直高をいい，一部の突出した枝は含まない。
(2) 樹形とは，樹木の特性，年数，手入れの状態によって生じる幹と樹幹によって構成される固有の形をいう。樹種特有の形を基本として育成された樹形を「基本樹形」という。
(3) 2本立の場合，1本は所要の樹高に達しており，他は所要の樹高の70％以上に達している必要がある。
(4) 幹周は，根鉢の上端より1.2m上がりの位置を測定する。幹が2本以上の樹木の場合には，おのおのの幹周の総和の70％を幹周とする。

● 解答・ポイント ●

解　答　類題1　(4)：根は四方に均等に配分され，根鉢範囲に細根が多く，乾燥していないこと。
　　　　類題2　(2)：樹種特有の形を基本として育成された樹形は「自然樹形」という。

第 5 章　植物材料

例題 7

公共植栽工事に関して，植樹保険の対象になるものとして適当なものはどれか。
(1)　移植工事
(2)　根回し工事
(3)　直接工事費が 50 万円の植栽工事
(4)　種子吹付け工事

Point → 植樹保険の内容をよく理解しておくこと。

解説

(1) 植樹保険の概要
植栽樹木に枯損が発生した場合に，発注者の植え替え請求権を保全し，受注者の負担割合を軽減することを目的にして，公共植栽工事に関して植樹保険という制度がある。この制度においては，都市緑化基金と受注者が，保険契約者の団体を作る。発注者はこの保険において被保険者の位置づけとなる。

(2) 植樹保険の対象
保険の対象となる内容は，樹木や地被植物の植栽工事で，さらにこうした植栽工事のうち設計図書によって枯損樹木の植え替えを義務付けているものである。但し，移植工事や根回し工事，種子の吹き付け工事などのリスクが高い工事は除外されている。また，植栽工事の直接工事費が 50 万円未満の工事も対象にならない。

(3) 植樹保険の内容
保険期間は，請負工事完成後に発注者に引渡した日から起算して 1 年間。保険金額は植栽工事の直接工事費に相当する金額である。保険料は保険金額に 0.85 ％ を乗じて消費税を加えた金額となっている。

解答　(3)：直接工事費 50 万円未満であれば対象外。

2. 役　木

例題 8　重要　重要

役木に関する記述のうち，適当でないものはどれか。
(1) 景養木は，正真木と対比美をなす樹木。正真木に針葉樹を使っていれば，広葉樹を植栽する。モチノキやイヌツゲ，ビャクシンなどを利用する。
(2) 寂然木は庭が南面にある場合，東側に置く。常緑の針葉樹か常緑の広葉樹のうち幹や枝葉が美しいものを採用する。イブキやカシなどを利用する。
(3) 正真木は庭の中心に配置する樹木で，原則として樹形の優れた常緑の大木を植える。アカマツやコウヤマキ，モッコクなどを使う。
(4) 見越松は，東側にある寂然木に対して，西側に配置する。主に落葉樹が採用される。ウメやサクラ，シダレヤナギなどを採用する。

Point → 役木の名称と特徴についてよく覚えておくこと。

解説

(1) 役木の特徴

伝統的な植栽の技法で，庭園の中の主な位置に，それぞれ役どころを持つ木を配置する。この樹木を役木と呼ぶ。

代表的な役木は，以下の通り。

① 正真木（しょうしんぼく）
庭の中心に配置する樹木で，原則として樹形の優れた常緑の大木を植える。アカマツやクロマツ，コウヤマキ，モッコク，イチイ，カヤなどを使う。

② 景養木
正真木と対比美をなす樹木で正真木に広葉樹を使っていれば針葉樹を，針

葉樹を使っていれば，広葉樹を植栽する。モチノキやイチイ，イヌツゲ，モッコク，ビャクシン，キャラボクなどを利用する。

③ 寂然木（じゃくねんぼく）

庭が南面にある場合，東側に置く。常緑の針葉樹か常緑の広葉樹のうち幹や枝葉が美しいものを採用する。イブキやマツ類，モチノキ，モッコク，カシなどが利用される。

④ 夕陽木

東側にある寂然木に対して，西側に配置する。主に落葉樹が採用される。ウメやサクラ，カエデ，シダレヤナギなど形が良く，独り景をなすもの。

⑤ 見越松（みこしのまつ）

背景樹で，庭の境界に植栽する。マツ類が好ましいが，ほかにもモミやコウヤマキ，ウメなども利用される。

⑥ 滝囲いの木

滝を囲んで植える木で滝口があらわにならないようにする。築山がなければ常緑樹で深山の景を形どる。

⑦ 流枝松（なげしのまつ）

池や流れに面した水面に枝を伸ばして，水面と地表の連絡を図る樹木。マツ類やイブキ，ウメモドキ，カエデ類などが利用される。

⑧ 池際の木

池の水面に影を映す。夏の炎天の涼や月見の景趣を添える。樹種は問わないものの，樹形の良いものを選ぶ。

⑨ 飛泉障りの木（ひせんさわり）

流れ落ちる水面を奥深く見せて，飛泉を見えにくくする。滝口か池の前方に植える。マツ類やイブキ，イチイ，カエデ類，ニシキギなどを利用する。

⑩ 灯籠控えの木

灯籠に添える。常緑樹が多い。マツ類やスダジイ，モチノキ，モッコク，コウヤマキなどを利用する。

⑪ 垣留めの木

垣の端の留め柱に添えて植える。樹高は垣の高さよりも少し高い方が望ましい。コウヤマキ，モッコク，ニシキギ，イヌツゲ，サザンカなどを使う。

⑫ 庵添えの木

庭園内の四阿（あずまや）など軒の近くに植栽して日陰を作るための樹木。マツ類やクリ，カキなどを利用する。

⑬　橋本の木
　橋の手前に植えて，枝葉が橋の上に到達して水面に影を落とすような樹木。シダレヤナギやカエデ類，マツ類，ウメ類などを使う。

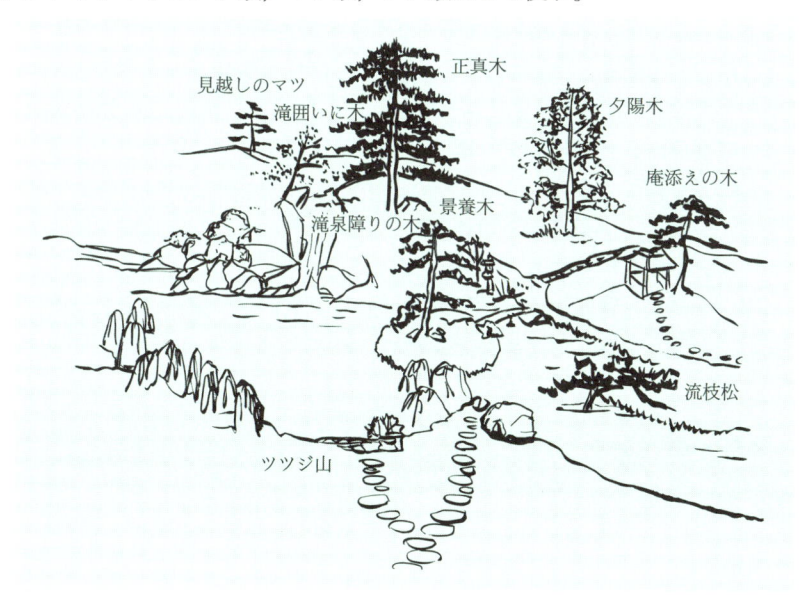

図5・3　役木の概要

解答　(4)：設問の説明は夕陽木の内容。

第 5 章　植物材料

類題マスター

役木に関する記述のうち，適当なものはどれか。
(1)　見越松は，池や流れに面した水面に枝を伸ばして，水面と地表の連絡を図る樹木。マツ類やカエデ類などが利用される。
(2)　寂然木は庭が南面にある場合，東側に置く。常緑の針葉樹か常緑の広葉樹のうち幹や枝葉が美しいものを採用する。イブキやマツ類，カシなどを利用する。
(3)　夕陽木は，正真木と対比美をなす樹木で正真木に広葉樹を使っていれば針葉樹を植栽する。
(4)　流枝松は背景樹で，庭の境界に植栽する。マツ類が好ましいが，ほかにもモミやコウヤマキなども利用される。

● 解答・ポイント ●

解　答　　(2)

第6章

材　　　料

第6章 材料

1. 石　　材

例題 1

岩石に関する記述のうち，適当でないものはどれか。
(1) 結晶片岩は，火山灰や細砂が堆積してできたもので，軟質で加工が容易。吸水率が高い。耐圧強度は他の石に比べて低い。耐火性は高い。
(2) 大理石は，石灰岩が熱変成作用を受けてできた変成岩。磨くことによって美しい光沢が出てくる。耐火性，耐酸性は小さい。風化しやすい。
(3) 花こう岩は硬質で耐久性や強度が高い点が特徴。堅硬でち密なので，磨くと美しい光沢を生じる。大材を得やすい。
(4) 安山岩は，暗灰色などの色のものが多い。磨いて光沢がでるものは少なく，耐久性や耐火性が高い。

Point → 岩石の種類と特徴をよく覚えておくこと。

解説

　岩石とは，地殻を形成する鉱物の集まりで，比較的大きなものを岩と呼び，比較的小さなものを石と呼んでいる。建築や土木，造園で利用できるような形状に，人工的な加工や天然の状態で整形されている岩や石を石材と呼ぶ。石材は，重要な造園材料の一つである。

(1) 岩石の種類
　岩石の種類は以下の通り。
① 火成岩
　地球のマグマが冷えて固まったもの。火成岩は，マグマが凝固した位置に応じて細分される。例えば，マグマが地上に噴出して固結してできた岩石を火山岩という。マグマが地下で徐々に冷却されて固結してできた岩石を深成

岩という。火山岩と深成岩の中間を半深成岩という。一般的に火成岩は硬質で，耐久性に富んでいる。風化や凍害も比較的少ない。
② 堆積岩
　既存の岩石が風化や浸食などの自然作用で粉砕された粉砕物が水などで運搬され，地表や水中で沈殿，堆積することによってできた岩。岩は層状。堆積岩は堆積した材料と成因に応じて分類される。例えば，既存の岩石が風化してできたものが砕屑岩と呼ぶ。火山灰など火山からの放出物が堆積したものを火山砕屑岩，動物や植物の遺体が堆積したものを有機沈殿岩，水に溶けていた鉱物などが堆積したものを化学沈殿岩と呼ぶ。
③ 変成岩
　火成岩や堆積岩が自然の熱や圧力などの物理的または化学的な作用を受けて，もとあった岩石の性質が変わったもの。石質は複雑になることが多い。地殻の圧力を受けてできたものを動力変成岩と呼ぶ。また，熱によって変成されたものを熱変成岩，圧力と熱の双方の作用を受けてできた岩を動力熱変成岩と呼んでいる。

(2) 石材の種類

　岩石の種類は多い。その中で造園材料として活用しているものは花こう岩や安山岩，凝灰岩，大理石などである。以下にそれぞれの特徴を示す。
① 花こう岩
　花こう岩は硬質で耐久性や強度が高い点が特徴。堅硬でち密なので，磨くと美しい光沢を生じる。大材を得やすい。
　一方，耐火性に劣るという欠点がある。800℃で崩壊してしまう。利用頻度は最も高い石材で，角石，板石，間知石のすべてに適用できる。御影石と一般的に言われている。火成岩のうち，深成岩に属する。
　成分は，石英約30％と長石約65％，輝石と角閃石約5％を主成分とする。
　主に，灯籠や景石，庭石などに利用される。
　花こう岩系の主な庭石としては，本御影，鞍馬石，筑波石などある。
② 安山岩
　花こう岩の次に造園材料として使用される。淡灰色や淡赤褐色，暗灰色などの色のものが多い。磨いて光沢がでるものは少ない。耐久性や耐火性が高いが，大材を得るのが困難である。火成岩のうち火山岩に属する。
　安山岩系の主な庭石として鉄平石などがある。鉄平石は板状に採取され，主に張石などに利用される。小松石も安山岩の一つ。

第6章 材 料

③ 凝灰岩

　火山灰や細砂が堆積してできたもの。軟質で加工が容易である点が特徴。吸水率が高いものの，耐久強度は他の石に比べて低い。耐火性は高い。砕屑堆積岩に属する。

　大谷石は凝灰岩系の主な石材で，積石や門柱などに利用される。ほかにも沢田石などが凝灰岩の一種。

④ 大理石

　石灰岩が熱変成作用を受けてできた変成岩。磨くことによって美しい光沢が出てくる。ち密で堅硬な石質で，耐火性，耐酸性は小さい。風化しやすいので，内装などに主に用いられる。

⑤ 結晶片岩

　硬くち密な岩で，色は青緑色のものが多い。片状石理を持つ。緑泥片岩は，結晶片岩の一種。景石や飾石，飛石などに利用できる。

⑥ 玄武岩

　一般に灰色や黒色で，多くは溶岩として産出される。地球上に広く分布する。火成岩の一種。

　玄武岩系の石材である六方石は柱状に採石され，石柵や橋杭などに利用できる。黒ぼく石も玄武岩系の石材で，石垣やロックガーデンなどに利用されている。

⑦ 蛇紋岩

　硬く，光沢を出すものの風化しやすい。変成岩の一種。

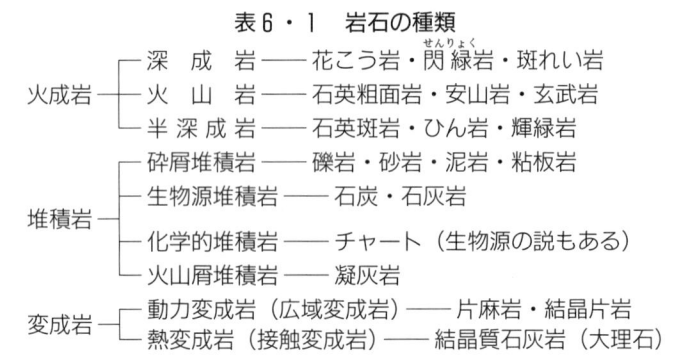

表6・1 岩石の種類

```
          ┌ 深 成 岩 ── 花こう岩・閃緑岩(せんりょく)・斑れい岩
    火成岩 ┼ 火 山 岩 ── 石英粗面岩・安山岩・玄武岩
          └ 半深成岩 ── 石英斑岩・ひん岩・輝緑岩

          ┌ 砕屑堆積岩 ── 礫岩・砂岩・泥岩・粘板岩
    堆積岩 ┼ 生物源堆積岩 ── 石炭・石灰岩
          ├ 化学的堆積岩 ── チャート（生物源の説もある）
          └ 火山屑堆積岩 ── 凝灰岩

    変成岩 ┬ 動力変成岩（広域変成岩）── 片麻岩・結晶片岩
          └ 熱変成岩（接触変成岩）── 結晶質石灰岩（大理石）
```

【解答】 (1)：選択肢は凝灰岩の説明。

類題マスター

類題1
石材に関する記述のうち，適当でないものはどれか。
(1) 鉄平石は安山岩の一種。耐久性や耐火性が高い。火成岩のうち火山岩に属する。
(2) 緑泥片岩は，結晶片岩の一種。片状石理を持つので，景石や飛石などに利用できる。
(3) 大谷石は玄武岩の一種で，火山灰や細砂が堆積してできたもの。軟質で加工が容易。吸水率が高く，耐圧強度は他の石に比べて低い。
(4) 本御影は花こう岩の一種。硬質で耐久性や強度が高い点が特徴。堅硬でち密なので，磨くと美しい光沢を生じるが，耐火性に劣る。

類題2
石材に関する記述のうち，適当でないものはどれか。
(1) 鉄平石は安山岩の一種で張石などに利用される。
(2) 六方石は玄武岩系の石材で，柱状に採石されて，石柵や橋杭などに利用できる。
(3) 大谷石は凝灰岩系の主な石材で，積石や門柱などに利用される。
(4) 緑泥片岩は花こう岩の一種で，灯籠や景石，庭石などに利用される。

● 解答・ポイント ●

解　答　　類題1　(3)：大谷石は凝灰岩の一種。
　　　　　類題2　(4)：緑泥片岩は結晶片岩の一種で，景石や飾石，飛石などに利用。

第6章 材 料

例題 2 重要 重要

石材に関する記述のうち，適当でないものはどれか。
(1) 間知石は，面が方形に近く，控えが二方落としになっている。面と直角に測定した控えの長さが，面の最小辺の1.5倍以上ある。
(2) 板石は厚さが15 cm未満で，幅が厚さの3倍以上ある石材である。
(3) 角石は幅が厚さの3倍未満の長い石材である。
(4) 割り石は，面が方形に近く，控えが二方落としになっている。面と直角に測定した控えの長さが，面の最小辺の1.2倍以上ある。

Point → 石材の規格についてよく覚えておくこと。

解説

　造園において利用する石材は，目的に応じて加工された加工石材と天然の状態での形状を生かした自然石材がある。

(1) 加工石の種類

　加工石の種類は以下の通り。
① 間知石
　面が方形に近く，控えが四方落としになっている。面と直角に測定した控えの長さが，面の最小辺の1.5倍以上あるものをいう。主に間知石積みに使用する。
　原石として花こう岩や安山岩などの硬くて耐久性が高いものを用いる。そりや亀裂，むらなどの欠点が少ないほうが好ましい。
② 割り石
　面が方形に近く，控えが二方落としになっている。面と直角に測定した控えの長さが，面の最小辺の1.2倍以上あるものをいう。割り石のなかでも小ぶりでそろっていないものは雑石と呼ばれる。割り石積みに使用する。
　原石としては，間知石と同様に花こう岩や安山岩が使用され，亀裂やそり，むらなどの欠点が少ないものが望ましい。

③　角石

　幅が厚さの3倍未満の長い石材をいう。石積みや基礎，縁石など多様な用途で使用される。

④　板石

　厚さが15cm未満で，幅が厚さの3倍以上ある石材をいう。

　原石として，花こう岩や安山岩，玄武岩などを用いる。表面の仕上げ状態に応じて，のみ切板，並たたき板，上たたき板，ひき石に区分される。そりや亀裂，むらのないものが望ましい。軌道用の敷石や溝のふたなどに使用する。

⑤　割栗石

　花こう岩や安山岩，凝灰岩や砂岩，石灰岩などを破砕して作ったもの。薄いものや細長いものは除く。薄さについては，厚さが幅の2分の1以下のもの，細長さについては，長さが幅の3倍以上のものを目安にして除く。

⑥　小舗石

　1辺が80～100cm程度の立法形に近くなるように加工したもの。花こう岩などを用いることが多く，舗装や縁石に利用できる。

⑦　小端積用石材

　小端積用に加工した石。花こう岩や安山岩などを用いる。鉄平石は代表例。

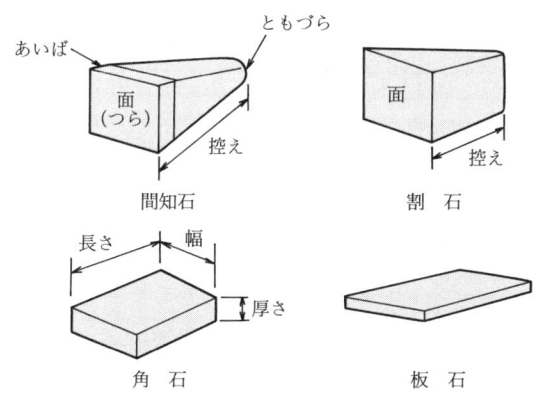

図6・1　石材の種類

解答　(1)：間知石は控えが四方落としになっている。

第6章 材料

2. その他材料

例題 3

セメントの性質に関する記述のうち，適当でないものはどれか。
(1) 早強ポルトランドセメントは寒中工事に適している。
(2) 中庸熱ポルトランドセメントはマスコンクリートに適している。
(3) 白色ポルトランドセメントは，強度はやや弱く，水に弱い。主に着色用に顔料を加え，装飾などの目的で使用する。
(4) 高炉セメントは，セメントに高炉スラグを混入して作る。耐食性や水密性が小さいのが特徴。

Point → セメントの種類と特徴をよく覚えておくこと。

解説

　セメントは石灰と粘土を主原料とするもので，水を加えると水和反応という化学反応によって硬化する。セメントにはいくつかの種類があり，以下のように区分される。

(1) ポルトランドセメント
　ポルトランドセメントとは，セメントクリンカーに少量の石こうを混ぜて粉砕したものをいう。以下のような種類がある。
① 普通ポルトランドセメント
　一般的なセメントで広くコンクリート工事に適用される。
② 早強ポルトランドセメント
　凝結時間は普通セメントに比べて大差がないが，材齢3日で普通セメントの7日強度に匹敵する強度を示す。急な施工を行う必要がある場合に適用する。また，水和熱が大きいので，寒中工事に適している。マッシブなコンクリートを打設する場合は，温度ひび割れを生じ易いので，打ち込み温度や養

③　中庸熱ポルトランドセメント

　短期強度は普通セメントにやや劣るが，長期材齢における強度の増進は大きい。発熱量を低く抑えているので，大量にコンクリートを使用するマスコンクリートに適している。侵食性の水に対する抵抗性も強い。収縮が小さく安定しているので，耐久性が高く，薄い断面の構造物にも利用できる。

④　白色ポルトランドセメント

　原料に白色粘土を使う。性質は普通ポルトランドと同様。ただし，強度はやや弱く，水に弱い。主に着色用に顔料を加えて，カラーモルタルを造り，造園の装飾などの目的で使用する。

(2)　混合セメント

　混合材を混ぜたセメントで混合物の種類に応じて区分される。また，混合物の分量に応じて，A〜Cの3種類がある。主な混合セメントの区分は以下の通り。

①　高炉セメント

　セメントに高炉スラグを混ぜる混合セメント。短期材齢における強度は低いが，長期材齢での強度は普通セメントと同等以上である。また水密性や耐熱性，海水・下水などに対する耐力が大きく，耐食性が優れている。

②　シリカセメント

　短期材齢における強度はやや劣るものの，長期材齢における強度は普通セメントとほぼ同等である。水密性や化学抵抗性に富むものの，乾燥収縮はやや大きい。

③　フライアシュセメント

　強度発現の特徴は，高炉セメントに類似している。水密性や耐海水性に富む。発熱量が小さいのでダムなどのマスコンクリートに利用できる。

(3)　セメントの取り扱い

　セメントの取り扱いにあたっては，いくつか留意しなければならないことがある。

　セメントは長期間貯蔵すると空気中の水分を吸収してしまう。セメントは水分を吸収すると固化してしまうため，湿ったセメントを使用すると，凝固性能が悪く，十分な強度も得られなくなる。そのため，セメントの保管にあたっては，湿気と通風を避ける。袋詰めのセメントにあっては地上から30

cm 以上離して保管するなど適当な対策を講じる。

長期間保管したセメントについては，使用前に十分品質を確認してから使用する。

解答 (4)：高炉セメントは水密性が高く，耐食性にも優れる。

類題マスター

セメントの性質に関する記述のうち，適当でないものはどれか。
(1) 高炉セメントは，凝結時間は普通セメントに比べて大差がないが，材齢 3 日で普通セメントの 7 日強度に匹敵する強度を示す。
(2) 白色ポルトランドセメントは，原料に白色粘土を使う。性質は普通ポルトランドと同様。ただし，強度はやや弱く，水に弱い。
(3) シリカセメントは，短期材齢における強度はやや劣るものの，長期材齢における強度は普通セメントとほぼ同等である。
(4) 中庸熱ポルトランドセメントは，短期材齢強度は普通セメントにやや劣るが，長期材齢における強度の増進は大きい。

● 解答・ポイント ●

解　答　(1)：説明は早強ポルトランドセメントのもの。

例題 4

コンクリートに関する記述うち，適当でないものはどれか。
(1) コンシステンシーは，標準貫入試験によって求める。コンシステンシーが小さいコンクリートを使うと締め固め作業は容易になるものの，材料分離を引き起こす恐れが大きくなる。
(2) フィニッシャビリティーとは，粗骨材の最大寸法，細骨材率，細骨材の粒度などによる仕上げの容易さを表すもの。
(3) ワーカビリティーとは，コンシステンシーや材料分離に対する抵抗性の程度で決まる性質。コンクリートの打ち込みや運搬などの作業の容易さを示す。
(4) プラスティシティーとは，変形や材料分離がないようなコンクリートの粘りを表すもの。

Point → コンクリートの特徴をよく覚えておくこと。

解説

コンクリートはセメントと骨材（粗骨材と細骨材）と水を主の材料として混合して作る。型枠内に打ち込むことで，様々な形状の構造物を形成できる。圧縮強度が大きく，建築物をはじめ様々な場所で使用されている。

(1) コンクリートの性質
① コンシステンシー
変形や流動に対する抵抗性の度合いを示すフレッシュコンクリートの性質で，スランプ試験によって求める。コンシステンシーが小さいコンクリートを使うと締め固め作業は容易になるものの，材料分離を引き起こす恐れが大きくなる。骨材の量と細粗骨材の割合が同じ場合，単位水量が同じであれば，コンシステンシーは水セメント比に関わらずほぼ一定となる。
② ワーカビリティー
コンシステンシーや材料分離に対する抵抗性の程度で決まる性質。コンクリートの打ち込みや運搬などの作業の容易さを示す。コンクリートのワーカ

第6章 材料

ビリティーは，骨材の粒度や混和材料の種類と量，単位水量などの配合などに応じて変化する。

③ フィニッシャビリティー

粗骨材の最大寸法，細骨材率，細骨材の粒度などによる仕上げの容易さを表すもの。

④ プラスティシティー

コンクリートを型枠に詰めた後に，型を外すと，コンクリートはゆっくりと変形する。このとき，変形や材料分離がないようなコンクリートの粘りを表すもの。

(2) コンクリートの種類

主なコンクリートの種類は以下の通りである。

① レディーミクストコンクリート

コンクリート製造工場で作り，アジテータ車（ミキサー車）で運搬して現場で施工する。用途に応じて，普通コンクリート，軽量コンクリート，舗装コンクリートに分類される。

② AEコンクリート

コンクリートの性質を改善することを目的に，AE剤を混合してコンクリート内に小さな空気の泡を作ったコンクリート。ワーカビリティーが改善し，単位水量を減らすことができる。また，水分量が少なく，凍結融解に対する抵抗性が高い。さらにブリーディング（硬化前のコンクリート表面に水が上昇する現象）が減り，水密性が高くなる。

(3) コンクリートの材料

① 骨材

粗骨材と細骨材に分類される。おおまかにいうと，粗骨材は砕石や大きめの砂利などで細骨材は小さめの砂利と砂である。粗骨材は 5 mm ふるいに重量で 85 % 以上がとどまるもの。細骨材は 10 mm ふるいを全て通過し，5 mm ふるいを 85 % 以上通過するもの。海で取れた骨材を使用する場合は，塩分量を管理する必要がある。塩分は鉄筋コンクリートの鉄筋を錆びさせるなど塩害をもたらすからだ。なお，コンクリートのうち粗骨材を使用していないものをモルタルと呼ぶ。

② 混和剤

AEコンクリートなど，コンクリートの性能などに応じて，コンクリート

に混合物を入れることがある。単位水量を減らすことなどが目的である。
③　水
　基本的に真水を使用する。

⑷　コンクリートの配合
① 　水セメント比
　コンクリートの配合で最も重要なものに，水とセメントの配合比がある。水が少ないとコンクリート硬化後の強度が高くなるが，施工性は悪くなる。細骨材率（細骨材と骨材全量の絶対容積比）を小さくすると単位水量，単位セメント量を減らすことができるので経済的になる。

⑸　硬化後のコンクリートの性質
① 　圧縮強度
　圧縮強度はコンクリートの最も重要な性質。一般に材齢 28 日の円柱供試体の強度を基準とする。
② 　引張強度
　コンクリートは圧縮強度に比べて引張強度が 10 分の 1 から 13 分の 1 程度。引張強度を補完するために，引張強度が強い鉄筋と圧縮強度が強いコンクリートを組み合わせた材料が鉄筋コンクリートである。
③ 　曲げ強度
　曲げ強度は圧縮強度の 5 分の 1 から 8 分の 1 程度。
④ 　乾燥収縮
　コンクリートは乾燥すると収縮する。
⑤ 　耐久性
　コンクリート中の水分による凍結融解作用や，炭酸ガスによる中性化などコンクリートを劣化させる要因は複数ある。凍害を避けるには AE 剤を利用することや水セメント比の小さなコンクリートで打ち込むなどの対策が有効。
　一方，中性化を軽減するには，例えば良質な減水剤を利用して，締め固めや養生を入念に実施する。
⑥ 　アルカリ骨材反応
　骨材中の鉱物とセメントなどに含まれるアルカリ金属イオンが反応して膨張性の物質を作り，この物資がコンクリートにひび割れをもたらす。アルカリ骨材反応を防ぐには，アルカリシリカ反応性試験で無害となった骨材を利用し，低アルカリ形セメントを使う。さらに，コンクリート内のアルカリ総

第6章 材料

量を Na₂O 換算で 3 kg/m³ 以下とする。

⑦ **塩害**

コンクリート中の塩分量が増すと，内部の鉄筋が腐敗して膨張する。その結果，コンクリートがひび割れ，構造物の耐力に影響を及ぼす場合もある。コンクリート中の全塩化物イオン量は 0.3 kg/m³ 以下にすることが原則。

解答　(1)：コンシステンシーはスランプ試験で確認する。

類題マスター

コンクリートに関する記述うち，適当でないものはどれか。
(1) コンクリートの圧縮強度は，引張強度に比べて 10 分の 1 から 13 分の 1 程度の大きさである。
(2) コンクリートの曲げ強度は圧縮強度の 5 分の 1 から 8 分の 1 程度の大きさである。
(3) コンクリートの骨材のうち，5 mm ふるいに重量で 85 ％以上がとどまるものを粗骨材と呼ぶ。
(4) AE コンクリートは，コンクリートの性質を改善することを目的に，コンクリート内に小さな空気の泡を作ったコンクリートで，ワーカビリティーが改善する。

● **解答・ポイント** ●

解答　(1)：コンクリートは引張強度よりも圧縮強度の方が強い。

例題 5

レンガに関する記述うち，適当でないものはどれか。
(1) 空洞レンガは断熱壁や防音壁などに使用できる。
(2) 耐火レンガは，粘土鉱物を使って作ったレンガで，窯炉や焼却炉などに使用される。
(3) 普通レンガは，吸水率や圧縮強度に応じて 5 種類の規格があり，花壇の縁取りやテラスなどに使用される。
(4) 焼過ぎレンガは，普通レンガよりも焼成温度を高くしたもので，化粧仕上げなどに使用される。

Point → れんがの特徴をよく覚えておくこと。

解説

　レンガは粘土と砂を原料とした焼成品である。粘土には酸化鉄が含まれており，赤褐色の色が特徴の一つでもある。

(1) レンガの種類
① 普通レンガ

　普通レンガは赤レンガとも呼ばれる。このレンガは比較的強度が低く，吸水率が高い。造園の分野では，花壇の縁取りやテラスの装飾などに使用される。吸水率と圧縮強さに応じて 3 種類の規格がある。一般的なレンガの大きさは長さ 210 mm，幅 100 mm，厚さ 60 mm となっている。

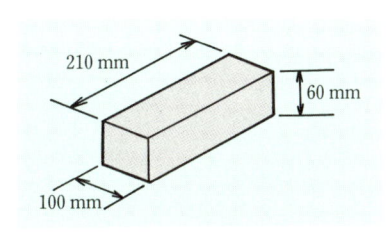

図 6・2　普通レンガ

第6章　材　料

② **耐火レンガ**
　1580℃以上の耐火性をもつレンガで，原料である粘土に耐火度の大きい粘土鉱物を用いる。その原料の違いによって3種類に区分される。また，窯炉や塵芥焼却炉などの裏積み材として使用される。

③ **焼過ぎレンガ**
　普通レンガよりも焼成温度を高くして作るレンガ。色は赤褐色から紫褐色で，普通レンガよりも強度が大きく，吸水率が小さい。施設の化粧仕上げや舗道用に使用することが多い。

④ **空洞レンガ**
　普通レンガと同じ材料で作るが，中が空洞になっており軽量である。また空洞があるので，断熱性能や防音性能が高い。

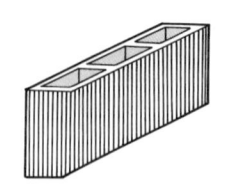

図6・3　空洞レンガ

解答　(3)：普通レンガの仕様は3種類。

6-2　その他材料

例題 6 重要

木材の性質に関する記述のうち，適当でないものはどれか。
(1) 春から夏にかけてできた部材は比較的軟らかく，夏から秋にできた部材はち密な構造になっている。
(2) 木材は繊維と直角方向の圧縮力に弱い。繊維と直角方向の圧縮強度は，平行方向の圧縮強度に比べて 10〜20％しかない。
(3) 木材は美観に優れており，衝撃や振動もよく吸収するが，強度が弱く，温度変化に対する伸縮が大きいという欠点を持つ。
(4) 繊維に平行な方向のせん断強さは，繊維に平行な方向の引っ張り強度の 10 分の 1 程度である。

Point　→　木材の特徴をよく覚えておくこと。

解説

　木材や竹材は造園用の材料として一般的に利用されている。理由は加工が容易であることや材料を容易に入手できること，さらに美観に優れており，重量に対して強度が大きいことなどである。また，温度変化に対する伸縮が比較的少なく，衝撃や振動もよく吸収する。
　一方，腐食や耐火性の点は弱点で，材質や強さが均一でなく，大きさが限られる点などが短所になっている。

(1) 木材の組織
　構造用の材料としては樹幹部を利用することが多い。春から夏にかけてできた部材（春材・早材）は比較的軟らかく，夏から秋にできた部材（秋材・晩材）はち密な構造になっている。両者の違いが年輪となる。
　また，木材は樹皮部分と材部から構成される。材部の外周部分は辺材と呼ぶ。辺材は細胞が活性しており，吸水性が高く，白味を帯びた色になっている。辺材より内部を心材と呼ぶ。心材は細胞が活性化していないので，水分が少なく，赤みがかった色になっている。この部分の色は樹種によって異なるので，木材の識別にも役立つ。

一般的に心材の方が辺材よりも価値が高い。辺材は，心材に比べて木材の膨張，収縮の程度が大きい。

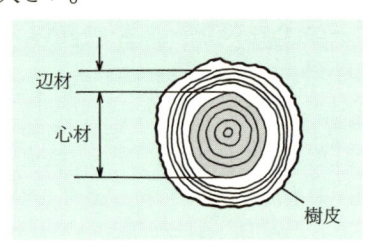

図6・4　木材の断面

(2) 木材の基本的性質

木材の基本的性質として，下記の項目がある。

① 比重

木材の実際の比重は約1.5でほぼ一定。気乾状態でのみかけの比重は，0.4～0.6程度になるものが多い。

② 含水率

木材には結合水と自由水が含まれる。木材が乾燥する際にはまず自由水がなくなり，次に結合水が蒸発する。自由水がなくなった点を繊維飽和点と呼び，この点を境に木材の強度や収縮・膨張などの性質が急変する。

③ 膨張・収縮

木材の膨張や収縮は年輪の半径方向に小さく，接線方向に大きくなる。収縮率の差は，割れやひずみの要因になる。

④ 強度

木材は繊維と平行方向には圧縮強度が強く，直角方向の圧縮力に弱く繊維と平行方向の10～20％しかない。引っ張り強度も同様で，繊維と平行方向の強度が大きく，一般的に圧縮強さよりも約2倍大きい。しかし，繊維に垂直方向の引っ張り強度は，繊維と平行方向の3～10％程度しかない。

繊維に平行な方向のせん断強さは，繊維と平行方向の引っ張り強度の10分の1程度しかない。また，圧縮強さと同様に木材にとって重要な曲げ強さは，一般的に，繊維と平行方向の圧縮強度の1.5倍程度。

(3) 木材の欠点

木材には，以下のような欠点がある。

① 節
枝の付け根が木材の表面に表れたもので，周囲の組織と分離しない生節と周囲の組織と分離した死節がある。

② 割れ
木材が乾燥して外周部に割れが起きたものを辺材星割れと呼ぶ。また，樹心から放射状に生じた割れを心材星割れと呼ぶ。年輪に沿って割れが生じる場合もある。これは，目回りと呼ばれている。

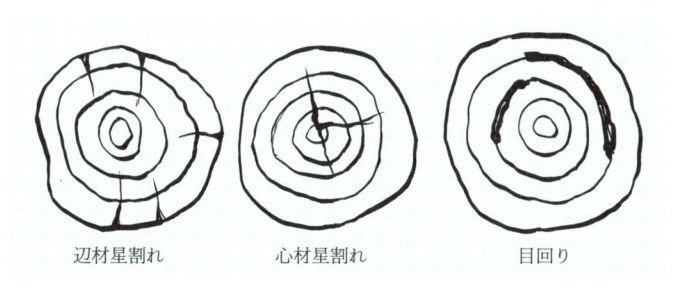

辺材星割れ　　心材星割れ　　目回り
図6・5　割れ

③ 曲り
木材に生じるわん曲。

④ あて
樹木が生育している際に無理な力が加わって，年輪が偏心した状況。そりや狂いの要因となるので，構造用部材には適さない。

⑤ やにつぼ
トウヒやマツなどの材部に，樹脂を蓄積し，つぼ状となったもの。

解答　(3)：木材は重量の割に強度が強く，温度に伴う伸縮も比較的少ない。

143

第6章　材　料

類題マスター

木材の性質に関する記述のうち，適当でないものはどれか。
(1)　木材が乾燥して外周部に割れが起きたものを辺材星割れと呼ぶ。また，樹心から放射状に生じた割れを心材星割れと呼ぶ。
(2)　「あて」とは，樹木が生育している際に無理な力が加わって，年輪が偏心した状況をいう。そりや狂いの要因となるので，構造用部材には適さない。
(3)　辺材は幹の外周部分で細胞が活性しており，吸水性が高く，赤味を帯びた色になっている。
(4)　木材の膨張や収縮は年輪の半径方向に小さく，接線方向に大きくなる。収縮率の差は，割れやひずみの要因になる。

● 解答・ポイント ●

解　答　　(3)：辺材は白味を帯びている。

例題 7 重要

木材に関する記述のうち，適当でないものはどれか。
(1) まさ目材は外観が美しく，伸縮の度合いも一様で，変形が偏在しないという利点を持つ。
(2) クレオソート油やクロム銅ひ素化合物系木材防腐剤などが加圧注入法の材料に利用できる。
(3) 防腐処理として，表面炭化法を利用すると高価だが，持続性に富む。
(4) 製材の寸法を決めて，切り取り位置や切り取り手順などを決めることを木取りという。

Point → 製材の特徴をよく覚えておくこと。

解説

(1) 製材

丸太から板状や角状の材料を切り出したものを製材と呼んでいる。製材の寸法を決めて，切り取り位置や切り取り手順などを決めることを木取りという。

製材に表れた年輪模様を木理または，もく目と呼ぶ。この模様はまさ目と板目に大きく分類される（図 6・6）。板目材の樹皮側を木表，その反対の面を木裏と呼ぶ。

また，幹の軸に直角方向に切った面を木口と呼ぶ。

まさ目材は外観が美しく，伸縮の度合いも一様で，変形が偏在しないという利点を持つ。

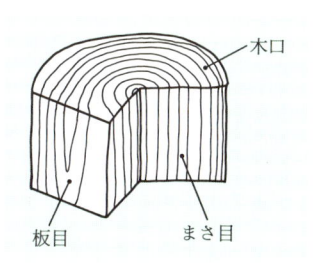

図 6・6 木取り

第6章　材　料

(2) 木材の防腐処理

　木材の耐久性を保つために，防腐処理や防虫処理が施される。主な方法は以下の通り。

① 表面処理法

　木材の表面を焼いて厚さ数ミリ程度を炭化させる方法を表面炭化法と呼ぶ。この方法は，安価だが，持続性に乏しい。薬剤塗布法は，薬剤を木材の表面に塗る方法で，現場で作業できるものの，加圧注入法に比べて持続性が乏しい。クレオソート油やナフテン酸銅，有機ヨード化合物などが塗布材料として利用できる。

　クレオソート油はタールを蒸留して得られる物質で，比較的安価なもの。クレオソート油にはフェノール類が含まれており，木材の防食効果が期待できる。外観は黒褐色で，強い臭いを持つ。安全に取り扱うことが可能で，広く利用されている。

② 加圧注入法

　防腐処理では最も効果的で，防腐剤の中に木材を入れて減圧と加圧を行って，防腐・防蟻剤を浸透させるもの。クレオソート油やクロム銅ひ素化合物系木材防腐剤，有機酸金属系防腐剤などを利用する。

解答　(3)：表面炭化法を利用すると安価だが，持続性に乏しい。

例題 8 【重要】

管渠に関する記述のうち，適当でないものはどれか。
(1) 陶管は，耐酸性，耐アルカリ性に弱いが，衝撃に強い。
(2) ダクタイル鋳鉄管は，耐食性が強く，衝撃にも強い反面，重量が重いという欠点がある。
(3) 塩化ビニル管は安価で施工性がよいが，熱や有機溶剤に弱いという欠点がある。
(4) 鋼管は強度が強く，衝撃にも強いが，耐電食性に劣るので，電食対策が必要になる場合がある。

Point → 各種管渠の特徴をよく覚えておくこと。

解説

(1) 各種管渠の特徴

管渠は，その材質によって区分されている。

① 硬質塩化ビニル管

一般的に使用されている管渠。長所は軽量で価格が安く，施工性がよい。また，融着も可能で，耐食性や耐電食性に富んでいる。逆に欠点は，低温時において耐衝撃性が低下することや有機溶剤や熱，紫外線に弱く，温度変化による管の伸縮量が大きい。可とう継ぎ手が必要。

② ダクタイル鋳鉄管

長所は，耐食性や強度が大きいことと，施工性が良好なこと。衝撃にも強い。反面，重量が重く継ぎ手の脱出防護のため，異形管防護などが必要になる。

③ 鋼管

長所は，強度が大きく衝撃に強く，重量が比較的軽いこと。また加工性もよい。短所としては，可とう継ぎ手や温度伸縮継ぎ手が必要になる場合があることや，電食を受けやすいので，電食対策が必要な場合がある。たわみも大きい。

④　鉄筋コンクリート管

主に排水管として使用される。普通管と外圧管に区分されている。強度は大きい反面，酸に弱い。

⑤　陶管

長所は，耐酸性，耐アルカリ性が大きいこと。施工性も良好で，磨耗にも強い。欠点は衝撃に弱いこと。

解答　(1)：陶管は，耐酸性，耐アルカリ性に強く，衝撃に弱い。

第 7 章

公　　　　　園

第7章 公園

1. 公園施設

例題1　重要　重要

遊具施設の設置に関する記述のうち，適当でないものはどれか。
(1)　すべり台のすべり面の角度は40〜45°程度とする。
(2)　鉄棒の下はなるべく砂場などを設ける。
(3)　ブランコの踏み板の標準的な高さは地上から35〜45 cmとする。
(4)　砂場の砂の深さは35〜45 cm程度にする。

Point → 遊具の設置基準についてよく覚えておくこと。

解説

公園に設置される遊具には，安全性や機能などを考慮して，寸法などについて規格の基準がある。
主な遊具の設置基準は以下の通り。

(1)　ブランコ

代表的な揺動系遊具で，幼児から児童まで広範囲の年齢層で利用される。運動速度が比較的大きいので，安全性に十分配慮する。ブランコの主な設置基準は以下の通り。
①　地上から踏み板までの標準的な高さは35〜45 cmとする。
②　踏み板は磨耗に対する対策としてナラやヒノキ，カシなどの堅い材質のものを利用する。
③　踏み板の厚さは3 cmとし，角には丸みをつける。
④　踏み板をつなぐ鎖は一般的に丸鋼 ϕ 13 mmを加工したものを使用する。鎖輪は手が食い込んだり，絡みやすくなったりするので避ける。
⑤　3連式のブランコでは真ん中のブランコの乗降が危険な場合があるので，2連式か4連式など偶数の組み合わせにする。

⑥　ブランコの周囲に危険防止のための柵を設置し，標準的な柵の高さを 60 cm とする。
⑦　柱と梁の垂直角度は側面から見て 90～110° とする。部材の途中を溶接などで継いではならない。
⑧　摩擦音を防止するために，ベアリングやオイルレスを利用する。
⑨　横振れによって踏み板の端部にひびが入らないよう，ボルトには座金を取り付ける。
⑩　公園の中央部分に設置することは控え，人の通行量が少なく，集団で遊戯をするような場所から離れた箇所に設置する。

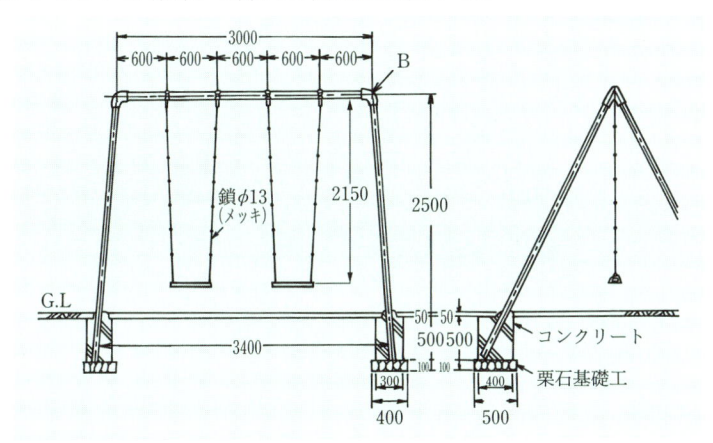

図 7・1　ブランコの例

(2) すべり台

すべり台は，滑降系の遊戯施設。階段を登ったり，すべり降りたりすることで，幼児の基礎的運動能力を向上する。すべり台の主な設置基準は以下の通り。
①　すべり面の幅は体が左右に振れにくくなるように，40 cm 内外を標準とする。
②　すべり面の両側には，足でブレーキがかけられるように立ち上がり部分を設け，高さを 15～20 cm 程度にする。上端は手でつかまっても問題ないように面取りを施す。
③　すべり面の角度は 30～36° 程度にする。粗面のコンクリートではややきつい勾配を選択する一方，ステンレスや特殊ローラーを使う場合は，勾配を少し緩めにする。すべり面が長くなる場合は，途中に緩斜面を設ける。

第7章　公　園

④　踊り場には落下防止用の柵を設け，柵の高さを 80 cm とする。
⑤　梯子の角度は 70°内外とし，両側に手すりを設置する。
⑥　ステップの蹴上げ高さは 15〜20 cm 程度，幅は 40 cm 内外，踏面を 9 cm 内外とする。
⑦　滑走部の下端には水平部分を設ける。またすべり面の内側にボルトなどの突起物を設けないようにする。
⑧　すべり停止点の高さは足が十分に届くようにする。

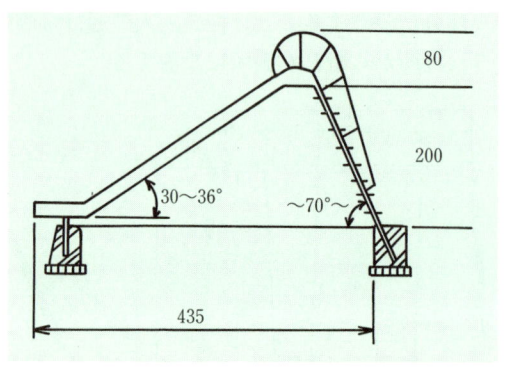

図7・2　すべり台の例

(3)　**砂場**

砂場は幼児の創造的な遊戯施設である。砂場の主な設置基準は以下の通り。
①　砂場の縁石は，雨水の侵入や砂の流出を防ぐために地上から 10〜15 cm 程度高くする。
②　砂の深さを 35〜45 cm とする。
③　広さは最低 7〜8 m² とするが，30〜50 m² 程度の独立施設として設置することが望ましい。
④　砂は洗浄した細粒の川砂を利用する。
⑤　猫などによる糞害への対策として，抗菌砂や砂の消毒や焼却による滅菌を行う場合もある。

(4)　**シーソー**

シーソーは上下運動を通じて，脚の筋力や平衡感覚，協調性などを養う遊戯施設である。シーソーの主な設置基準は以下の通り。
①　シーソーの中軸の高さは，水平時に両足が地面にふれる程度の高さであ

る 45 cm を標準とする。
② 板が接地する部分には中古タイヤなどを用いて衝撃を緩衝するようにする。
③ 落下してけがをする恐れがあるので，シーソーの下には砂やチップなどクッション製の舗装とする。

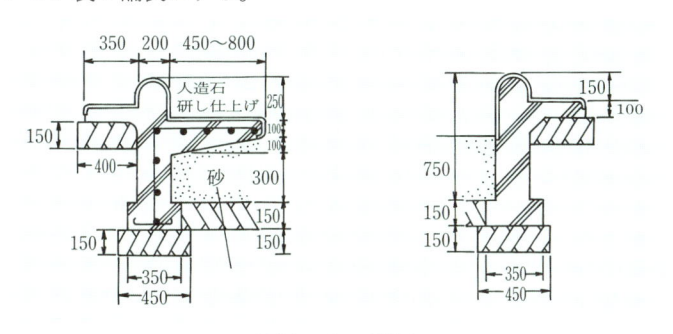

図7・3　砂場

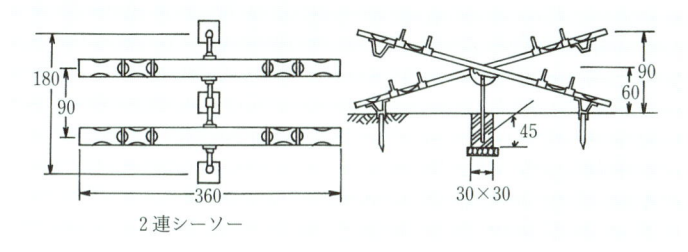

図7・4　シーソーの例

(5) 鉄棒

鉄棒は回転や懸垂，揺動などの運動によって，平衡感覚や筋力，柔軟性を養う遊戯施設である。鉄棒の主な設置基準は以下の通り。
① 3〜6歳くらいの子供を対象とする場合，高さ60〜90 cm，長さ130〜180 cmとする。高さは，年齢に応じて変化するので，60〜120 cmの間で4段階程度にしておくとよい。
② 鉄棒の下は砂場にすることが望ましい。硬い舗装面にはしない。
③ 鉄棒には一般に ϕ 28 mm の磨き鋼棒を使用する。

第7章　公　園

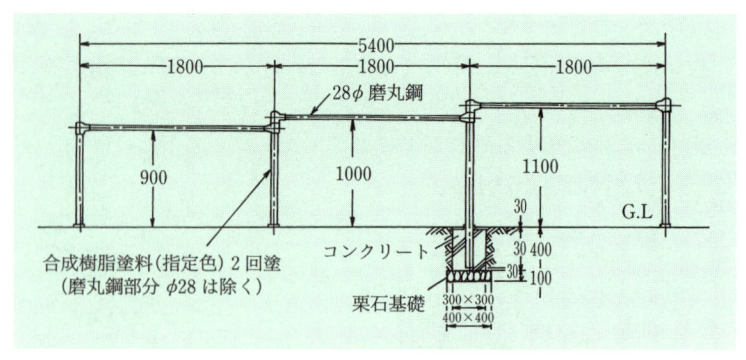

図7・5　鉄棒の例

(6)　ジャングルジム

　ジャングルジムは登はん力や平衡感覚，懸垂力などを養うことができる遊具である。グループで遊ぶこともできる。ジャングルジムの設置基準は以下の通り。
①　パイプ相互の接続部分の安全性に配慮する。
②　転落による事故を防ぐために遊具の下には緩衝性のある舗装を施す。

(7)　徒渉池

　徒渉池の主な設置基準は以下の通り。
①　一般に広さは最低 100 m² 程度とする。
②　水深は 30 cm 前後を標準とし，遊泳を考慮した場合 50 cm 程度とする。

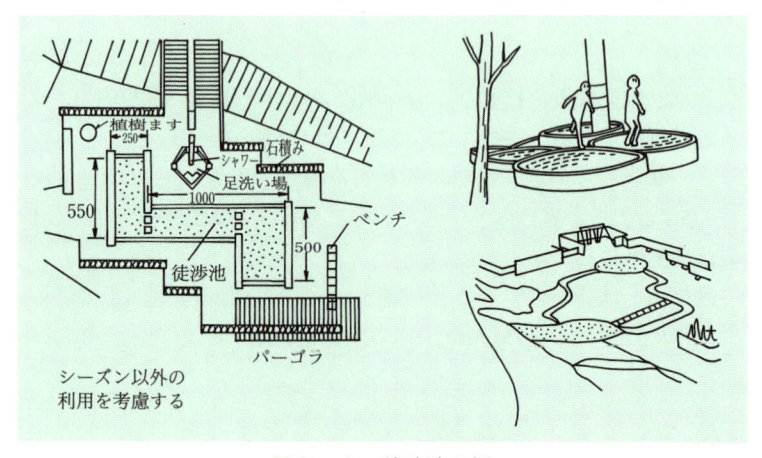

図7・6　徒渉池の例

解答 (1)：すべり面の角度は 30～36° 程度にする。

類題マスター

類題 1

遊具施設の設置基準に関する記述のうち，適当でないものはどれか。
(1) ブランコは 3 連式のものを標準とする。
(2) 鉄棒には一般に直径 28 mm の磨き鋼棒を使用する。
(3) すべり台のすべり面の両側には，足でブレーキがかけられるように立ち上がり部分を設け，高さを 15～20 cm 程度にする。
(4) 砂場の縁石は，雨水の侵入や砂の流出を防ぐために地上から 10～15 cm 程度高くする。

類題 2

遊具施設の設置基準に関する記述のうち，適当でないものはどれか。
(1) 鉄棒の下は砂場にすることが望ましい。硬い舗装面にはしない。
(2) すべり台のすべり面の幅は体が左右に振れにくくなるように，40 cm 内外を標準とする。
(3) 砂場に用いる砂は洗浄した細粒の川砂を利用する。
(4) ブランコの周囲に危険防止のための柵を設置し，標準的な柵の高さを 100 cm とする。

● 解答・ポイント ●

解答 類題 1 (1)：3 連式のブランコでは真ん中のブランコの乗降が危険な場合があるので，2 連式か 4 連式などにする。

類題 2 (4)：ブランコの周囲に危険防止のための柵を設置し，標準的な柵の高さを 60 cm とする。

第7章　公園

例題 2

車いすの利用に配慮した公園の園路や駐車場に関する記述のうち，適当でないものはどれか。
(1) 車いすドライバー専用駐車スペースでは，幅を3.5m以上とし，底面は滑りにくくする。
(2) 園路の有効幅員は0.8m以上として，幅員が1.2m未満の場合は，幅員が1.2m以上のすれ違い場所を適切に設ける。
(3) 園路の縦断勾配は4％以下となるようにする。主要施設間をつなぐ場合などやむをえない部分については，一部8％以下を含められる。
(4) 公園の出入り口に段差が生じる場合は，高さが2cm以下になるようにする。

Point → 身障者に配慮した施設の設置基準についてよく覚えておくこと。

解説

高齢者や障害者が公園を利用するうえで，使いやすい施設を構築するための仕様が決められている。

(1) **駐車スペース**

車いすを利用する人に配慮した駐車スペースを園路に接続した出入り口の近くに設けることが求められる。

駐車スペースに求められる仕様は以下の通り。

① **車いすドライバー専用駐車スペースの数**

全駐車台数に対する必要数は次の通り。全駐車台数が200台以下では50台ごとに1カ所（例：1〜50台→1カ所）で，全駐車台数が200台を超える部分については100台ごとに1台ずつ加える（例：201〜300台→5カ所）。

② **車いすドライバー専用駐車スペースの大きさ**

幅を3.5m以上とし，底面は滑りにくくする。駐車位置の後部に有効幅

員 1.2 m 以上の安全路を確保する。
③　障害者優先駐車スペースの仕様
　幅は 2.5 m 程度として，ほかの仕様は車いすドライバー専用駐車スペースに準じる。
④　標示
　車いすドライバー専用駐車スペースなどを示す案内標識を進入路から標示し，車いすドライバー専用駐車スペースでは，底面に国際シンボルマークを塗装する。障害者優先駐車スペースでも底面にその旨がわかる表示を塗装する。

(2) 出入り口
　高齢者や障害者にも利用できるような公園の出入り口に求められることは以下の通り。
① 有効幅員
　出入り口の有効幅員は 1.2 m 以上とする。
② 段差
　段差は設けないようにする。やむを得ない場合は，2 cm 以下になるようにする。
③ 勾配
　段差がある場合のすりつけ勾配は 8 ％以下にする。
④ 表面
　表面は濡れても滑りにくく，平坦に仕上げる。
⑤ 車止めの柵
　車止めの柵を設ける場合は，90 cm を標準の間隔とする。また，前後に 1.5 m 以上の水平部分を設ける。
⑥ 標示
　出入り口が車道に接する場合は，視覚障害者誘導用のブロックや舗装材料を変えるなど境界部分を明示する。また，出入り口には案内板を設けて，障害者などが利用できる施設を明示するとともに，点字を表示する。
⑦ 自転車やオートバイの乗り入れ
　自転車やオートバイの乗り入れは原則として禁止する。

(3) 園路
　公園の出入り口の間をつなぎ，利用者が通行する園路については，以下の

第7章　公　園

ような仕様とする。
① 縦断勾配
　縦断勾配は4％以下となるようにする。主要施設間をつなぐ場合などやむを得ない部分については，一部8％以下を含めることを認める。
② 有効幅員
　幅員は1.2ｍ以上として，幅員が1.8ｍ未満の場合は，幅員が1.8ｍ以上のすれ違い場所を適切に設ける。
③ 水平部分
　3～4％の勾配が30ｍ以上続く場合は，途中に1.5ｍ以上の水平部分を設ける。
④ 段差
　段差は設けないようにする。
⑤ 表面
　濡れても滑りにくく，平坦な仕様とする。砂利敷きにはしない。
⑥ 縁石の切り下げ
　縁石の切り下げ寸法は，有効幅員1.2ｍ以上，段差は2cm以下として，すりつけ勾配は8％以下にする。
⑦ 標示
　園路の要所や分岐点には園路の状況などを伝える標示を設け，危険個所には視覚障害者用の誘導ブロックを敷設する。

⑷　階段
　階段を設けた場合は以下の点に留意する。
① 有効幅員
　有効幅員は1.2ｍ以上にする。
② 形状
　階段の蹴上げは15cm以下，踏み面は35cm以上，蹴込みを2cm以下とし，同じ階段であれば，寸法は一定に保つ。
③ 水平部分
　階段の上部と下部，及び高さ2.5ｍ以下ごとに踊り場を設け，奥行きを1.2ｍ以上確保する。
④ 手すり
　少なくとも片側に連続した手すりを設ける。階段の終始点よりも30cm以上水平に延ばしておく。手すりの高さは1列の場合は80cm程度，2列

の場合は85 cm，65 cmを標準とする。階段の幅が3 m以上であれば，真ん中にも手すりを設ける。
⑤　照明
階段の昇降口付近では十分な照度を確保する。

(5) 傾斜路
階段に併設する施設としての傾斜路には，以下のような仕様が求められる。
① 有効幅員
幅員は1.2 m以上にする。
② 勾配
継断勾配は8％以下にする。
③ 水平部分
高さ75 cmを超える傾斜路では，高さ75 cm以内ごとに長さ1.5 m以上の水平部分を設ける。
④ 表面
表面は濡れてもすべりにくく，平坦な仕上げにする。砂利敷きにはしない。
⑤ 手すり
少なくとも片側に連続した手すりを設ける。高さは階段の使用と同じ。

解答　(2)：幅員は1.2 m以上として，幅員が1.8 m未満の場合は，幅員が1.8 m以上のすれ違い場所を適切に設ける。

第 7 章　公　園

類題マスター

類題 1

車いすの利用に配慮した公園の園路や駐車場に関する記述のうち，適当でないものはどれか。

(1) 園路の縁石の切り下げ寸法は，有効幅員 1.2 m 以上，段差は 2 cm 以下として，すりつけ勾配は 8 ％以下にする。
(2) 車いすドライバー専用駐車スペースでは案内標識を進入路から標示し，底面に国際シンボルマークを塗装する。
(3) 園路の表面は，濡れても滑りにくく，平坦な仕様とする。また，砂利敷きでもかまわない。
(4) 出入り口に車止めの柵を設ける場合は，90 cm を標準の間隔とする。

類題 2

公園の階段などに関する記述のうち，適当でないものはどれか。

(1) 階段の蹴上げは 15 cm 以下，踏み面は 35 cm 以上とし，同じ階段であれば，寸法は一定に保つ。
(2) 階段の幅が 2 m 以上であれば，真ん中にも手すりを設ける。
(3) 高さ 75 cm を超える傾斜路では，高さ 75 cm 以内ごとに長さ 1.5 m 以上の水平部分を設ける。
(4) 階段には上部と下部，及び高さ 2.5 m 以下ごとに踊り場を設け，奥行きを 1.2 m 以上確保する。

● 解答・ポイント ●

解　答　　類題 1　(3)：園路は砂利敷きにしない。
　　　　　類題 2　(2)：階段の幅が 3 m 以上であれば，真ん中にも手すりを設ける。

例題 3

車いすの利用者などに配慮した公園の施設に関する記述のうち，適当でないものはどれか。
(1) 休憩スペースとしてベンチに隣接して，0.85 m×1.20 m の場所を車いす使用者用に設けた。
(2) 公園の入口や出口に設ける標識の設置高さは，上端部で 1.5 m を標準とする。
(3) トイレに設ける手動式の扉の取っ手の高さは 85〜90 cm にする。手すりの高さは水平高で 70〜80 cm にする。
(4) 飲用水栓では，飲み口までの高さは 70〜80 cm 程度として，下部には高さ 50 cm 以上，奥行き 30 cm 以上のスペースを設ける。

Point → 身体障害者に配慮した施設の設置基準についてよく覚えておくこと。

解説

高齢者や身体障害者が公園を利用するうえで，休憩施設などの施設も欠かせない。以下に，休憩施設や植栽の配置などの面で留意すべき点を説明する。

⑴ 休憩スペース

高齢者や身体障害者が公園を利用するうえで，園路沿いにベンチなどを配置した休憩用のスペースを設ける。
① 設置間隔
　設置間隔は 50〜100 m 程度にする。
② 設置状況
　休憩スペースは平坦な場所にする。ベンチを設置する場合は，園路のわきから 60 cm 以上控えて設置する。また，ベンチに隣接して，0.85 m×1.20 m の平面スペースを車いす使用者用に設ける。

(2) 公園の標識

公園を利用するうえで役立つ情報を提供するための標識についても，設計仕様がある。

① 設置位置

公園の入口や出口，ポイントとなる場所には，案内板や方向表示板などを設ける。必要に応じて点字や音声案内装置などを設ける。設置高さは上端部で1.5 mを標準とし，点字案内や触知図の設置高さは0.9～1.2 mとする。設置場所は夜間でも見えるよう照明を確保する。

(3) 景観形成施設

植栽や花壇などの施設も来園者が見やすくなるような配慮が必要である。

① 花壇

植物に触れやすくするためにレイズヘッドと呼ぶ，位置を高くした花壇を設ける。レイズヘッドは単一の形状でなく，幼児や車いすの利用者にも親しめるようにする。弱視者に配慮して黄色やオレンジなどの色彩の花壇も利用する。できる限り花壇の柵を設けないようにする。

② 植栽

樹皮や葉，実などの触れて興味深いものを配置。枝や葉が下に垂れる樹木などは下枝に触れられるようにする。

(4) トイレ

トイレは高齢者や妊婦なども利用できるよう配慮する。

① 出入口

有効幅は85 cm以上にする。構造上やむをえない場合のみ80 cm以上とする。段差がある場合は勾配を8％以下とする。ただし，高低差が16 cm以下でスペースが足りない場合は12％以下でもよい。また，傾斜路の有効幅は90 cmとする。

② 便房の大きさ

便房の大きさは間口2 m，奥行き2 mを標準とする。

③ 手すりなど

手動式の扉の取っ手の高さは85～90 cmにする。手すりの高さは水平高で70～80 cmにする。ペーパーホルダーの高さは手すりよりやや上部の床から80～85 cmの位置にする。

④　便器
便器は洋式とし，高さは車いすと同等の 45 cm 程度にする。
⑤　洗面器
洗面器の下には高さ 65 cm 以上のスペースを設ける。

(5)　休憩施設
ベンチや野外卓については，以下の通り。

①　バーゴラ
バーゴラとは，日陰を作るための棚で，公園内の休養施設。バーゴラなどの下には，車いすが回転できる十分なスペース（約 1.5 m 四方）を設け，ベンチの横に車いすの使用者が近づける場所を設ける。

②　ベンチ
腰掛板の高さは 40〜45 cm を標準として，杖を使用する人に対応したベンチは標準高さを 55 cm にして前傾させる。両端には手すり兼用の肘掛を設ける。

③　野外卓
野外卓には車いすが接近できるよう使用方向に 1.5 m 以上の水平スペースを設ける。いすの一部を除き，高さ 65 cm 以上，幅 75 cm 以上，奥行き 45 cm 以上の車いす使用者用のスペースを設ける。また，各部材の角は面取りして丸めておく。

④　水飲み
車いすが接近しやすいように使用方向に 150 cm 以上，幅 90 cm 以上の水平部分を設け，水平部分には踏み台などの障害物を置かないようにする。飲み口までの高さは 70〜80 cm 程度として，下部には高さ 65 cm 以上，奥行き 45 cm 以上のスペースを設ける。給水栓はレバー式など使いやすいものを手前で操作できるようにする。

⑤　安全柵
転落防止用の安全柵は高さ 1.1 m 以上とする。安全柵が縦格子であれば，格子の内側の間隔が 11 cm 以下になるようにする。

解答　(4)：飲用水栓では，飲み口までの高さは 70〜80 cm 程度として，下部には高さ 65 cm 以上，奥行き 45 cm 以上のスペースを設ける。

第 7 章　公　園

類題マスター

車いすの利用に配慮した公園の施設に関する記述のうち，適当でないものはどれか。
　(1)　ベンチの腰掛板の高さは 40〜45 cm を標準とする。
　(2)　転落防止用の安全柵は高さ 1.1 m 以上とする。
　(3)　トイレの便器は洋式とし，高さは車いすと同等の 65 cm 程度にする。
　(4)　野外卓には横に接近できるよう使用方向に 1.5 m 以上の水平スペースを設ける。

● 解答・ポイント ●

　解　答　　(3)：便器は洋式とし，高さは車いすと同等の 45 cm 程度にする。

2. 運動施設

例題 4 重要 重要 重要

運動施設の方位に関する記述のうち，適当でないものはどれか。
(1) 陸上競技場のトラック，フィールドの長軸方向は，南北または北北西から南南東に設定する。
(2) サッカー場のフィールドの長軸方向は，できる限り南北方向にする。
(3) 野球場の方位については，競技者を主とする場合では投手板を北，本塁を南の方向に，観客を主とする場合は，投手板を南に本塁を北の方向にすることが望ましい。
(4) テニスコートの長軸方向は，正南北方向から9～15°北西－南東に振った位置に収まるようにする。

Point → 運動施設の設置基準についてよく覚えておくこと。

解説

運動施設には，各種連盟などによってその設置基準が細かく決められている。

(1) 陸上競技場
陸上競技場の主な設置基準などは以下の通り。
① 配置条件
(ⅰ) 競技者が太陽光のまぶしさに影響されにくいよう，トラック，フィールドの長軸方向は，南北または北北西から南南東に設定する。
(ⅱ) 観客席は西日が観客の観戦を妨げないようにメインスタンドをトラックの西側に設置するのが望ましい。
(ⅲ) 公式な記録を計測する施設では，風当たりが強くないことや煤煙の影

第7章　公　園

　　響を受けない敷地が望ましい。
　(iv)　適度に乾燥した土地で，給排水が容易であること。
② 施設
　(i)　陸上競技場のフィールドはサッカー場などに利用できるよう配慮する。
　(ii)　シェルターやベンチなどの休憩施設をなるべく設ける。
　(iii)　トラックに管理用の車両が出入りできる出入口を1カ所以上設ける。
　(iv)　スタンドを設置する場合はスロープを多用し，階段を少なくする。
　(v)　表面排水はトラック内の縁石のフィールド側に設けた排水溝で排水する。
　(vi)　地下排水は暗きょで行う。暗きょの深さは1m程度とし，トラックに沿って両側の下に配置することが望ましい。地下水面の最高位は芝生の場合で0.4m以深であることが望ましい。
③ 競技場の規格
　(i)　トラックに設けるコースの幅は1.22〜1.25mとし，コース同士の間

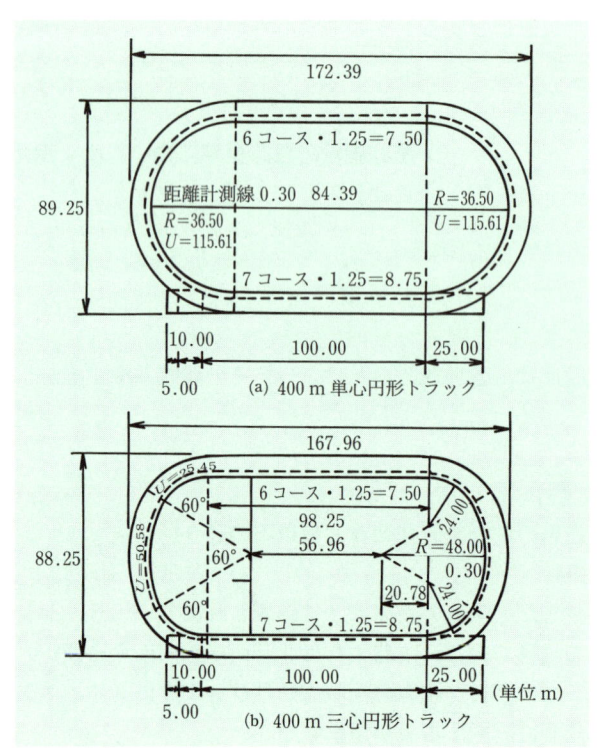

図7・7　陸上競技場

やスタート，ゴールのラインは5cmの白線で示す。
 (ii) トラックの内側には高さ5cm，幅5cm以下のコンクリートまたは木材などの境界を設置する。
 (iii) トラックの計測は内側の境界線から30cm外側で行うので，トラック1周の全長は$2\pi(R+0.3)+2L$となる。トラック1周当たりの許容誤差は，公認第1種，第2種では1/10000以下でマイナスは認められない。
 (iv) トラックの許容傾斜度は幅方向で1/100以下，走行方向で1/1000以下とする。

(2) 野球場
野球場の主な設置基準などは以下の通り。
① 配置条件
 (i) 野球場の方位については，競技者を主とする場合では投手板を南，本塁を北の方向に，観客を主とする場合は，投手板を北に本塁を南の方向にすることが望ましい。
 (ii) グラウンドの長軸方向と恒風の向きが一致することが望ましい。
 (iii) 日当たりが良く，風当たりが強くなく，煤煙の影響を受けない敷地が望ましい。
 (iv) グラウンドの硬さや湿度の保持が可能で，凍土を防止することが可能である。
② 施設
 (i) シェルターやベンチなどの休憩施設をなるべく設ける。
 (ii) グラウンドに管理用の車両が出入りできる出入口を1カ所以上設ける。
 (iii) スタンドを設置する場合はスロープを多用し，階段を少なくする。
 (iv) バックネットに用いる網は10番内外の鉄線で編んだ堅牢なものを利用。網目の大きさを50mm内外にする。
③ 野球場の規格
 (i) 表面排水は内野においてはピッチャーズマウンドを中心に滞水しないように周辺に向かって勾配をとる。外野においては，塁線から外周に向かって勾配をとる。
 (ii) 地下排水は暗きょによって行い，グラウンドの排水効果に差が生じないよう等間隔に配置する。
 (iii) 飛球が見やすいように場内の壁面は濃緑色に着色することが望ましい。

第7章 公園

またグラウンドに用いる土はボールがはっきり見えるよう，濃い色をしていることが望ましい。

(iv) ピッチャーズマウンドの高さは10インチ（25.4 cm）と定められているが，野球以外での利用を考えている施設では，投手板から本塁までの間で高低を調節することもできる。小規模な球場では10インチ程度でよい。

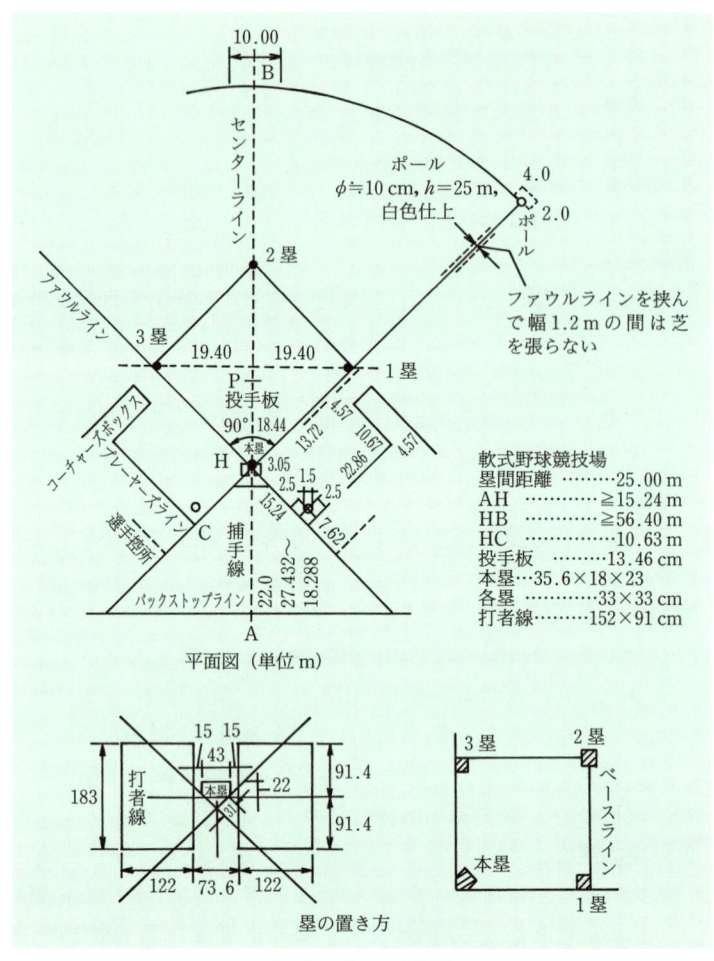

図7・8　野球場

(3) テニスコート

テニスコートの主な設置基準などは以下の通り。

7-2 運動施設

① 配置条件
(i) コートの長軸方向は，正南北方向から9〜15°北西－南東方向に振った位置にする。
(ii) コートの長軸の方向は，恒風の方向と一致することが望ましい。
(iii) 日当たりが良く，霜柱が立ちにくい場所が望ましい。
(iv) 敷地の地盤支持力が大きく，給水が容易なことが望ましい。

② 施設
(i) コート周辺に防風などの目的で植栽を設けることが望ましい。また，植栽はボールが視認しやすいように配慮する。
(ii) フェンスの高さは3mを標準とし，住居や道路に接する面は4m以上の高さとする。
(iii) 照明の高さは，公式および一般競技用の場合はコート面から最低12

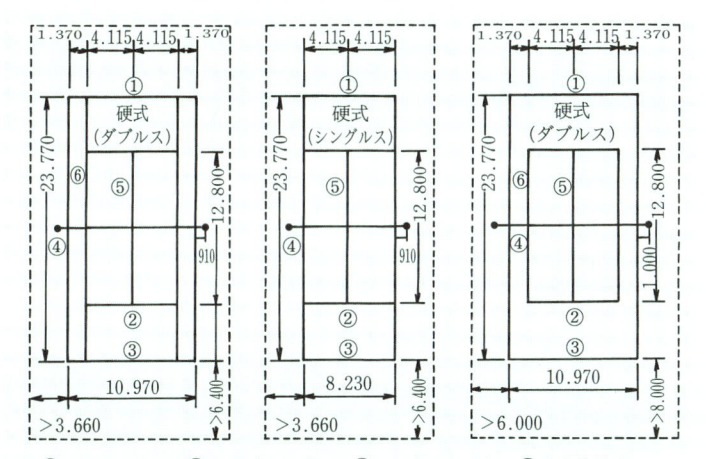

①ベースライン，②サービスライン，③センターマーク，④サイドライン，
⑤センターサービスライン（ハーフコートライン），⑥サービスサイドライン

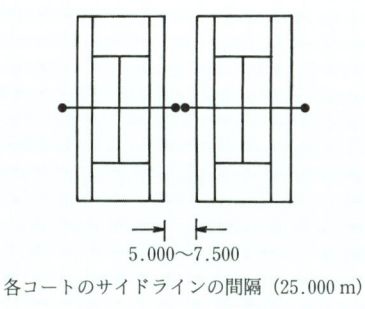

各コートのサイドラインの間隔（25.000 m）

図7・9　テニスコート

m，レクリエーション用で最低 8 m にする。
- (iv) 簡易であっても更衣スペースなどがあると好ましい。
- (v) コートに管理用の車両が出入りできる出入口を 1 カ所以上設ける。出入口は競技に支障にならないような場所に設ける。
- (vi) 表面排水が必要な場合，硬式テニスコートでは，勾配を 0.5 ％とすることを標準とする。また，表面排水の勾配を取る方向の優先順位は以下の通り。
  - ・一方のサイドラインから他方のサイドライン方向へ
  - ・一方のベースラインから他方のベースライン方向へ
  - ・一つのコーナーから対角コーナーの方向へ

軟式テニスコートの場合は，コート中央からベースラインまで 10 cm（約 0.8 ％）以内とする。

③ テニスコートの規格
- (i) コートラインは白色を原則とし，幅 5 cm を標準とする。但し硬式テニスではベースラインの幅を 10 cm にしてもよい。
- (ii) コート面は平滑で正確にバウンドするようにする。
- (iii) コートの計測はラインの外側で行う。

(4) サッカー場

サッカー場の主な設置基準などは以下の通り。

① 配置条件
- (i) フィールドの長軸方向は競技者が西日に悩まされることのないようできる限り南北方向にする。
- (ii) 恒風の方向が，フィールドの長軸方向と直交するようにすることが望ましい。
- (iii) メインスタンドは観客が西日に悩まされないように，フィールドの西側にすることが望ましい。

② 施設
- (i) サッカー場の排水は，中央から 0.5 ％の勾配を周囲に向かって設ける。暗きょによる排水も用いて雨の中でも競技できるように排水対策を講じておく。

③ サッカー場の規格
- (i) サッカーゴールは，金属か木材で造ることが多い。周辺と識別しやすくなるよう白く着色しておく。

7-2 運動施設

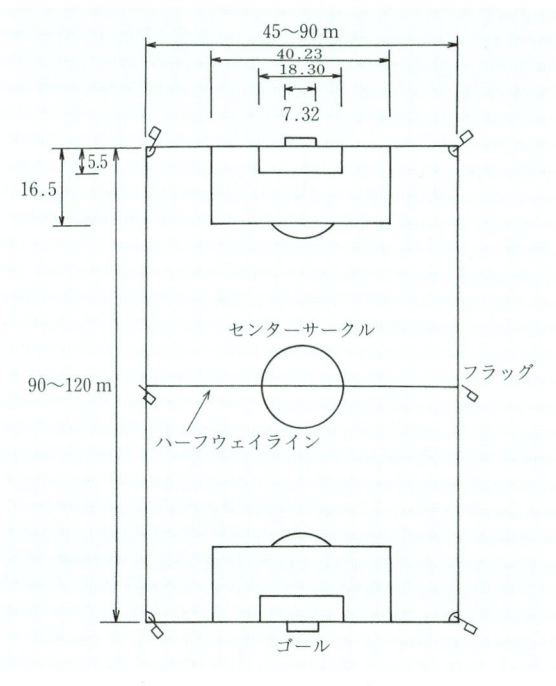

図7・10 サッカー場

解答 (3)：設問の文章の北と南が逆になっている。

類題マスター

類題1
運動施設の排水に関する記述のうち，適当でないものはどれか。
(1) 野球場の表面排水は，内野においてはピッチャーズマウンドを中心に滞水しないように周辺に向かって勾配をとる。
(2) サッカー場の排水は，中央から0.5％の勾配を周囲に向かって設ける。暗きょによる排水も用いて雨の中でも競技できるように排水対策を講じておく。
(3) 硬式テニスコートで表面排水を行う場合は，勾配を0.8％とすることを標準とする。

171

(4) 陸上競技場の表面排水はトラック内の縁石のフィールド側に設けた排水溝で排水する。

類題2

陸上競技場に関する記述のうち，適当でないものはどれか。
(1) トラックの許容傾斜度は幅方向で 1/1000 以下，走行方向で 1/100 以下とする。
(2) 西日が観客の観戦を妨げないようにメインスタンドをトラックの西側に設置するのが望ましい。
(3) トラックの内側には高さ5cm，幅5cm以下のコンクリートまたは木材などの境界を設置する。
(4) 陸上競技場のフィールドはサッカー場などに利用できるよう配慮する。

類題3

テニスコートに関する記述のうち，適当でないものはどれか。
(1) 表面排水が必要な場合，硬式テニスコートでは，勾配を0.5％とすることを標準とする。表面排水の勾配を取る優先順位は，一方のサイドラインから他方のサイドライン方向への流れを最優先にする。
(2) フェンスの高さは5mを標準とし，住居や道路に接する面は7m以上とする。
(3) 照明の高さは，公式および一般競技用の場合はコート面から最低12m，レクリエーション用で最低8mにする。
(4) コート周辺に防風などの目的で植栽を設けることが望ましい。また，植栽はボールが視認しやすいように配慮する。

● **解答・ポイント** ●

解　答　類題1　(3)：硬式テニスコートで表面排水を行う場合は，勾配を0.5％とすることを標準とする。
　　　　類題2　(1)：トラックの許容傾斜度は幅方向で1/100以下，走行方向で1/1000以下とする。
　　　　類題3　(2)：フェンスの高さは3mを標準とし，住居や道路に接する面は4m以上を標準とする。

7－2　運動施設

例題 5　重要　重要　重要

運動施設の舗装に関する記述のうち，適当でないものはどれか。
(1) アスファルト系舗装は天候に左右されずにプレイが可能だが，樹脂系の舗装に比べて補修が困難である。
(2) クレイ舗装は施工が比較的容易で，プレイ後の疲労感は少ないが，冬季には霜などによって利用できなくなることがある。
(3) アンツーカー舗装の材料は焼成土で，降雨後の乾燥が比較的早く，色彩も美しい。乾燥するとほこりが立ち易い。
(4) 樹脂系の舗装は，硬度や厚みが自由に選択でき，色彩の選択肢が多い。一方，長時間プレイした場合，疲労感が残り，照り返しが強い。

Point → 運動施設の舗装についてよく覚えておくこと。

解説

運動施設の舗装には様々な種類がある。

(1) 舗装の種類と特徴
① クレイ舗装，混合土舗装（土系舗装）
　クレイ舗装の材料は，粘性土（赤土）に荒木田またはまさ土と軽石から構成される。クレイ舗装の特徴は，施工が比較的容易で，補修も行い易い。球足が比較的遅いのでプレイ後の疲労感は少ない。
　短所は冬季には霜などによって利用できなくなることがあることや，降雨後の乾燥に時間がかかること，乾燥時にホコリがたつことなどである。
② アンツーカー舗装（土系舗装）
　アンツーカー舗装の材料は焼成土である。降雨後の乾燥が比較的早く，色彩も美しい。プレイ後の疲労感も少ない。一方，含水比が高くなると軟弱になり易く，乾燥するとほこりが立ち易い。冬に霜害や凍上を受けやすく，維持管理を綿密に行う必要がある。
③ 緑色砕石粉舗装（土系舗装）
　輝緑凝灰岩，緑色変成岩などの砕石粉と特殊バインダーによる精製土を混

ぜたもの。降雨後の乾燥が早く，雨に対して比較的強いものの，含水比が高くなると軟弱になり易い。ほこりは立ちにくく，色彩が美しい。また，プレイ後の疲労感は少ない。アンツーカー舗装や混合土舗装に比べると凍害などを受けにくいが，利用する際は管理が必要。

④　樹脂系（全天候型舗装）

　合成樹脂，砂，ゴム，人工芝などが舗装材料となる。また，基層部分にはアスコンやコンクリートを使用する。

　樹脂系の舗装の長所は，硬度や厚みが自由に選択できることや色彩の選択肢が多いこと，天候に左右されずプレイが可能なこと，ほこりが立たないことなどが挙げられる。一方，短所として長時間プレイした場合，疲労感が残ることと，照り返しが強いこと，施工費用が高いことなどが挙げられる。

⑤　アスファルト系（全天候型）

　舗装材料としては，特殊アスファルト，砂，砕石，樹脂，繊維などを利用する。長所は天候に左右されずにプレイが可能なことや，ほこりが立たないこと。樹脂系の舗装に比べて補修が容易なことなどが挙げられる。一方，短所としては施工が比較的難しいことや長時間プレイをすると疲労感が残る点，照り返しが強いことが挙げられる。

(2)　天然芝系舗装（スポーツターフ）

　サッカー場などのフィールドの舗装材として，芝を利用する事例も増えている。

①　選定条件

　芝系舗装には，次のような条件が求められる。

(ⅰ)　常緑で葉色が濃い。なお，年間を通じて常緑を保つためにウインターオーバーシーディリングと呼ばれる冬季に表面が枯れる暖地型芝草にライグラスなどの寒地型芝草を播種する手法がある。

(ⅱ)　茎葉が密集している。

(ⅲ)　短期間での繰り返しの踏圧や擦り切れに強い。また回復力も強い。

(ⅳ)　弾力に富み，病虫害に強い。

②　芝舗装の構造

　スポーツターフの芝床構造については，ゴルフ場や一般の芝生と異なり，以下の点に留意し，一般的には芝床に川砂などを用いる。

(ⅰ)　踏圧が激しく，透水性や通気性が低下することが多いので，固結しにくく，物性が変化しにくいこと

(ii) 降雨の直後や降雨中のプレーが可能なこと
(iii) 選手に加わる衝撃をやわらげること

解答 (1)：アスファルト系舗装は天候に左右されずにプレイが可能で，樹脂系の舗装に比べて補修が容易。

類題マスター

天然芝系舗装に関する記述のうち，適当でないものはどれか。
(1) ウインターオーバーシーディリングとは，冬季に表面が枯れる暖地型芝草にライグラスなどの寒地型芝草を播種する手法。
(2) 芝床には，透水しにくい粘土などを用いることが一般的である。
(3) サッカー場などでは，短期間での繰り返しの踏圧や擦り切れに強く，また回復力も強いスポーツターフを利用する。
(4) 弾力に富み，病虫害に強いことが求められる。

● 解答・ポイント ●

解　答　(2)：芝床には透水性を考慮して，一般的に川砂などを利用する。

第7章 公園

3. その他施設

例題 6　重要 重要 重要

飛石に関する記述のうち，適当でないものはどれか。
(1) 飛石の地表からの高さは大きい飛石で約 10 cm，小さい飛び石で約 6 cm にする。
(2) 通常は 30 cm 程度の大きさのものと 60 cm 程度の大きさのものを使用する。
(3) 飛石に用いる石と石の間隔はこぶしが入る程度の長さとする。
(4) 飛石の分岐点には踏分石と呼ぶやや大型の石を用いる。また，飛石には二連打や三連打，千鳥がけ，かりがねといった種類がある。

Point → 日本庭園における飛石や敷石の役割をよく理解しておくこと。

解説

　日本庭園においては，石が効果的に利用されている。以下に様々な石の活用法を説明する

(1) **敷石**
　敷石には切石敷きや延段などがある。
① **切石敷き**
　切石敷きとは，整形した切石を敷き詰めたもの。
② **延段**
　延段は，表面が平らな割り石や玉石などを道幅に合わせて敷き詰めたもので，真の形式と草の形式，行の形式，崩しと呼ぶ形式がある。
　基礎にコンクリートを利用することはなるべく避けて，たたき土やしっくいなどで仕上げることが望ましい。やむを得ずコンクリートを利用するので

7-3 その他施設

あれば，コンクリートが乾燥した後に，モルタルを使って石を張る。角石，隅石などを先に配置して，それから中の石を敷き詰めていく。

目地は四ツ目地や八ツ巻目地を避ける。目地にはモルタルや芝，泥によるものがある。目地幅は1～1.5 cm，目地の深さは1 cm程度にする。また，石の地表面から高すぎると危険なので，高さは約3 cmにする。

四ツ目地　　八ツ巻目地

図7・11　四ツ目地と八ツ巻目地

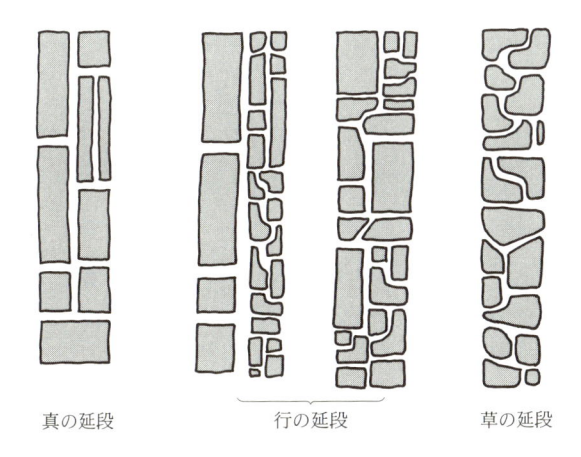

真の延段　　　行の延段　　　草の延段

図7・12　延段の種類

(2)　飛石

飛石は茶庭から始まった園路で日本庭園の特徴になっている。また，歩き易さという機能面の性能も要求される。そのため，石の上面はなるべく平坦で凹凸の少ない材料を採用する。

通常は30 cm程度や60 cm程度の大きさのものを使用する。最初に役石をポイントとなる部分に配置してから間に石を敷き詰めていく。

石を一旦地面に置いて石の形を地面に記した後に，その部分を掘削して石の下部を埋め込む。据え付けた後は，石の下に隙間ができないようよく突き固める。石の間隔はこぶしが入る程度の長さとする。また，地表からの高さは，大きい石で約6 cm，小さい石で約3 cmが標準である。

第7章　公園

　最後に，石の周囲の土を飛び石に接してこすり，終わった後にじょうろで水をかける。

　飛石の分岐点には踏分石と呼ぶやや大型の石を用いる。また，飛石には二連打や三連打，二三連，四三連，千鳥がけ，かりがねといった種類がある。

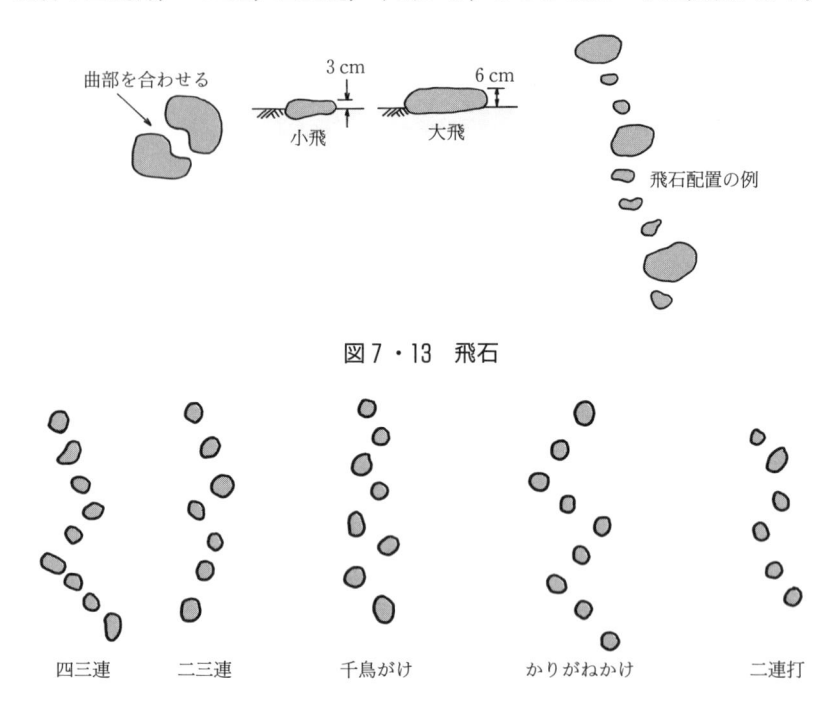

図7・13　飛石

図7・14　飛石の配置例

解答　(1)：飛石の地表からの高さは大きい飛石で約6 cm，小さい飛石で約3 cmにする。

7-3 その他施設

類題マスター

類題1
飛石に関する記述のうち，適当でないものはどれか。
(1) 地表からの高さは，大きい石で約6cm，小さい石で約3cmが標準である。
(2) 飛石の分岐点である踏分石ではやや小さな石を採用する。
(3) 石の上面はなるべく平坦で凹凸の少ない材料を採用する。
(4) 最初に役石をポイントとなる部分に配置してから間に石を敷き詰めていく。

類題2
延段に関する記述のうち，適当でないものはどれか。
(1) 基礎にコンクリートを利用することはなるべく避ける。
(2) 目地は四ツ目地や八ツ巻目地を避ける。目地の幅は5cm，目地の深さは3cm程度にする。
(3) 石の位置が地表面から高すぎると危険なので，高さは約3cmにする。
(4) 角石，隅石などを先に配置して，それから中の石を敷き詰めていく。

● 解答・ポイント ●

解　答　　類題1　(2)：踏分石ではやや大きな石を採用する。
　　　　　類題2　(2)：幅は1～1.5cm，目地の深さは約1cm。

第7章　公園

例題7　重要　重要　重要

流れに関する記述のうち，適当でないものはどれか。
(1) 底石は流れの底に，水面から見える位置で配置する。
(2) 水切石は流れが曲がって水が当たる地点に配置する。
(3) 横石は流れに向かって横に据えて，水の通り道を狭くして流れを速くして瀬を造る。
(4) 水越石は，水面の下に配置して，水の流れを盛り上げる石で，向え石と組み合わせて飛沫をあげるようにしたものを瀬落としと呼ぶ。

Point → 日本庭園における流れや滝に配置する役石についてよく理解しておくこと。

解説

　流れや滝など水景において，石が効果的に利用される。以下にこうした役石などについて説明する。

(1) 流れ
　流れには多くの種類の石を使用する。
① 底石
　流れの底の水面から見える位置に配置する。
② 立石
　流れが曲がって水が当たる地点に配置する。
③ 水切石
　水の流れを分岐させる石。
④ 横石
　流れに向かって横に据えて，水の通り道を狭くして流れを速くして瀬を造るもの。
⑤ 水越石
　水面の下に配置して，水の流れを盛り上げる石。

7－3　その他施設

⑥　向え石
　流れの落下点にある石。なお，水越石と向え石を組み合わせて飛沫をあげるようにしたものを瀬落としと呼ぶ。

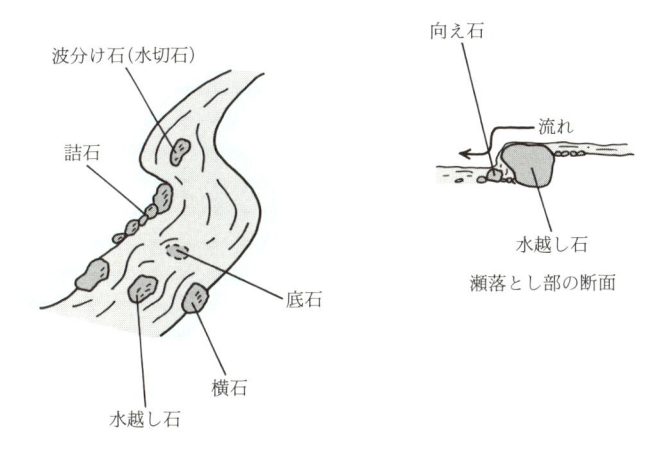

図7・15　流れ

(2) 滝
　滝の落とし方は，水落石の形状と据え方に応じて，段落や伝い落，布の落，分かれ落，流れ落などがある。

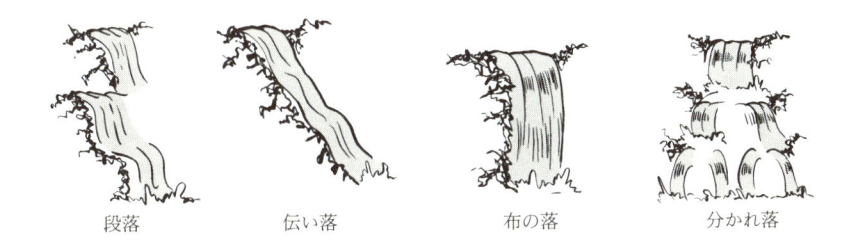

図7・16　滝の種類

滝には以下のような役石を使って石組みする。
①　水落石
　水が流れ落ちる石。枯滝では鏡石と呼ぶ。滝に使用する石の核となる。
②　脇石
　水落石の両側に設置する石。滝添石や不動石，守護石とも呼ぶ。
③　水受石
　流れ落ちた水を受け止める石。

181

④ 波分石
水を左右に分流する石。

図7・18　滝

(3) つくばい
茶庭に設置する手洗いなどの用に供されることを目的に作られるもの。実際には実用的な目的よりも景観としての意味合いの方が強い。
つくばいは，手水鉢と，手水鉢の右側に湯桶を置くための湯桶石，手水鉢の左側に手燭を置くための手燭石を配置する。手水鉢の正面には前石を置く。

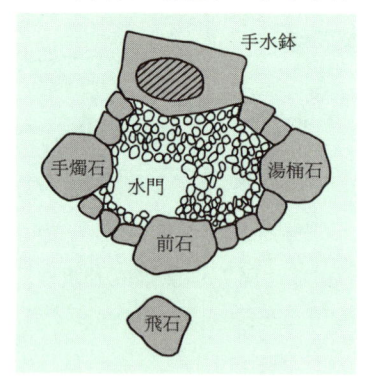

図7・18　つくばい

(4) 茶庭の中くぐり石
茶庭の中くぐりの門の前後の役石の配置は，門の外側では客石と飛石の順

7−3 その他施設

に配置する。一方，門の内側では門の手前にまず乗越石を配置。次にと亭主石と踏み外しが並び，飛石に続ける。

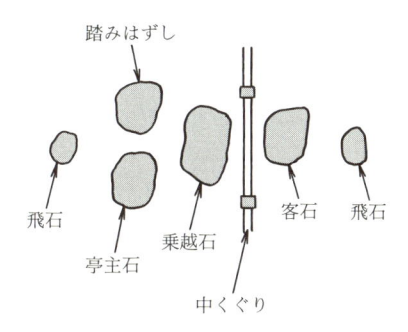

図7・19 中くぐり石

(5) 石灯籠

石灯籠は，茶庭の明り取りとして導入されたもの。上から宝珠，笠，火袋，受石（中台），竿，台石（基礎，地盤）の六つの部位の順番で積み上げる。宝珠と竿の部分は円形で，ほかの部分が六角形のものが多い。

ほかにも，雪見型など一部を省略したものや，織部型や利休型など人名型もある。

石灯籠は，園路の分岐地点や玄関先などに配置する。池の周りには雪見灯

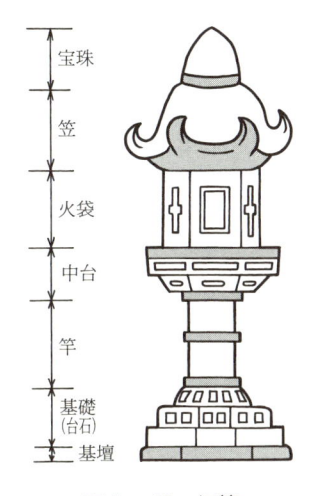

図7・20 灯籠

第 7 章 公　園

籠が配置されることが多く，織部灯籠はつくばいの近くに配置されることが多い。

解答　(2)：水切石は水の流れを分岐させる石。

類題マスター

類題1

滝に関する記述のうち，適当でないものはどれか。
(1) 滝の落とし方は，水落石の形状と据え方に応じて，段落や伝い落，分かれ落などがある。
(2) 水落石の両側に設置する石を脇石と呼ぶ。滝添石や不動石，守護石とも呼ぶ。
(3) 水落石は枯滝では鏡石と呼ぶ。
(4) 水を左右に分流する石を水受石と呼ぶ。

類題2

下の図のつくばいの役石の名称の組み合わせのうち，適当なものはどれか。

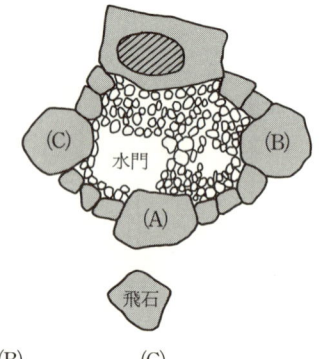

	(A)	(B)	(C)
(1)	前石	湯桶石	手燭石
(2)	湯桶石	手水鉢	前石
(3)	前石	手燭石	湯桶石
(4)	油桶石	前石	手水鉢

● 解答・ポイント ●

解　答　　類題 1　⑷：水を左右に分ける石は波分石。
　　　　　　類題 2　⑴：図 7・18 参照。

第7章　公　園

例題 8　重要

池の護岸に関する記述のうち，適当でないものはどれか。
(1)　しがらみ護岸は，丸太を岸に一列に並べて打ち込む方法。
(2)　草止め護岸は，草を利用して岸を保護する方法。強度は弱いものの，自然の景観を保てる。
(3)　州浜護岸は自然の景観をまねて，庭園の広い池や流れの水辺に玉石などを敷いた修景施設。
(4)　玉石護岸は，鉄網の中に玉石などを詰め込んで岸辺に設置する方法。小枝などで編んだ小型のかごを利用する場合もある。

Point → 池の護岸についてよく覚えておくこと。

解説

池や流れには岸の土が崩れないように護岸を設置することが多い。護岸には，以下のような種類がある。

(1)　草止め護岸
　　草を利用して岸を保護する方法。根を張った植物が岸の土砂の崩壊を防ぐ。ビオトープなどで多用されている。強度は弱いものの，自然の景観を持つ。

(2)　しがらみ護岸
　　丸太を岸に一列に並べて打ち込む方法。丸太の一本ごとに細い竹などで編み上げている。緩い傾斜地などの応急処置などにも利用できる。

(3)　乱杭護岸
　　木や石の杭を密接させて打ち込む方法。庭園の池や流れの縁に利用される。杭の高さなども不揃いにすることが多い。

(4)　蛇かご護岸
　　鉄網の中に玉石などを詰め込んで岸辺に設置する方法。景観に配慮して，

小枝などで編んだ小型のかごを利用する場合もある。

(5) 石組み護岸
　池底から立ち上がり部分までをコンクリートで施工した上に切り石を並べる方法。

(6) 玉石護岸
　岸に玉石を並べるようにして，護岸を修景する方法。

(7) 州浜護岸
　州浜とは蛇行した川やよどんだ岸辺などに見られる自然の景観。これを模して庭園の広い池や流れの水辺に玉石などを敷いた修景施設。

草止め護岸　　　　　　　　しがらみ護岸

蛇かご護岸　　　乱杭護岸　　　州浜護岸

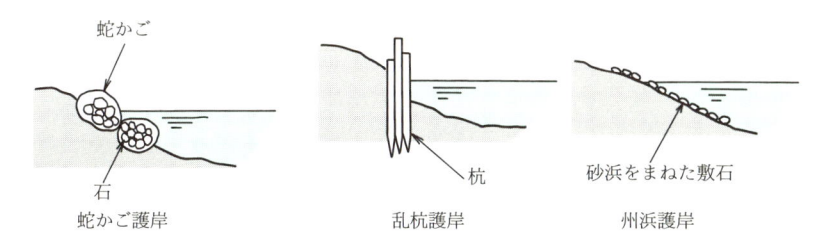

図7・21　護岸の種類

解答　(4)：鉄網の中に玉石などを詰め込んで岸辺に設置するのは蛇かご護岸。

第7章 公園

例題 9 重要

下図に示す垣の名称の組み合わせとして最も適当なものはどれか。

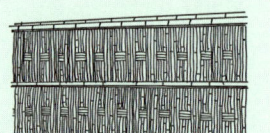

(ア)　　　　　(イ)　　　　　(ウ)

(1) (ア) 四つ目垣　(イ) 竜安寺垣　(ウ) 大津垣
(2) (ア) 竜安寺垣　(イ) 四つ目垣　(ウ) 大津垣
(3) (ア) 四つ目垣　(イ) 大津垣　(ウ) 竜安寺垣
(4) (ア) 大津垣　(イ) 四つ目垣　(ウ) 竜安寺垣

Point → 垣の名称をよく理解しておくこと。

解説

垣の形状と名称は以下の通り。

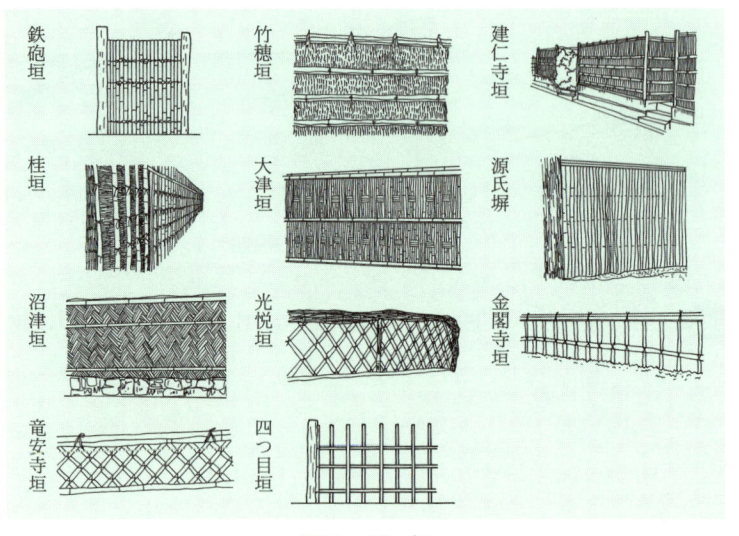

鉄砲垣　竹穂垣　建仁寺垣
桂垣　大津垣　源氏塀
沼津垣　光悦垣　金閣寺垣
竜安寺垣　四つ目垣

図7・22　垣

7-3 その他施設

解答 (1)

類題マスター

下の図に示す垣の名称の組み合わせのうち，最も適当なものはどれか。

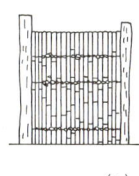

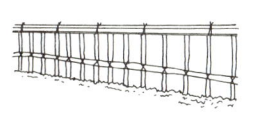

(ア)　　　　　　　(イ)　　　　　　　(ウ)

	(ア)	(イ)	(ウ)
(1)	建仁寺垣	金閣寺垣	鉄砲垣
(2)	鉄砲垣	金閣寺垣	建仁寺垣
(3)	建仁寺垣	鉄砲垣	金閣寺垣
(4)	金閣寺垣	建仁寺垣	鉄砲垣

● 解答・ポイント ●

解　答　(3)：図7・22を参照。

第 8 章

土　　木

第8章 土木

1. 土　工

例題1　重要

1000 m³の盛土を行うのに必要な地山土量と運搬土量の組み合わせとして最も適当なものはどれか。ただし，土量変化率はL＝1.2，C＝0.9とする。

(1) 地山土量　1200 m³　　運搬土量　1440 m³
(2) 地山土量　1110 m³　　運搬土量　1330 m³
(3) 地山土量　900 m³　　運搬土量　1080 m³
(4) 地山土量　830 m³　　運搬土量　1000 m³

Point → 土量計算の方法についてよく理解しておくこと。

解説

地山を切り崩し，これを再び締め固めた場合，土量は変化する。土量の変化を計算する場合には，土量の変化率と呼ぶ係数を使う。土量の変化率は，

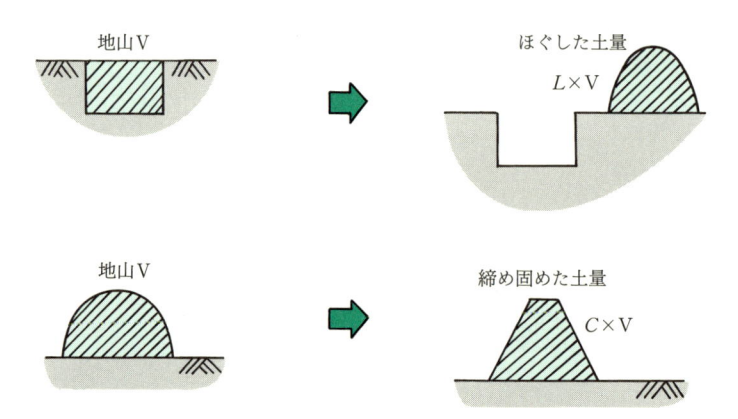

図8・1　土量の変化率の概念

地山の土量を基準にして，ほぐし率 L と締め固め率 C で表される。

$$C = \frac{締め固め後の土量}{地山の土量} \qquad L = \frac{ほぐした土量}{地山土量}$$

以下に具体的な土量計算の例を示す。
- 100 m³ の盛土を作るのに必要な地山の土量（$L=1.2$，$C=0.9$）
  地山の土量 $= 100 \div 0.9 = 111$ m³
- 100 m³ の地山をほぐして締め固めた土量（$L=1.2$，$C=0.9$）
  締め固めた土量 $= 100 \times 0.9 = 90$ m³
- 100 m³ の地山をほぐした土量（$L=1.2$，$C=0.9$）
  ほぐした土量 $= 100 \times 1.2 = 120$ m³
- 100 m³ の盛土を作るのに必要なほぐした土量（$L=1.2$，$C=0.9$）
  必要なほぐした土量 $= 100 \div 0.9 \times 1.2 = 133$ m³

これらの土量計算は表8・1の土量換算係数表を使うと簡単にできる。

表8・1 土量換算係数

基準の土量(q) \ 求める土量(Q)	地山の土量	ほぐした土量	締め固めた後の土量
地山の土量	1	L	C
ほぐした土量	$1/L$	1	C/L
締め固めた後の土量	$1/C$	L/C	1

一般的に岩や石をほぐすと，空隙が大きくなるので土量の変化率 L は砂の変化率 L に比べて大きくなる。これは締め固めについても同じであるので C も同じような傾向を示し，岩や石の C の方が砂などの C よりも大きくなる。

また，一般的に地山を切り土した後に盛土する場合，盛土の量よりも地山の土量の方が多くなる。一方，岩などでは，地山の土量よりも多くなることがある。

解答 (2)：地山土量 $= 1000 \div 0.9 = 1111 \fallingdotseq 1110$，
運搬土量 $= 1110 \times 1.2 = 1332 \fallingdotseq 1330$

第8章　土　木

類題マスター

1800 m³ の盛土を行う場合に掘削する地山の土量と運搬に要するダンプトラックの述べ台数の組み合わせとして，最も適当なものはどれか。ただし，土量変化率は $L=1.2$，$C=0.9$ とし，ダンプトラック1台当たりの積載量は 5 m³ とする。

	地山土量	ダンプトラックの延べ台数
(1)	2670 m³	534 台
(2)	1500 m³	360 台
(3)	2000 m³	480 台
(4)	1350 m³	270 台

● 解答・ポイント ●

解　答　(3)：地山の土量＝1800÷0.9＝2000 m³，
　　　　　　ダンプの台数＝(2000×1.2)÷5＝480 台

例題 2

盛土や切土に関する記述のうち，適当でないものはどれか。

(1) 元の地盤が1：4程度よりも急な勾配で傾斜している場合は，段切りを行う。基礎地盤が土であれば，段切りは高さ1m以上，幅2m以上にする。

(2) のり面の勾配は，粒度分布の良い砂質土や硬い粘土の場合，盛土高（のり肩とのり尻の高低差）が5m以下だと1：1.5～1：1.8にする。

(3) 盛土では締め固めが重要なので，高まきを避けて，水平に薄く均等に敷きならした盛土を均等に締め固めるようにする。

(4) 切土高が5～10m以上になる場合，小段を設ける。一般的に小段の幅は1～2mで，小段にはのり尻に向かって5～10％の横断勾配を設ける。

Point → 土工事で留意すべき点についてよく理解しておくこと。

解説

土工事に当たってはいくつか留意しておくことがある。

(1) 土工計画

土工計画に当たっては，気象条件や環境条件，法令・条例上の規制などをよく調査しておく必要がある。例えば，気象条件については，降水量や降雨日数，積雪期間，積雪量などを把握し，工程計画を立てる。特に降雨が多い時期など，土砂崩壊を誘発する恐れの高い時期での作業については慎重に検討する必要がある。

法令・条例上の規制の把握では，埋蔵文化財の有無や砂防指定地などの規制を受けているかどうかを確認しておく。

(2) 準備工
① 丁張り

土工事の出来型を管理するうえで，目印となる丁張りは，直線部で約10 m，地形が複雑な場合には約5 m以下に設置するようにする。のり面の盛土など沈下を伴う恐れがある場合には，沈下する量を見込んだ丁張りをかける。

② 排水の準備

工事場所の地表や地下の水を除去するなど排水対策を実施する。例えば，地下水位が高い場所であれば，排水トレンチを掘った後に砂や砕石を埋めて排水性を高めるようにする。また，工事区域外から水が浸入しないような対策を講じる。

③ 伐開除根

現地に生えている樹木を切り（伐開），切り株などによって残った根を除去する（除根）。切り株などが残っていると腐食の進行などによって，さらなる沈下が発生する可能性が高いからだ。

また，現地の地盤の表面には腐植が多く含まれているので，一旦保管しておいて，植生を実施する場合に再利用することも有効。

(3) 切土
① のり面勾配

現場の状況をみて，土質に応じてのり面の勾配を決める。のり面の勾配は，例えば粘性土で切り土の高さが10 mまでの場合，1：0.8〜1：1.2にする。また，のり肩の部分は侵食を受けやすく，植生も定着しにくい。そこで，のり肩の崩落防止の目的で，のり肩を丸く処理する。このことをラウンディングという。

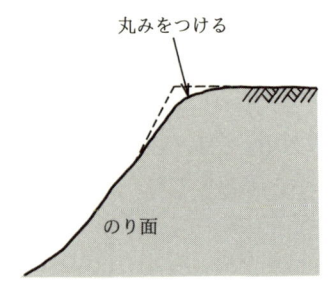

図8・2 ラウンディング

② 小段

切土高が 5～10 m 以上になる場合，小段を設ける。土質や岩質が変わる部分があれば，その境界部分に小段を設けると効果的。小段の幅は 1～2 m で，小段にはのり尻に向かって 5～10 % の横断勾配を設けるのが一般的。小段の肩が侵食される恐れがある場合などには，逆向きに勾配を設けて，排水溝などで排水する場合もある。

小段を設けると保全も容易になるというメリットもある。

(4) 盛土
① のり面の勾配

のり面の勾配は盛土の材料や盛土の高さに応じて異なる。例えば，粒度分布の良い砂質土や硬い粘土の場合，盛土高（のり肩とのり尻の高低差）が 5 m 以下だと 1：1.5～1：1.8 にする。

② 盛土

盛土を実施する前には，必要な地盤改良を施す。例えば，地盤が湿潤な場合には，盛土の底面に排水溝や排水層を設ける。また，現地盤に雪などが積もっていれば，それを取り除く。大きな凹凸は平坦にならしておく。

また，盛土では締め固めが重要なので，高まきを避けて，水平に薄く均等に敷きならした盛土を均等に締め固めるようにする。例えば，路体の場合，一層当たりの締め固め後の仕上がり厚さは 30 cm 以下とするので，一層当たりの敷きならし厚さは 35～45 cm 以下にする。路床では 1 層の締め固め後の仕上がり厚さを 20 cm，敷きならし厚さを 25～30 cm 以下にする。

元の地盤が 1：4 程度よりも急な勾配で傾斜している場合は，表土を除去した後に地すべり対策として段切りを行う。段切りによって盛土が元の地盤部分に食い込むことによって地すべりを防ぐ。なお，基礎地盤が土の場合，

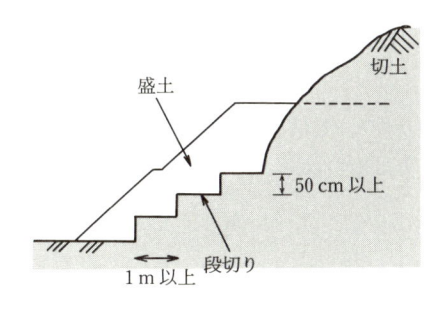

図 8・3　段切りのイメージ

段切りは高さ50 cm以上，幅1 m以上にする。
③　盛土の材料
　　できる限り良質な材料を採用する。施工がしやすく，締め固めの効率がよく，雨水などの浸食に対して強いものを選ぶようにする。ベントナイト，シラス土，腐植土などは用いないようにする。また，のり面の被覆土としては粘着力が確保できる材料を用い，砂質土のような粘着土の小さいものは避けるようにする。
④　盛土の施工機械
　　締め固めに使用する機械は，ブルドーザ，湿地ブルドーザ，ロードローラ，タイヤローラ，振動ローラなどの転圧用の機械や衝撃を与えて締め固めを行うタンパなど。

解答　(1)：段切りは高さ0.5 m（50 cm）以上，幅1 m以上にする。

類題マスター

盛土や切土に関する記述のうち，適当でないものはどれか。
(1)　のり肩の部分は侵食を受けやすく，植生も定着しにくいのでラウンディングする。のり肩の崩落を防ぐ効果がある。
(2)　盛土にはできる限り良質な材料を採用する。施工がしやすく，締め固めの効率がよく，雨水などの浸食に対して強いものを選ぶようにする。
(3)　盛土では締め固めが重要なので，高まきを避けて，水平に薄く均等に敷きならした盛土を均等に締め固めるようにする。
(4)　切土する際に切り株などを残しておくと植物の繁茂に役立つので，切り株などは除去せずに，そのままのり面に残したまま盛土するようにする。

● 解答・ポイント ●

解　答　(4)：切り株などは腐食が進行して，沈下を招く恐れが大きいので，確実に取り除くようにする。

例題 3

土工に使う機械に関する記述のうち，適当でないものはどれか。
(1) 振動ローラは粘性の乏しい砂質土や粘性の乏しい砂利の締め固めなどに利用する。
(2) ランマは狭い場所を締め固める場合に利用することが多い。含水比が高い盛土の締め固めには向いていない。
(3) タイヤローラはタイヤの空気圧の調整だけで転圧力を制御するので広く利用される。砕石などの締め固めでは接地圧を高く，粘性土などでは接地圧を低くして転圧する。
(4) ロードローラは主に盛土の表層や路床や路盤の締め固めに利用する。

Point → 主な土工機械の概要をつかんでおくこと。

解説

土工で用いられる主な機械は以下の通り。

(1) ブルドーザ

伐開除根，掘削，運搬，敷均しなど，幅広い用途に使用する。なお，運搬は 60 m 以下の短距離の場合に使用するのが基本。ただし，締め固めに利用する場合は，締め固め効率が悪いことも考慮して，トラフィカビリティを確保しにくい場所での転圧などに限定して用いるようにする。

(2) ショベル系掘削機

一般的にはダンプトラックなどと組み合わせて掘削，積み込みに使用する。パワーショベルは機械の位置より高い位置を掘削する機械。バックホウは機械より低い位置を掘削するのに適している。ドラグラインやクラムシェルは水中を掘削するのに適した機械。

(3) 締め固め機械

ロードローラ，タイヤローラなどがある。ロードローラのうち，前輪と後

第8章　土木

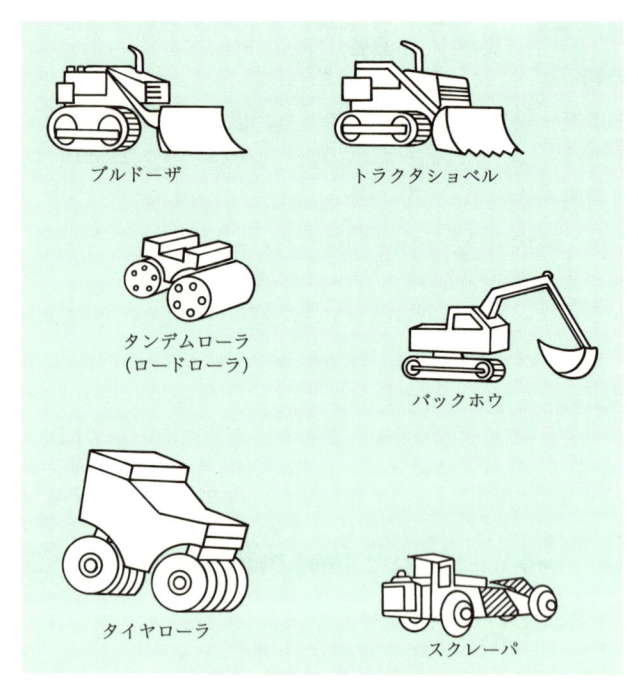

図8・4　土工に使う機械

輪を合わせて3輪のものをマカダムローラ，前輪，後輪とも1輪のものをタンデムローラと呼ぶ。ロードローラは主に盛土の表層や路床や路盤の締め固めに利用する。

　タイヤローラはタイヤの空気圧やバラストを利用した重量調整によって転圧力を制御する。砕石などの締め固めでは接地圧を高く，粘性土などでは接地圧を低くして転圧する。

　振動ローラは振動によって土の粒子を密になるよう移動させて，締め固める機械で，粘性の乏しい砂質土や粘性の乏しい砂利の締め固めなどに利用する。

　ランマやタンパといった小型の衝撃型締め固め機械もある。狭い場所の締め固めに利用することが多い。含水比が高い盛土の締め固めには向いていない。

(4)　スクレーパ

　掘削，積み込み，運搬，敷き均しを1台でこなす機械。被牽引式と自走式のものがある。被牽引式のもので60〜400 m程度，自走式のもので1200 m

200

程度までの運搬距離に対応させることが多い。

解答 (3)：タイヤローラはタイヤの空気圧やバラストを利用した重量調整によって転圧力を制御する。

類題マスター

土工に使う機械に関する記述のうち，適当でないものはどれか。
(1) バックホウは機械より低い位置を掘削するのに適している。
(2) クラムシェルは水中部分を掘削する場合に適している。
(3) ブルドーザは伐開除根，掘削，運搬，敷均しなど，幅広い用途に使える。運搬は一般に 60 m 以下の短距離の場合に使用する。
(4) スクレーパは牽引される被牽引式と自走式のものがある。被牽引式のもので 1200 m 程度の運搬距離に対応させることが多い。

● 解答・ポイント ●

解 答　(4)：スクレーパは被牽引式のもので 60〜400 m 程度の運搬距離に対応させることが多い。

第8章 土木

例題 4

掘削積み込み作業を以下の条件で実施する場合，トラクタショベルの1日当たりの積み込み作業量（地山土量）として，最も適当なものはどれか。

［条件］
- トラクタショベルのバケットの山積容量：$1.5\,\mathrm{m}^3$
- トラクタショベルの台数：1台
- バケット係数：0.8
- サイクルタイム：2分
- 土量変化率：$L=1.2$
- 作業効率：0.7
- 1日当たりの運転時間：6時間

(1) 1日当たりの作業量 $126\,\mathrm{m}^3$
(2) 1日当たりの作業量 $181\,\mathrm{m}^3$
(3) 1日当たりの作業量 $252\,\mathrm{m}^3$
(4) 1日当たりの作業量 $363\,\mathrm{m}^3$

Point → 建設機械の作業能力についてよく理解しておくこと。

解説

建設機械の作業能力は，その種別ごとに計算方法が異なる。

(1) ショベル系掘削機，トラクタショベルなど

作業能力は，以下の式から求める。

$$Q = q_0 \times K \times n \times f \times E \quad (\mathrm{m}^3/\mathrm{h})$$

q_0：バケット容量
K：バケット係数
n：1時間当たりの作業回数（サイクルタイム C_m の単位が分であれば，$n=60/C_\mathrm{m}$，秒であれば $n=3600/C_\mathrm{m}$ となる）

f：土量換算係数
E：作業効率

ダンプトラックの場合は，$q_0 \times K$ の部分を C（1回の積載土量 m³）に置換すれば，作業能力を求められる。

(2) ブルドーザなど

作業能力は，以下の式から求める。

$$Q = q \times n \times f \times E \quad (\text{m}^3/\text{h})$$

q：1回当たりの掘削押し出し土量
n：1時間当たりの作業回数（サイクルタイム C_m の単位が分であれば，$n = 60/C_m$，秒であれば $n = 3600/C_m$ となる）
f：土量換算係数
E：作業効率

サイクルタイムは以下の式から求める。

$$C_m = \frac{l}{V_1} + \frac{l}{V_2} + t_g$$

l：平均掘削押し出し距離（m）
V_1：前進速度（m/分）
V_2：後退速度（m/分）
t_g：ギアの入れ換えに必要な時間と加速時間

リッパの作業能力では，q の代わりに，A_n（リッピング断面積（m²））$\times l$（1回の作業距離（m））に置き換えて求める。

(3) 締め固め機械

作業能力は以下の式から求める。

$$Q = \frac{1000 \times V \times W \times H \times f \times E}{N} \quad (\text{m}^3/\text{h})$$

V：作業速度（km/h）
W：1回の有効締め固め幅（m）
H：巻きだし厚さ（ほぐした状態）または，1層の仕上がり厚さ（締め固めた状態）（m）
N：締め固め回数（回）

解答 (1)：例題では，$q_0 = 1.5$，$K = 0.8$，$n = 60/2 = 30$，$f = 1/1.2$，$E =$

第8章　土木

0.7なので，これらを乗じて求められる作業能力は21（m³/h）。1日の作業時間は6時間なので，1日当たりの積み込み作業量は，21×6＝126（m³）となる。

類題マスター

ダンプトラックでほぐした土量1000 m³を運搬するために必要な日数を求めたものとして，最も適当なものはどれか。

［条件］
- ダンプトラックの積載量：4 m³
- ダンプトラックの台数：3台
- ダンプトラックのサイクルタイム：20分
- 作業効率：0.9
- 土量換算係数：1
- 1日当たりの運転時間：5時間

(1)　6日
(2)　7日
(3)　13日
(4)　19日

● 解答・ポイント ●

解　答　(2)：ダンプトラックの場合は，$q_0 \times K$ の部分を C（1回の積載土量m³）に置換。$C=4$，$n=60/20=3$，$f=1$，$E=0.9$。作業能力は10.8（m³/h）で，1日当たりの作業量は10.8 m³/h×5時間×3台＝162 m³。1000÷162＝6.17＜7日。

例題 5

軟弱地盤の対策工法に関する記述のうち，適当でないものはどれか。
(1) 軟弱な地盤を良質な材料に入れ換えて地盤を改良する方法を置換工法という。
(2) 載荷重工法は盛土がすべり破壊しないように盛土の側方に，押さえ用の盛土を施工する方法。
(3) サンドコンパクションパイル工法は，地盤の中に砂の柱を造成して，地盤内にある水分を毛管現象によって排水する工法。
(4) サンドマット工法は，盛土の下層に砂を敷き詰める工法。施工機械のトラフィカビリティーを向上する目的でも実施する。

Point → 軟弱地盤改良工法についてよく理解しておくこと。

解説

軟弱地盤の上部に盛土すると，土の圧密に伴って地盤が沈下する。こうした地盤の沈下などを防ぐために講じる地盤改良工法は以下の通り。

(1) サンドマット工法
盛土による圧密によって地盤から排出された水を排水しやすくするよう，盛土の下層に砂を敷き詰める工法。施工機械のトラフィカビリティーを向上する目的でも実施する。

(2) 載荷重工法
盛土による圧密沈下の量を見込んで，事前に軟弱地盤に盛土を施して沈下を促進させておく。残留沈下がなくなったころ，本体の施工を施す。沈下板を入れて沈下状況を確認しながら段階を踏んで施工することが望ましい。

(3) 置換工法
軟弱な地盤を良質な材料に置換することで地盤を改良する。

(4) 押さえ盛土工法

盛土がすべり破壊することを防ぐために盛土の側方に，押さえ用の盛土を施工する方法。

(5) サンドコンパクションパイル工法

地盤の中に砂の柱を造成して，地盤内にある水分を毛管現象によって排水して，地盤の圧密を促進する工法。砂くいの支持力も期待できる。

(6) 添加剤工法

地盤改良用のセメントや石灰を使って，軟弱地盤の表層を改良する工法。

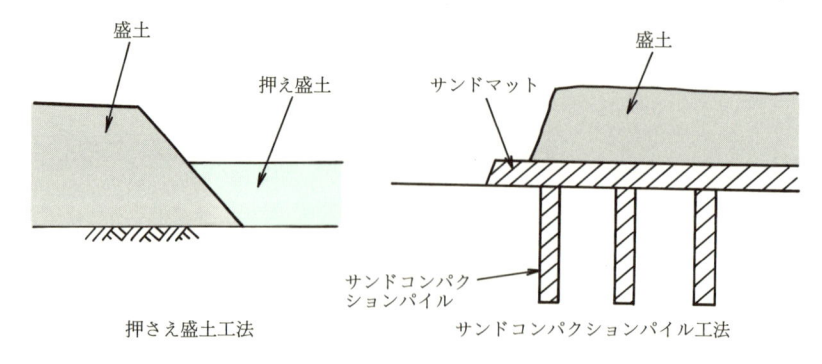

図8・5　軟弱地盤改良工法

解答　(2)：説明は押さえ盛土工法の内容。

2. コンクリート工

例題 6

コンクリートの施工に関する記述のうち，適当でないものはどれか。
(1) シュートを使用する場合は，縦シュートを使用する。
(2) 2層にわたるコンクリート打設に伴って振動機で締め固める場合には，先に打設した下層のコンクリートに振動機を 5 cm 程度挿入する。
(3) コンクリートの練り混ぜから打設終了までの時間は，気温が 25°C を超える場合 1.5 時間以内に収める。
(4) 支保工は，施工時や施工完了時のコンクリートの自重による沈下や変形を考慮しておく。

Point → コンクリートの施工について，打設から養生までの様々な段階におけるポイントを理解しておくこと。

解説

コンクリートの施工には，コンクリートの練り混ぜや運搬，打設などの様々な過程があり，それぞれの過程には重要なポイントがある。

(1) **コンクリートの運搬**

コンクリートの練り混ぜから打設完了までの時間は，気温が 25°C 以下の場合，2時間を超えないようにする。また，気温が 25°C を超える場合は 1.5 時間を超えないようにする。

(2) **コンクリートの打設**
① シュート

コンクリートを打設する場合のシュートは縦シュートを原則とする。シュ

ート下端と打ち込み面の高さは 1.5 m 以下とする。

② 打ち継ぎ目

　コンクリートは型枠内で横に移動させない。また，打ち込みの作業で鉄筋や型枠を乱さないようにする。コンクリートの一区画は連続して打ち込むようにして，1層の厚さは 40〜50 cm に収める。コールドジョイントを作らないように気をつける。

　柱などの高さがある構造物を作る場合は，30分で 1〜1.5 m 程度の高さを施工するようにする。コンクリートを打設している際に，ブリーディング（水分が上昇してくる現象）が生じた場合は，水分を取り除くなどの対策を講じてからコンクリートを打設する。

　また，スラブや梁のコンクリートなど壁や柱とつながった部分がある構造物では，沈下に伴うコンクリートのひび割れを防ぐために壁や柱のコンクリートの沈下がほぼ完了した打設後 1〜2 時間経過した後にスラブや梁のコンクリートを打設する。

　打ち継ぎ目はできる限りせん断力が小さい部分に設ける。また，新旧のコンクリートを打ち継ぐ場合は，両者の付着をよくするために打ち継ぎ目にモルタルを敷き，直ちにコンクリートを打ち，旧コンクリートと密着するように締め固める。

(3) コンクリートの締め固め

　二つの層にコンクリートを打設して，振動機でコンクリートを締め固める場合，振動機は先に打設した下層に 10 cm 程度挿入する。振動機は水平間隔 50 cm 以内に配置して確実に締め固める。

(4) コンクリートの養生

　コンクリートの打設が完了したら，打ち込み後の一定期間は，コンクリートが固まるまで温度や湿度の管理が必要となる。この期間を養生期間という。養生期間にはコンクリート表面に散水したり，蒸発を防止するマットなどを敷設したりして湿潤な状態を保つ。

(5) 型枠支保工

　コンクリートを打ち込むためには型枠が必要である。型枠や支保工はコンクリートの自重による変形などを考慮しておく。柱などの鉛直部材の型枠はスラブや梁といった水平部材の型枠よりも先に外す。

解答 (2)：2層にわたるコンクリート打設に伴って振動機で締め固める場合には，先に打設した下層のコンクリートに振動機を10cm程度挿入する。

類題マスター

コンクリートの施工に関する記述のうち，適当でないものはどれか。
(1) 柱などの高さがある構造物を作る場合は，30分で1～1.5m程度の高さを施工するようにする。
(2) スラブや梁など壁や柱とつながった部分がある構造物では，壁や柱のコンクリートと同時にスラブや梁のコンクリートを打設する。
(3) コンクリートの一区画は連続して打ち込むようにして，1層の厚さは40～50cmに収める。
(4) シュートを使ってコンクリートを打設する場合，シュート下端と打ち込み面の高さは1.5m以下とする。

● 解答・ポイント ●

解　答　(2)：スラブや梁など壁や柱とつながった部分がある構造物では，壁や柱のコンクリートを打設した1～2時間後にスラブや梁のコンクリートを打設する。

第8章 土 木

例題 7 重要 重要

> コンクリートの施工に関する記述のうち，適当でないものはどれか。
> (1) 寒中コンクリートの施工では，材料を加熱する際には，水か骨材を加熱して，セメントを直接加熱しないようにする。
> (2) 寒中コンクリートでは，打ち込む際のコンクリートの温度は 0～10℃を保つようにして，養生中は 0℃以上に保つようにする。
> (3) 暑中コンクリートの施工では，打ち込み温度を 35℃以下に抑えるようにして，練り混ぜから打ち込みまでの時間が 1.5 時間を越えないようにする。
> (4) 寒中コンクリートでは，ポルトランドセメントを用いることを標準として，凍害を抑制するために単位水量はなるべく減らす。

Point → 特殊なコンクリートについて理解しておくこと。

解説

コンクリートは施工環境に応じて寒中コンクリートと暑中コンクリートに分類できる。

(1) 寒中コンクリート

日平均気温が 4℃以下になると想定される場合には，以下のような措置を講じておく。
① 0～4℃の場合：簡単な注意と保温。
② －3～0℃の場合：水または，骨材を熱し，ある程度保温する。
③ －3℃以下の場合：本格的な寒中施工。

ポルトランドセメントを用いることを標準として，凍害を抑制するために単位水量はなるべく減らす。また，原則的に AE コンクリートを採用する。骨材が凍結していたり，氷雪が混ざっていたりする場合はそのまま用いないようにする。

材料を加熱する際には，水か骨材を加熱して，セメントを直接加熱しない

210

ようにする。
　打ち込む際のコンクリートの温度は5〜20℃を保つようにして，養生中は5℃以上に保つようにする。

(2) 暑中コンクリート
　日平均気温が25℃以上の場合は，セメント，骨材，水はできる限り低温のものを利用する。所定のワーカビリティーが得られる範囲で単位水量や単位セメント量の少ない配合にする。
　コンクリートの打ち込み温度は35℃以下に抑えるようにして，練り混ぜから打ち込みまでの時間が1.5時間を越えないようにする。コンクリートの打ち込みが完了した後は，すぐに養生を始め，24時間は表面が湿潤になるようにし，5日以上養生することが望ましい。

解答　(2)：寒中コンクリートでは，打ち込む際のコンクリートの温度は5〜20℃を保つようにして，養生中は5℃以上に保つようにする。

第8章　土木

例題 8　重要 重要

スランプ試験におけるスランプの測定値として最も適当なものはどれか。
(1)　12 cm
(2)　18 cm
(3)　30 cm
(4)　18/12＝1.5

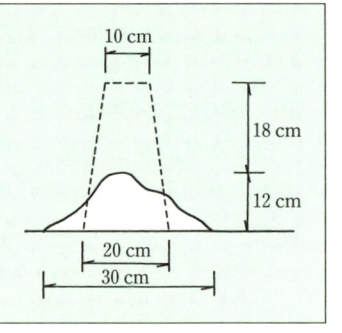

Point → スランプ試験などについて理解しておくこと。

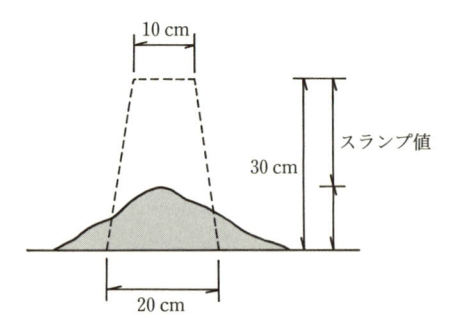

解説

(1) スランプ試験

スランプ試験はコンクリートの流動の度合いを確認する試験である。下図のように上部内径 10 cm，下部内径 20 cm，高さ 30 cm のスランプコーンにコンクリートを詰めて，コーンを外したときにコンクリートが下がる量をスランプ値と呼んでいる。

表8・2　スランプの許容値

スランプ値	許容値
2.5	±1
5および6.5	±1.5
8以上18以下	±2.5
21以上	±1.5

図8・6　スランプ試験

(2) コンクリートの強度

レディーミクストコンクリートの強度は指定がない場合は材齢 28 日のも

ので確かめる。1回の試験結果は3個の供試体の平均値で示す。試験で合格するには，1回の試験結果が購入者の指定した強度の85％以上で，かつ3回の試験結果の平均値が，購入者の示した呼び強度以上になる必要がある。原則として150 m³に1回は試験を行う。

(3) 空気量

空気量の許容値の範囲は以下の表の通り。

表8・3　空気量の許容範囲

(単位：％)

コンクリートの種類	空気量	空気量の許容差
普通コンクリート	4.5	±1.5
軽量コンクリート	5.0	
舗装コンクリート	4.5	

(4) 塩化物含有量

コンクリート中の塩分量が増すと，内部の鉄筋が腐食するので，コンクリート中の塩化物イオン量は荷卸し地点で0.3 kg/m³以下にする。購入者の承認を受けた場合は0.6 kg/m³以下にできる。

解答　(2)

類題マスター

類題1

コンクリートの品質に関する記述のうち，適当でないものはどれか。
(1) コンクリート中の塩化物イオン量は0.3 kg/m³以下にする。
(2) レディーミクストコンクリートの強度は指定がない場合は材齢28日のもので確かめる。
(3) 購入者がスランプ値を8と指定したコンクリートに対して，荷卸し地点でのスランプ値が11だったので合格にした。
(4) 普通コンクリートで空気量が5％だったので合格にした。

第8章　土木

類題2

　レディーミクストコンクリートの強度試験に関する次の記述の（　）に当てはまる語句の組み合わせのうち，適切なものはどれか。

「強度試験で合格するには，1回の試験結果が購入者の指定した強度の（　ア　）％以上で，かつ（　イ　）回の試験結果の（　ウ　）が，購入者の示した呼び強度以上になる必要がある」

	(ア)	(イ)	(ウ)
(1)	80	5	最大値
(2)	80	3	平均値
(3)	85	5	最大値
(4)	85	3	平均値

● 解答・ポイント ●

解　答　　類題1　(3)：購入者がスランプ値を8と指定したコンクリートの許容値は5.5～10.5。

　　　　　類題2　(4)：試験で合格するには，1回の試験結果が購入者の指定した強度の85％以上で，かつ3回の試験結果の平均値が，購入者の示した呼び強度以上になる必要がある。

例題 9 重要

鉄筋の施工に関する記述のうち，適当でないものはどれか。
(1) 継ぎ手は，相互にずらして一つの断面に集中させない。
(2) かぶりは鉄筋の腐食などに影響を及ぼす。
(3) 鉄筋の浮きさびは，付着力を高める効果が期待できるので残しておく。
(4) 鉄筋の支点の要所での緊結は，クリップか焼きなまし鉄線を使う。

Point → 鉄筋について理解しておくこと。

解説

(1) 鉄筋の加工

鉄筋は通常，常温で加工する。鉄筋の曲げ形状は，下図の通り。

4ϕ以上で$6\,\mathrm{cm}$以上　半円形フック（普通丸鋼と異形鉄筋）

6ϕ以上で$6\,\mathrm{cm}$以上　鋭角フック（異形鉄筋）

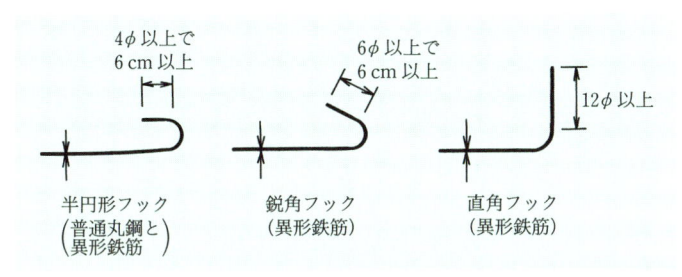

12ϕ以上　直角フック（異形鉄筋）

図 8・7　鉄筋の曲げ形状

(2) 鉄筋の組み立て

鉄筋の支点の要所での緊結は，クリップか焼きなまし鉄線を使う。鉄筋の継ぎ手は相互にずらして一つの断面に集めないようにする。かぶりは鉄筋の腐食などに影響し，構造物の耐荷力や耐久性，耐火性に影響を及ぼす。

(3) 鉄筋の定着

鉄筋の浮きさびは，鉄筋とコンクリートの付着に悪影響を及ぼす恐れがあるので，除去しておく。鉄筋の定着は，付着力で定着させる場合と，フック

第8章 土木

を付けて定着させる場合，機械的に定着させる場合がある。

解答 (3)：鉄筋の浮きさびは，鉄筋とコンクリートの付着に悪影響を及ぼす恐れがあるので，除去しておく。

3. 擁 壁 工

例題 10

擁壁に関する記述のうち，適当でないものはどれか。
(1) 控え壁式擁壁は，ほかの擁壁に比べて比較的施工が容易なので，高さ3m程度の低い擁壁に用いる。
(2) もたれ式擁壁は単独では自立できず，切土のり面の安定や崩壊防止に利用する。計算が難しいが，山間部でののり面の保護工事に利用できる。
(3) 片持ち梁式擁壁である逆T型擁壁の高さは3〜8m，L型擁壁の高さは3〜6mを目安として施工する。
(4) 重力式擁壁は構造が簡単なので，設計や施工が比較的容易な点が長所だが，高さが高くなると断面が非常に大きくなり，経済性は不利になる。

Point → 擁壁の施工や構造などの特徴についてよく覚えておくこと。

解説

　擁壁は土圧に対抗して土砂の崩壊を防ぐ目的で造られる壁である。代表的な擁壁としてコンクリート擁壁や石積み擁壁がある。コンクリート擁壁は，以下のような種類に分類される。なお，擁壁の施工では，排水性を確保する。擁壁の背面には砕石などの層を設けておく。さらに，擁壁2〜3m²に1カ所程度の割合で直径5cm以上の水抜き用のパイプを挿入しておく。

(1) 重力式擁壁
　コンクリート擁壁自身の重量で土圧に対抗して土砂の崩壊を防ぐ。重量を重くする必要があるので，構造物の断面は大きくなる。コンクリート擁壁の

なかでは構造が簡単なので，設計や施工が他のコンクリート擁壁よりも比較的容易な点が長所である。

しかし，高さが高くなると断面が非常に大きくなり，経済性は不利になる。擁壁の高さが1～5m程度と比較的低く，支持地盤が良好な場合に適用する。

(2) 半重力式擁壁

重力式擁壁と片持ち梁式擁壁などの鉄筋コンクリート製の擁壁の中間的な存在。重力式擁壁の背面部分に鉄筋を入れて引っ張り力に抵抗できるよう補強する。重力式擁壁に比べてコンクリート量を軽減でき，鉄筋コンクリート擁壁に比べて構造を簡単にすることが可能。

(3) もたれ式擁壁

切土のり面の安定や崩壊防止に利用する。単独では自立できない構造になっている。計算が難しいものの，山間部でののり面の保護工事に利用できる。基礎地盤が堅固な場所にのみ採用する。高さ2～8m程度の擁壁に使う。

(4) 片持ち梁式擁壁

縦壁と底版から構成される鉄筋コンクリート製の擁壁で，底版上の土の重量を設計で考慮している。底版の位置と縦壁の位置の関係に応じて，逆T型，L型，逆L型に分類されている。逆T型は3～8m，L型は3～6mを擁壁の高さの目安とする。一般的には逆T型を用いることが多いが，境界面など現地における施工条件などに応じて逆L型などの構造を選ぶ。

(5) 控え壁式擁壁

縦壁と底版の間の剛性を控え壁で補った構造。控え壁の位置が土圧の作用する側にある場合（控え壁式）と逆の場合（支え壁式）がある。主に高さ6m以上の擁壁に用いる。配筋や型枠の施工は他の擁壁に比べて難しい。

8−3 擁壁工

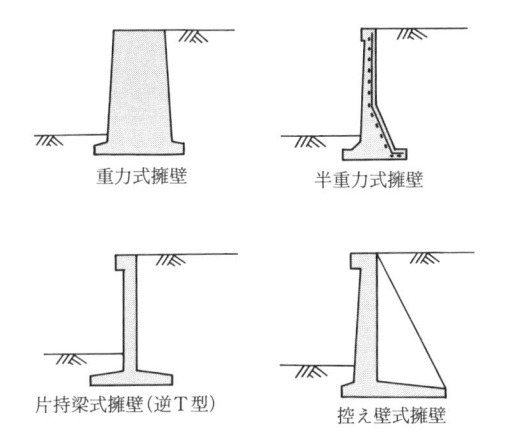

図8・8 コンクリート擁壁の種類

解答 (1)：控え壁式擁壁は施工が比較的難しく，主に高さ6m以上の高さが高い擁壁に用いる。

第8章 土木

例題 11 重要

擁壁に関する記述のうち，適当でないものはどれか。
(1) 擁壁が転倒しないように，擁壁に加わる力の合力が作用する場所が擁壁底版中央の底版幅の1/3以内に収める。
(2) 沈下に対する安定性としては，擁壁の底版に作用する最大の地盤反力以上の地盤の許容支持力が必要となる。
(3) 滑動に対する安定性を検討する際，水平土圧の作用によって生じる擁壁の滑動に対する抵抗力は，滑動力と等しければよい。
(4) 擁壁の基礎を施工する際には，掘削時に地盤を緩めないように気をつけ，地盤が岩盤であれば，適当な切り込みを入れ，浮石などを除去した後にコンクリートを打設する。

Point → 擁壁の施工や構造などの特徴についてよく覚えておくこと。

解説

擁壁が土圧と均衡して安定するためには，以下のような条件が必要である。

(1) 擁壁の安定性
① 転倒に対する安定性
擁壁の自重や載荷重，土圧などの擁壁に加わる力の合力が作用する場所が，底版中央の底版幅の1/3以内に収まっていること。
② 滑動に対する安定性
水平土圧の作用によって生じる擁壁の滑動に対する抵抗力（地盤と底版間にはたらく摩擦力）は，滑動力に対して1.5倍の安全率を有していること。
③ 沈下に対する安定性
沈下に対する抵抗性としては，擁壁の底版に作用する最大の地盤反力以上の地盤の許容支持力が必要となる。

(2) 擁壁の施工

擁壁の施工にあたっては、以下の点に留意する。

① 基礎工

掘削時に地盤を緩めないように気をつけ、必要に応じて排水工などを施す。地盤が岩盤であれば、適当な切り込みを入れ、浮石などを除去した後にコンクリートを打設する。岩盤以外では底版に割栗石などを敷き、捨てコンクリートを打ち込む。支持力が期待できない場合は、杭基礎または地盤改良工を施す。

② コンクリート工

ひびわれの防止のために、鉄筋コンクリート擁壁では鉛直壁の打ち継ぎ目を10m以下の間隔で設ける。また、伸縮目地を15～20mごと（重力式擁壁では10mごと）に設ける。鉄筋コンクリートの場合は、伸縮目地間の鉄筋も切っておく。

解答 (3)：水平土圧の作用によって生じる擁壁の滑動に対する抵抗力は、滑動力に対して1.5倍の安全率を有していること。

類題マスター

片持ち梁擁壁の施工に関して以下の文章の（　）内の語句の組み合わせとして、最も適当なものはどれか。

「擁壁のひびわれの防止のために、鉛直壁の打ち継ぎ目は（ ア ）m以下の間隔で設ける。また、伸縮目地を（ イ ）～（ ウ ）mごとに設ける。伸縮目地間の鉄筋は（ エ ）。」

	(ア)	(イ)	(ウ)	(エ)
(1)	15	10	15	切断しない
(2)	10	15	20	切断する
(3)	15	10	20	切断する
(4)	10	10	15	切断しない

● 解答・ポイント ●

解　答　(2)

第 8 章　土 木

例題 12　重要

石積み擁壁に関する次の文章の（　　）内に入る語句の組み合わせとして最も適当なものはどれか。

「（　ア　）とは一種の重力式擁壁と考えることができる。擁壁には排水用の水抜きパイプを設ける。コンクリート擁壁と同様に（　イ　）を設ける。（　ウ　）は高さが主に 2 m 以下の擁壁に用いる。」

	(ア)	(イ)	(ウ)
(1)	練積み	伸縮目地	空積み
(2)	空積み	鉄筋	練積み
(3)	空積み	伸縮目地	練積み
(4)	練積み	鉄筋	空積み

Point → 石積みの基本的な事項を抑えておきたい。

解説

(1) 擁壁の種類

石積みの擁壁は土圧が比較的小さい場合に用いられる。石積みの擁壁を施工法に応じて大きく分けると練積みと空積みがある。

① 練積み

重力式擁壁と同じような構造を持つ。石積み背面の排水性を確保し，砕石などの層を設け，水抜き孔を造る。胴込めと裏込めのコンクリートを打つ。高さ 5 m 以下の擁壁に使用する。

また，コンクリート擁壁と同様に伸縮目地を設ける。

② 空積み

裏込め材にコンクリートやモルタルを用いずに，割栗石や目潰し砂利を使う。石積みの裏に浸入した水は石材の間から排水できる。擁壁の高さが 2 m 以下と低い場合に適用する。

8-3　擁壁工

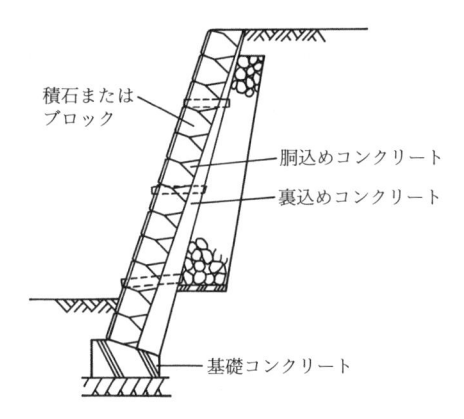

図8・9　練積み

解答　(1)

第8章 土木

4. 舗装工

例題 13

アスファルト舗装に関する記述のうち，適当でないものはどれか。
(1) 一般にアスファルト舗装では，表層や基層にアスファルト混合物を使用する。
(2) アスファルト舗装に用いる加熱アスファルト混合物の敷きならし温度は100℃を下回らなければよい。
(3) 気温が5℃以下の場合は，基本的に加熱アスファルト混合物の敷きならし作業は行わないようにする。
(4) アスファルトの敷きならし作業中に降水が始まった場合は，すみやかに作業を中止する。

Point → 舗装に関する基本的な事項をしっかりと押さえておきたい。

解説

舗装にはいろいろな種類のものがあるが，主な種類としては，アスファルト舗装とコンクリート舗装が挙げられる。

(1) 舗装の構造

アスファルト舗装の断面構造は図8・10のようになっている。下部から順に路床，路盤，基層，表層に分類される。

① 路床

舗装を支持する層で，舗装の下部約1mの土の部分をいう。所定の支持力を有しているかどうかはCBR試験で確認される。CBR試験は，5cmの貫入ピストンを2.5mm貫入する際の荷重と標準荷重との比を百分率で表したもの。

また，路床の締め固め不足や不良箇所の状態を把握するためにプルーフローリングが実施される。プルーフローリングとはタイヤ荷重を通過させたときの沈下の度合いを観察する方法である。

② **路盤**

路盤は路面の荷重を路床に伝える層で，砕石などを使って施工されることが多い。また，セメント材料を使って安定処理を施す場合もある。路盤は，上層路盤と下層路盤に分けられる。砕石などを使った路盤の施工では，1層の仕上がり厚さが 20 cm 以下になるように締め固めを行い，一度に厚い層の締め固めは行わない。また，セメントを用いた安定処理を行う場合では 1 層の厚さは 15～30 cm を標準とする。

③ **基層**

基層は，アスファルト混合物を使って施工される。基層に用いるアスファルト混合物では一般に粗粒度の骨材を使用する。骨材の最大粒径は 20 mm で，設計アスファルト量は 4.5～6.5％ 程度。

④ **表層**

表層も，アスファルト混合物を使用して施工される。密粒度や細粒度の骨材を使用する。一般に骨材の粒径は 13 mm 以下で，設計アスファルト量は密粒度で 5～7％，細粒度で 6～8％。最近では，透水性のアスファルト舗装も出てきている。すべり止めの効果が高い開粒度アスファルトを使用する場合もある。

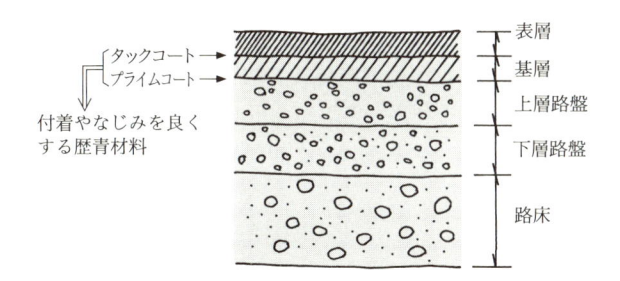

図 8・10 アスファルト舗装の断面

(2) アスファルト乳剤

① **タックコート**

基層と表層の付着などを改善するために行う。アスファルト乳剤（PK-4）を用いる。冬季には養生時間を短縮するために加熱して散布したり，2 回に

分けて散布したりすることがある。

② プライムコート

　路盤とその上に施工する基層とをなじませるために散布する。アスファルト乳剤（PK-3）を用いる。また，降水による水分の浸透などを食い止める目的もある。

(3) アスファルト舗装の施工

　アスファルト舗装の施工上の留意点は以下の通り。

① 敷きならし

　加熱アスファルト混合物を使った敷きならしでは材料の温度が110℃を下回らないようにする。また，気温が5℃以下の場合は加熱アスファルト混合物を使った舗装は基本的に行わない。5℃以下での施工を行う場合は監督の許可を要する。

　敷きならしは表面の平坦性を保つ必要があるので，敷きならし厚さを管理しながら連続的に行う。

　また，作業開始後に降水が始まった場合はすみやかに作業を中止する。さらに，下層の継ぎ目と上層の継ぎ目部分が一致しないように施工する。継ぎ目の間隔は15 cm以上にする。

② 締め固め・転圧

　締め固めの手順は，継ぎ目転圧→初転圧→2次転圧→仕上げ転圧で実施する。締め固めは敷きならし後すみやかに実施する。一般に110〜140℃で転圧を開始して，70〜90℃で完了するようにする。基本的に初転圧は10〜12 tのロードローラで，1往復程度実施。2次転圧は8〜20 tのタイヤローラや6〜10 tの振動ローラを利用する。ロードローラでの施工では，ローラに混合物が付着するのを防止するために，少量の水か油を噴霧する。

解答　(2)：加熱アスファルト混合物を使った敷きならしでは材料の温度が110℃を下回らないようにする。

類題マスター

類題1

アスファルト舗装に関する記述のうち，適当でないものはどれか。
(1) プライムコートは，瀝青材料を利用して施工した基層と，その上に施工するアスファルト混合物の付着を改善する。
(2) タックコートでは，アスファルト乳剤（PK-4）を用いる。
(3) タックコートは冬季には養生時間を短縮するために加熱して散布したり，2回に分けて散布したりすることがある。
(4) プライムコートは降水による水分の浸透を食い止める目的もある。

類題2

アスファルト舗装に関する記述のうち，適当でないものはどれか。
(1) 締め固めの手順は，継ぎ目転圧→初転圧→2次転圧→仕上げ転圧で実施する。
(2) 下層の継ぎ目と上層の継ぎ目部分が一致しないように施工し，継ぎ目の間隔は15cm以上にする。
(3) 締め固めは一般に110～140℃で転圧を開始して，70～90℃で完了するようにする。
(4) 締め固めは敷きならしを終えてからしばらく時間を置いた後に実施する。

● 解答・ポイント ●

解答　類題1　(1)：プライムコートは，路盤とその上に施工する基層とをなじませるために散布する。
　　　類題2　(4)：締め固めは敷きならしを終えてからすみやかに実施する。

第8章 土 木

例題 14 重要

コンクリート舗装に関する次の文章のうち，適当でないものはどれか。
(1) コンクリート舗装は剛性舗装である。
(2) コンクリート舗装には目地を設ける。
(3) 一般にコンクリート舗装の施工ではスランプの大きな流動性の高いコンクリートを使用する。
(4) コンクリート舗装の仕上げは荒仕上げ，平坦仕上げ，粗面仕上げの順に行う。

Point → コンクリート舗装に関する問題はアスファルト舗装の問題に比べて出題頻度は低いのでアスファルト舗装について十分理解してから習得する。

解説

(1) コンクリート舗装の施工

コンクリート舗装はコンクリート板を表層とする舗装で，コンクリート板が剛性を持つ剛性舗装である。コンクリートの許容基準曲げ強度は，4.5 N/mm² とする。

① コンクリートの打設

コンクリートはスランプ 2.5 cm 程度に固練りしたものを使用。運搬はダンプトラックによる場合が多い。運搬時間は１時間以内になるようにする。コンクリートは一様に敷きならし，バイブレーターで締め固める。コンクリート舗装には目地を設置する。仕上げは荒仕上げ，平坦仕上げ，粗面仕上げの順に行う。粗面仕上げとは，平坦仕上げが完了した後でほうきなどを使って表面を荒く仕上げる作業。

② 目地工

コンクリート舗装で使用する目地は，縦目地と横目地がある。縦目地は道路の中心線に平行に設ける。縦目地には突合せ目地などを使用。横目地は横膨張目地と横収縮目地があり，横膨張目地は，暖かい時期に施工した場合

80〜240 m ごとに，寒い時期に施工した場合は 40〜80 m 間隔で設ける。

解答 (3)：コンクリートはスランプ 2.5 cm 程度に固練りした AE コンクリートを使用する。

5. 排水工

例題 15

排水工に関する記述のうち，適当でないものはどれか。

(1) 汚水用マンホールでは，汚水をすみやかに排水できるようにインバートを設ける。
(2) 上流管と下流管の管底部の段差が 60 cm 以上ある場合は，副管付きマンホールを使用する。
(3) 2本以上の管きょが合流する場合，中心の交角はできる限り 60° 以下に収めるようにする。
(4) 取り付け管の排水ますへの取り付け位置は，ますの底面から 10 cm 以上上方にする。

Point → 排水工に関する基本的な事項をしっかりと理解しておきたい。

解説

(1) 設備の種類

① 開きょ排水

降雨や融雪による水を排水する設備。コンクリートのU字溝を使ったものや素掘りして芝を張ったものなどがある。

コンクリートU字型溝は取り扱いが容易であるが，大きな側圧が作用する場所には向いていない。

芝張り側溝は，浅く素掘りした溝の底に芝を張ったもので，公園の園地と道を隔てる境界に設けられることが多い。芝の生育を考慮して，透水性のよい位置に用いることが求められる。

石積み側溝は石などで施工した溝で，比較的大きな通水断面が確保できる。底部は必要に応じてコンクリートなどで保護する。

石張り側溝は，凸凹があるので勾配が小さい場合，水たまりができやすい。最も単純な素掘り側溝は，侵食などに弱いので勾配が急な場所や侵食に弱い土壌では使用できない。仮の排水溝として用いられることが多い。

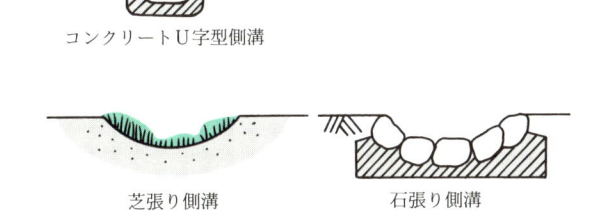

図8・11　開きょ排水

(2) 管きょ

　管きょは地上から加わる荷重を考慮して地中に埋設する管である。2本以上の管が合流する場所には，マンホールやますを設ける。また，2本以上の管きょが合流する場合の中心の交角をできる限り60°以下に収めるようにする。

　合流する直前の支管の曲率半径は，管径の5倍以上の長さを確保する。

　ソケットで管きょの接続を行う場合は，受け口を上流側に向け，下流から上流の順に接続していく。また管きょの接合は原則として管頂接合か水面接合が望ましい。

① 管頂接合

　管頂接合とは，管の内面頂部の高さを合わせて接合する方法で，水理特性が水面接合に劣るものの，計算は容易になる。ただし，管の埋設深さが次第に増してくるので，地表面に勾配がある場所で用いる。

② 水面接合

　水理計算によってそれぞれの管径に対する水深を求めて，水位が上下流で一致するよう管の据付高さを決める方法。最も理論的な方法。

③ 管中心接合

　管中心の高さを上下流で揃える方法。

④ 管底接合

　管底接合は経済性に優れているものの，上流側の管きょの水理条件がバックウォーターによって悪化する。平野部でポンプ排水するような場所に適し

ている。

水位線
水面接合
（水位線が中心線ならば管中心接合）　　　管頂接合　　　　　　管底接合

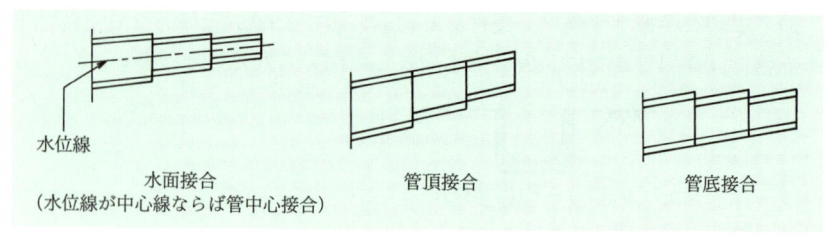

図 8・12　管きょの接合方式

(3) 取り付け管

　取り付け管とは，排水ますと本管をつなぐ管。取り付け管の排水ますへの取り付け位置は，ますの底面から 15 cm 以上上方にする。また取り付け管は，本管に対して直角方向に取り付け，本管への取り付け水平角度は 60°を原則とする。本管が大口径であれば，90°でも許容できる。勾配は 10 ‰ よりも緩くしない。

　取り付け管は，本管の中心線よりも上方に取り付けねばならない。

(4) ます

　ますは雨水ますと汚水ますに区分される。雨水ますでは底部に深さ 15 cm 以上の泥だめを設ける。

　汚水ますでは，汚水をすみやかに排水できるようにインバートと呼ぶ導水路を設ける。

(5) マンホール

　雨水用マンホールでは底部に深さ 15 cm 以上の泥だめを設け，汚水用マンホールでは，汚水をすみやかに排水できるようにインバートと呼ぶ導水路を設ける。上流管と下流管の管底部の段差が 60 cm 以上ある場合は，副管付きマンホールを使用する。

　マンホール内で接続する上流管底と下流管底の間には 1 cm 以上の落差を設ける。

8－5　排水工

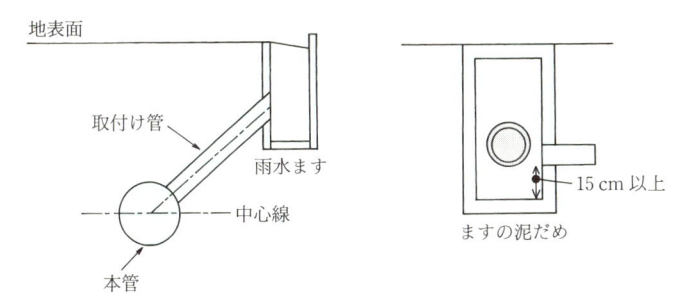

図8・13　取り付け管と雨水ます

解答　(4)：取り付け管の排水ますへの取り付け位置は，ますの底面から15 cm以上上方にする。

類題マスター

排水工に関する記述のうち，適当でないものはどれか。
(1) 管頂接合は，管の内面頂部の高さを合わせて接合する方法で，水理特性が水面接合に劣るものの，計算は容易になる。
(2) 管底接合は経済性に劣るものの，上流側の管きょの水理条件がバックウォーターによって改善する。
(3) 管中心接合は，管中心の高さを上下流で揃える方法。
(4) 水面接合は，水理計算によってそれぞれの管径に対する水深を求めて，水位が上下流で一致するよう管の据付高さを決める。

● 解答・ポイント ●

解　答　(2)：管底接合は経済性に優れるものの，上流側の管きょの水理条件がバックウォーターによって悪化する。

第9章

設　　　　　備

第9章　設　備

1. 給水設備

例題 1　重要　重要

次の給水系統に関する図中の（　）内の語句の組み合わせのうち，最も適当なものはどれか。

```
                              (ウ)
         (ア)→ ▷◁  ○         
             配水管 (イ) 水道メータ
```

(1)　(ア)　分水栓　　(イ)　止水栓　　(ウ)　給水栓
(2)　(ア)　分水栓　　(イ)　給水栓　　(ウ)　止水栓
(3)　(ア)　給水栓　　(イ)　止水栓　　(ウ)　分水栓
(4)　(ア)　給水栓　　(イ)　分水栓　　(ウ)　止水栓

Point → 給水装置の各部の名称などを覚えておくこと。

解説

道路に埋設されている配水管から水道水を引き込む場合の給水系統は以下のようになっている。

(1)　機器の種別
① 　分水栓
配水管から給水管に分岐する場所に設けられる。
② 　止水栓
通水を制限する栓。元口全ての通水を制限するものと施設ごとに通水制限

③ 給水栓
　給水の目的に応じて給水管の末端に設けられる栓。

(2) 給水管の設置

　給水管をほかの埋設管と近接して設置する際は，30 cm 以上の間隔を開ける。また給水管と排水管が交差する場合には，給水管を上に埋設する。公園内で道路の下に管を埋設する場合の深さは，一般には車道の下では 1.2 m 以上，歩道では 0.9 m 以上，歩行するだけの園路では 0.6 m 以上にする。

　また，管内に空気が停滞する恐れがある場合は，管路の凸部分に空気弁を設ける。管を埋め戻す際は，管の設置深さの約 3 分の 2 の深さに埋設標示テープを設置して，工事などで掘削した際に，給水管の位置を示すことで破損などの障害が生じないようにする。

解答　(1)

第9章 設 備

2. 電 気 設 備

例題 2   重要 重要 重要

電気設備工事に関する記述のうち，適当でないものはどれか。
(1) 低圧ケーブルの屈曲半径はケーブルの仕上がり外径の2倍以上になるようにする。
(2) 公園の照明用の電源を供給するためのケーブルとして，架橋ポリエチレンを絶縁体にしたCVケーブルが利用されることが多い。
(3) 管路やトラフの内部でケーブルを接続してはならない。
(4) ケーブルを直接埋設する場合で，車両や重量物の圧力を受ける恐れがある場合には，地表から1.2m以上深い場所に設置する。

Point → 電気設備工事に関連する問題も頻出である。

解説

(1) **電気設備**

公園に関連する電気設備は以下の通り。

① **地中管路とケーブル**

公園の照明用の電源を供給するためのケーブルとして，架橋ポリエチレンを絶縁体にしたCVケーブルが利用されることが多い。ケーブルの太さは，許容電流や電圧降下，将来の負荷などを考慮して決定する。

ケーブルを収納するために波付硬質ポリエチレン管などを利用する。ただし，重量物が載る場所では，遠心力鉄筋コンクリート管などを用いる。管路やトラフの内部でケーブルを接続してはならない。また，電力ケーブルは，ガス管や水道管などと一定の距離を確保する。

低圧ケーブルの屈曲半径はケーブルの仕上がり外径の6倍以上になるようにする。

また，ケーブルを直接埋設する場合で，車両や重量物の圧力を受ける恐れ

238

がある場合には，地表から1.2m以上深い場所に設置する。
② ハンドホールとマンホール
　ケーブルを接続するための場所として，地中管路と電柱からの引き込み管路との接続部などに設ける。また，直線距離が長い場合はハンドホールの場合50mに1カ所，マンホールでは100mに1カ所設置して，引き込みや接続作業ができる場所を確保する。

(2) 照明の種類

① 高圧水銀ランプ（透明型）
　点灯してから最大光束に達するまでやや時間を要するが，効率がよく寿命が長いという利点を持つ。公園の芝地や樹木などの照明に一般的に使用されている。演色性はよくない。

② 蛍光水銀ランプ
　蛍光水銀ランプは高圧水銀ランプに少ない赤色を補っているので，演色性は高圧水銀ランプに比べてよくなる。公園の出入口や花壇，建造物の照明などに使用される。太陽光に近い照明。

③ ナトリウムランプ
　水銀ランプに使用する水銀の代わりにナトリウムを使用したもので，オレンジ色をしている。明るく，効率もよいが演色性は悪い。明るさだけを必要とするトンネルなどで利用されている。

④ メタルハライドランプ
　メタルハライドランプは水銀ランプの演色性と効率の改善を目的としたもので，金属ハロゲン化合物を発光管に入れたもの。自然色に近い白色が得られる。園路や花壇，建物の付近など，広く使用される。効率は非常によいが価格が高く，経済性はやや劣る。

⑤ 白熱電球
　白熱電球は演色性がよいが，効率が悪い。

⑥ 蛍光ランプ
　色々な光色が得られ，演色性がよい。効率も高いが輝度が小さい。庭園や花壇，トイレなどに使用される。

解答　(1)：低圧ケーブルの屈曲半径はケーブルの仕上がり外径の6倍以上になるようにする。

類題マスター

照明設備に関する記述のうち，適当でないものはどれか。

(1) 蛍光水銀ランプは高圧水銀ランプに少ない赤色を補っているので，演色性は高圧水銀ランプに比べてよくなる。
(2) メタルハライドランプは金属ハロゲン化合物を発光管に入れたもので，自然色に近い白色が得られる。
(3) ナトリウムランプは明るく，効率は悪いが演色性は良い。園路や花壇などで利用されている。
(4) 蛍光ランプは色々な光色が得られ，演色性がよい。

● 解答・ポイント ●

解　答　　(3)：ナトリウムランプは，効率は良いが演色性は悪い。

第10章

建築・測量

第10章 建築・測量

1. 建　　　築

例題 1 重要 重要 重要

図中の木造建築物の各部の名称の組み合せとして，正しいものはどれか。

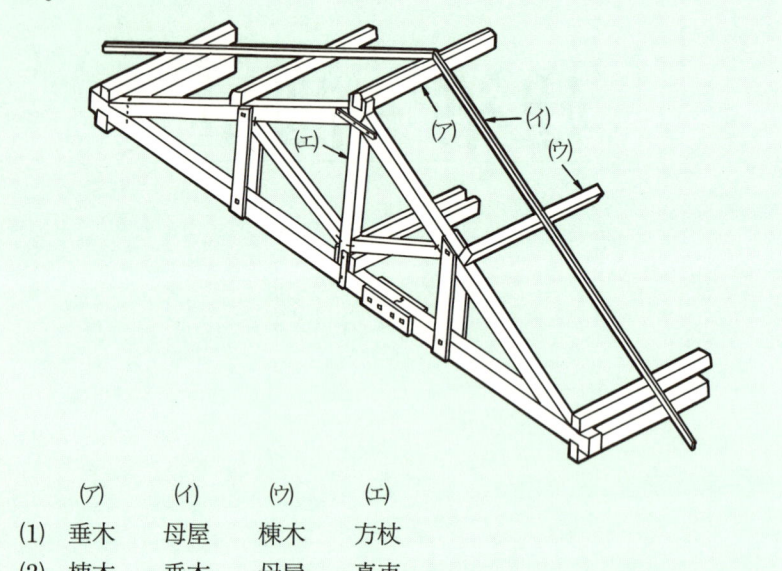

	(ア)	(イ)	(ウ)	(エ)
(1)	垂木	母屋	棟木	方杖
(2)	棟木	垂木	母屋	真束
(3)	母屋	方杖	棟木	真束
(4)	棟木	母屋	垂木	陸梁（ろくばり）

Point → 木構造の各部の名称をよく覚えておくこと。

解説

(1) 木構造の屋根

木構造の屋根は図10・1のような種類に分けられる。

242

10-1 建築

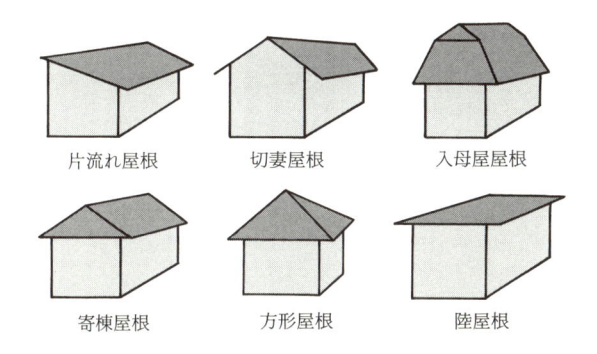

図10・1 屋根の種類

片流れ屋根　切妻屋根　入母屋屋根
寄棟屋根　方形屋根　陸屋根

(2) 木構造

木構造の屋根の骨組みを小屋組，柱や壁などを組み合わせたものを軸組と呼ぶ。また床部分の木構造は床組と呼ぶ。

① 小屋組
小屋組の各部位の名称は以下の図の通り。

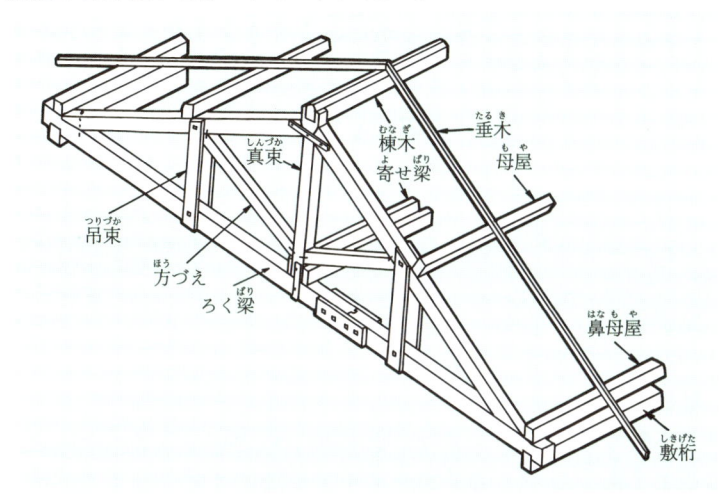

図10・2 小屋組

② 軸組構造
屋根や床を支える骨組みで，荷重を基礎に伝える垂直方向の柱と水平方向の部材などで連結される矩形の枠と，この枠に横から力が加わったときに変形に抵抗する斜材から構成されている。

243

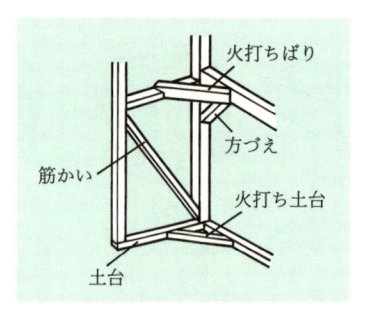

図 10・3　軸組構造

③　床組
　床組の各部位の名称は次の図の通り。

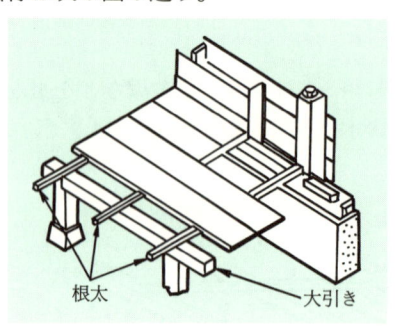

図 10・4　床組

(3)　木材の接合
　木材の接合は以下の通り。なお，接合部に設けた木材の突起部分をほぞと呼ぶ。
①　継ぎ手
　木材を直線方向に継ぐ部位。
②　仕口
　木材を直角または一定の角度に組み合わせた部分。2つの木材をある角度で接合する場合に，その接合角度を折半して継ぎ目にしたものを留と呼ぶ。

10−1　建築

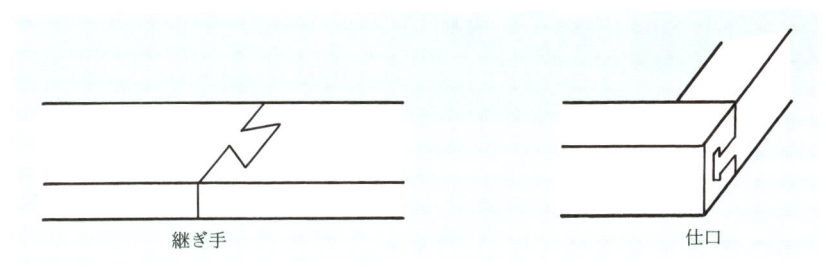

継ぎ手　　　　　　　　仕口

図10・5　木材の接合

解答　(2)

類題マスター

木材の接合に関する記述のうち，適当でないものはどれか。
(1)　接合部に設けた木材の突起部分をほぞと呼ぶ。
(2)　木材を直線方向に継ぐ部位を継ぎ手と呼ぶ。
(3)　2つの木材をある角度で接合する場合に，その角度を折半して継ぎ手にしたものを留と呼ぶ。
(4)　木材を直角または一定の角度に組み合わせた部分を方杖と呼ぶ。

● 解答・ポイント ●

解　答　(4)：木材を直角または一定の角度に組み合わせた部分を仕口と呼ぶ。

第10章　建築・測量

例題 2

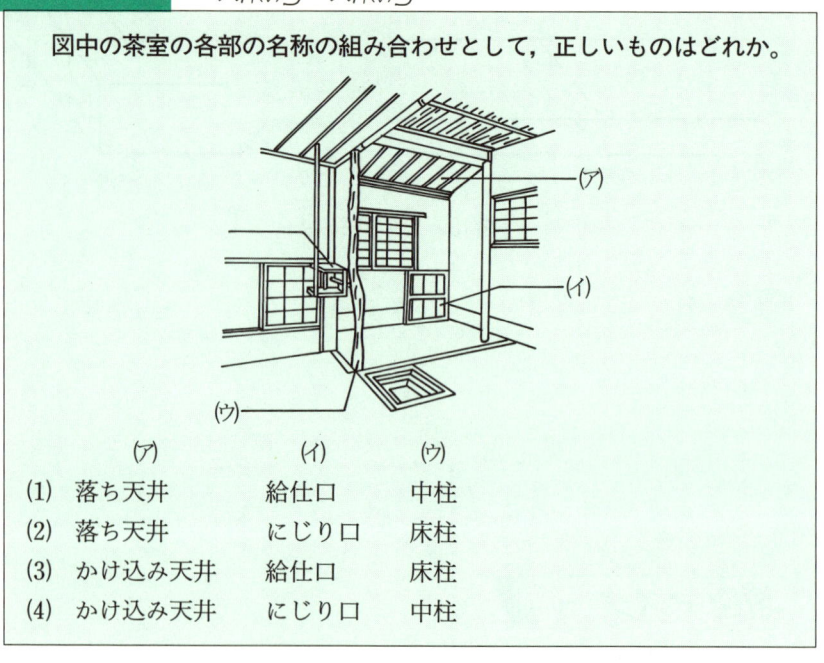

図中の茶室の各部の名称の組み合わせとして，正しいものはどれか。

	(ア)	(イ)	(ウ)
(1)	落ち天井	給仕口	中柱
(2)	落ち天井	にじり口	床柱
(3)	かけ込み天井	給仕口	床柱
(4)	かけ込み天井	にじり口	中柱

Point → 茶室の各部の名称などをよく覚えておくこと。

解説

　茶室は書院風と草庵風の2種類ある。現在の茶室は一般的に草庵風で，平均的な大きさは四畳半である。

　茶室の室内には炉を配置して，床の間を設けておく。客の出入口としてにじり口を，給仕などのために主人が出入りする給仕口（茶道口などともいう）をそれぞれ設ける。

　にじり口の外には3つの役石が置かれる。にじり口から近い順に踏石，落とし石，乗り石となる。

　天井には化粧屋根裏をそのまま天井にしたかけ込み天井などを用いる。

10-1 建築

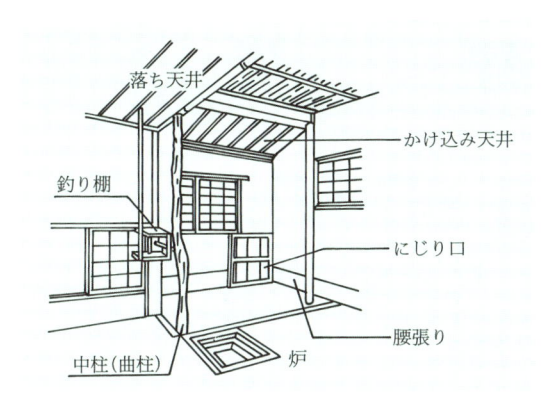

図10・6 草庵風茶室の各部の名称

解答 (4)

類題マスター

茶室に関する次の記述の（　）に当てはまる語句の組み合わせとして，最も適当なものはどれか。

「現在の茶室は一般的に（　ア　）の形式で，平均的な大きさは四畳半である。茶室の客の出入口として，（　イ　）を設ける。
　（　イ　）の外には3つの役石が置かれる。役石は（　イ　）から近い順に，（　ウ　），（　エ　），乗り石となる。」

	(ア)	(イ)	(ウ)	(エ)
(1)	草庵風	にじり口	踏石	落とし石
(2)	書院風	にじり口	落とし石	踏石
(3)	書院風	給仕口	踏石	落とし石
(4)	草庵風	にじり口	落とし石	踏石

● 解答・ポイント ●

解　答　(1)

247

2. 測量

例題 3

平板測量に関する以下の文章の（　）内の語句の組み合わせとして，最も適当なものはどれか。

「平板測量の方法として（　ア　）と（　イ　）が挙げられる。（　ア　）は，平板を2点に据えて行う方法で，各平板から見通す方向線の交点を求める方法。（　イ　）は，1点に平板を置いて測量する方法で，障害物が少ない場合に用いる。また，平板を移動しながら，測点を結んで多角形を構成する（　ウ　）と呼ぶ方法がある。」

	(ア)	(イ)	(ウ)
(1)	前進法	交会法	放射法
(2)	交会法	前進法	放射法
(3)	交会法	放射法	前進法
(4)	放射法	前進法	交会法

Point → 測量の種類と基本をよく覚えておくこと。

解説

主な測量方法として，平板測量と水準測量がある。

(1) **平板測量**

平板と三脚，アリダード，求心器，磁針箱（デクリネータ）などを使って現地で対象物などの方向と距離で測量する方法。

アリダードは前方視準板と後方視準板，気泡管，定規を組み合わせたもので，目標物の視準を行う。使い方によって角度を測定できる。磁針箱は方位を測る磁石が入った箱。求心器は，下げ振り糸や錘などから構成され，図上の点と地上のある点を一致させるために使う。

平板測量の長所は，野外で直接作業が可能なのでその場で誤りを発見しやすく，特別な計算などをしなくても実測図面が作成できる。また，測量方法も比較的容易であり，アリダードを使って高低差の測量も可能で機器の扱いも平易である。

　一方，現地測量では天候の影響を受けることもあり，見通しの悪い場所での作業性は著しく悪くなる。さらに，誤差も比較的大きいという欠点も持つ。

　平板の据付は，整置，求心，定位の3つの作業で行う。整置は図板を水平にする作業，求心は求心器と下げ振りを使って図紙上の点と地上の測点を同一の鉛直線内に入れる作業のこと。また，定位は図板を一定方向に固定する作業をいう。

　平板測量は以下のように，前進法，放射法，交叉法に分類できる。

① **前進法**

　前進法は，平板を移動しながら，測点を結んで多角形を構成する方法。

② **放射法**

　放射法は，平板を1点に固定して，各測点を測量する方法で，障害物が少ない場合に有効な方法である。

③ **交会法（交叉法）**

　交会法は，平板を2点に据えて，その2点からの方向線の交点によって測点を確定する方法である。

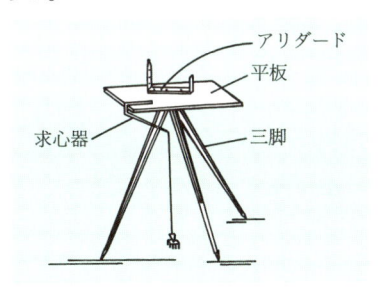

図10・7　平板測量に用いる道具

(2) 水準測量

　水準測量は，レベルとスタッフ（標尺）を使う測量で，2点間の高低差や地表からの高さなどを測る測量。

　水準測量に使用する用語は以下の通り。

① 基準面
高さの基準になる面で，東京湾の中等潮位を標高0mとする。
② 水準点
精密な測量の結果により標高が定められている点。
③ 前視
標高を求めようとする点に立てたスタッフを視準すること。
④ 後視
標高が既知である点に立てたスタッフを視準すること。
⑤ 器械高
水準点に対してレベルを視準した高さ。

解答 (3)

類題マスター

平板測量に関する記述のうち，適当でないものはどれか。
(1) 整置は図板を水平にする作業をいう。
(2) 放射法は，障害物が少ない場合に有効な測量方法だ。
(3) 平板測量では高低差を求められない。
(4) 測量中の平板は常に最初に定めた方向と同一方向にする。

● 解答・ポイント ●

解　答　(3)：アリダードを使って高低差の測量も可能。

第11章 設計図書

第11章　設計図書

1. 設計・契約図書

例題 1　重要　重要　重要

> 公共工事標準請負契約約款に関する記述のうち，適当でないものはどれか。
> (1)　現場代理人は工事現場に常駐し，運営や取締りを行う。
> (2)　現場代理人は請負代金の変更や請求に関する権限を行使できない。
> (3)　現場代理人は主任技術者や監理技術者を兼務できない。
> (4)　約款の規程に基づく監督職員の指示または承諾は，原則として書面によるものとする。

Point → 公共工事標準請負契約約款のポイントをよく覚えておくこと。

解説

(1)　**公共工事標準請負契約約款**

　公共工事の契約上の基本的な事項を定めているのが，公共工事標準請負契約約款である。約款で定められている主な事項は以下の通り。
① 　発注者および請負者は，契約書及び設計図書に従って，契約を履行しなければならない。
② 　仮設，施工方法その他工事目的物を完成させるために必要な一切の手段については，約款及び，設計図書に特別の定めがない限り請負者がその責任において定める。
③ 　約款に定める請求，通知，報告，申し出，承諾，解除は原則として書面によって行う。
④ 　現場代理人は主任技術者や監理技術者を兼務できる。
⑤ 　現場代理人は工事現場に常駐し，運営や取締りを行う。
⑥ 　現場代理人は以下の事項を発見した場合，監督員に通知して確認を求め

る。
　(i)　図書，仕様書，現場説明書，質問回答書の不一致
　(ii)　設計書の誤り，記載漏れ，不明瞭な記載
　(iii)　設計図書に示された地質などの条件の不一致
　(iv)　設計図書に記載されない条件で予期できない状況の発生
⑦　現場代理人が，職務の執行に当たって，著しく不当と認められるとき，発注者は請負者に必要な措置を求めることができる。但し，現場代理人はその請求を受理できない。
⑧　現場代理人は契約の履行に関して，約款に基づく請負者の一切の権限を行使できる。ただし，請負代金の変更や請求，受領は除く。
⑨　特許権の対象となる施工法を適用する場合，請負者が責任を負う。ただし，発注者がその技術を指定し，設計図書にその旨を明示せず請負者がその特許権の存在を知らなかった場合は，発注者が費用を負担する。
⑩　発注者は，引渡し前であっても工事目的物の全部または一部を請負者の承諾を得て使用できる。
⑪　請負者は天候不良などその責に帰することができない理由によって工期内の完成が困難な場合には，発注者に対して，工期の延長を求めることができる。
⑫　工事の施工部分が設計図書に合致しないと認められる相当の理由がある場合，監督員が施工部分を最小限の範囲で破壊して検査できる。

(2) 工事材料

工事に用いる材料は特に定めのない場合，中等のものを用い，設計書で指定されている場合は，監督員による検査に合格したものを用いる。

請負者から使用材料の検査を求められた場合には，監督員は請求から一定期間内に検査に応じる必要がある。一定期間については，一般には7日以内となっていることが多い。

検査を受けた後に使用する材料については，検査に直接要する費用は，請負者側が負担する。

解答　(3)：現場代理人は主任技術者や監理技術者を兼務できる。

第11章　設計図書

類題マスター

公共工事標準請負契約約款に関する記述のうち，適当でないものはどれか。
(1) 工事材料は特に定めがない場合，中等の品質のものを用いる。
(2) 仮設，施工方法その他工事目的物を完成させるために必要な一切の手段については，特別の定めがない限り請負者がその責任において定める。
(3) 現場代理人は主任技術者や監理技術者を兼務できる。
(4) 発注者が指定し，かつ特許権の有無を明示しないで，請負者が知らないまま特許権の対象となる施工法を適用した場合でも，請負者が費用を負担する。

● 解答・ポイント ●

解　答　(4)

11−1　設計・契約図書

例題 2　重要 重要 重要

公共工事の請負契約における請負工事費のうち，共通仮設費に含まれないものはどれか。
(1) 品質管理に要する試験費用や出来形管理のための測量費用，工程管理に要する資料の作成費用など。
(2) 準備，片付けに必要な費用，調査・測量や丁張り，除根や除草に要する費用。
(3) 自動車保険，工事保険，火災保険など。
(4) 交通管理や安全施設などに要する費用。

Point → 工事費用の内訳をよく理解しておくこと。

解説

(1) **設計図書**

一般に設計図書と呼ばれるものには，設計書（工事積算書），設計図面，工事仕様書（共通仕様書，特記仕様書），現場説明書がある。

(2) **工事積算**

工事費は以下のように構成される。工事原価は，工事現場で使用する材料や労務費用，仮設，機械損料，現場管理費用など，工事を管理するうえで必要な費用で，直接工事費と間接工事費に分類される。

間接工事費はさらに共通仮設費と現場管理費に細分される。直接工事費は，工事目的物の構築に直接，必要となる費用をいう。一般管理費は，本支店経

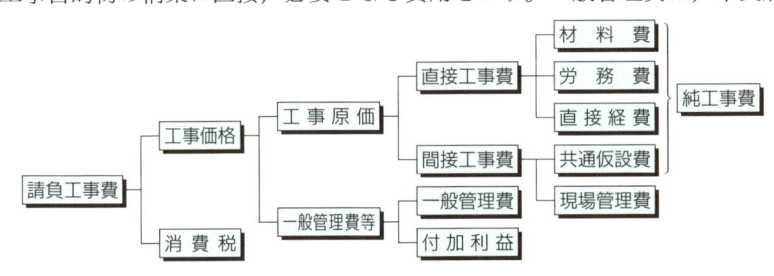

図11・1　請負工事費の構成

255

第11章　設計図書

費など企業の運営上，必要となる経費をいう。

① **直接工事費**

　直接工事費は材料費，労務費，直接経費で構成されている。直接経費は，特許使用料と基本料金を除く水道光熱電力料，機械経費から構成されている。また，機械経費は機械損料と運転経費に分類される。

　機械損料は償却費と維持修理費，管理費で構成され，運転経費は燃料費と運転労務費，消耗部品費，雑品費で構成されている。

② **間接工事費**

　間接工事費は共通仮設費と現場管理費から構成されている。共通仮設費は運搬費と準備費，事業損失防止施設費，安全費，役務費，技術管理費，営繕費で構成される。

表11・1　共通仮設費の内訳

運搬費	建設機械などの運搬に要する費用
準備費	準備，片付けに必要な費用，調査・測量や丁張り，除根や除草に要する費用
事業損失防止施設費	工事に伴って生じる騒音や振動，沈下などによって生じる事業損失を防ぐための仮施設の設置費や維持管理に要する費用
安全費	交通管理や安全施設などに要する費用
役務費	土地の借り上げ費用，電力や用水の基本料金
技術管理費	品質管理に要する試験費用や出来形管理のための測量費用，工程管理に要する資料の作成費用など
営繕費	現場事務所や試験室の営繕，労働者宿舎や倉庫などの営繕に要する費用

表11・2　現場管理費の内訳

労務管理費	現場労働者に必要な費用
安全訓練などに要する費用	現場労働者の安全や衛生の講習などに要する費用
租税公課	固定資産税，自動車税など
保険料	自動車保険，工事保険，火災保険など
従業員給料手当て	現場の従業員の給与，諸手当
退職金	現場の従業員の退職金
法廷福利費	現場従業員や現場労働者に関する労災保険料，雇用保険料，健康保険料など
事務費用品費	事務用消耗品や新聞，図書の購入費用
通信交通費	通信費，交通費，旅費
交際費	現場への来客への対応に要する費用

補償費	工事の施工に伴って生じる騒音や振動などによる補償費
外注経費	工事を外注する場合に要する経費
工事登録などに要する費用	工事の実績などの登録に要する費用
雑費	上記の項目に属さない費用

③ 一般管理費

一般管理費の内訳は次の通り。

表11・3 一般管理費の内訳

役員報酬	取締役，監査役に対する報酬
従業員給料手当て	本店及び支店の従業員に対する給与や手当て，賞与
法定福利費	本店及び支店の従業員に対する労災保険料や健康保険料，雇用保険料など
退職金	従業員に対する退職金など
福利厚生費	本店及び支店の従業員の文化活動や医療，福利厚生などに要する費用
修繕維持費	建物や機械などの修繕維持費
事務用品費	事務用の消耗品，新聞，参考書などの費用
通信交通費	通信費，交通費，旅費
動力，用水光熱費	電力，水道，ガスなどの費用
調査研究費	技術研究，開発の費用
広告宣伝費	広告，宣伝に要する費用
交際費	本店及び，支店などへの来客者への対応に要する費用
寄付金	
地代家賃	事務所，社宅などの借地借家料
減価償却費	建物や車両，機械装置などの減価償却費
試験研究費償却	新製品や新技術などの研究費用の償却額
開発費償却	市場開発などに要した費用の償却額
租税公課	固定資産税や不動産取得税など
保険料	火災保険など
契約保証費	契約の保証に要する費用
雑費	社内の打ち合わせに要する費用や学会活動などに要する費用

解答 (3)

第12章

施工管理

第12章　施工管理

1. 施工管理

例題1

施工管理について述べた以下の文章のうち，適当でないものはどれか。
(1) 労務管理とは，工事を実施するに当たって，近隣の通行者や作業員などが災害に遭遇しないように，工事現場の安全活動を強化したり，現場の作業道具の整理整頓を適切に行ったりすることをいう。
(2) 品質管理とは，施工によって出来上がった成果物などが，所定の基準を満たしているかどうかなどをチェックして，異常があれば修正を講じることによって，構築する目的物が所定の形状や品質を確保できるようにすることをいう。
(3) 原価管理とは，工事の進捗に応じて，予算と実際に要した費用を比べ，費用が過大な状況になっていないかどうかなどを確認し，異常があればその内容をチェックして，対策を講じることをいう。
(4) 工程管理とは，施工計画で定めた通りに工事が進捗しているかどうかをチェックして，遅れや進みすぎなどの状況が発生した場合に，その要因を調べ，必要に応じて対策を講じることをいう。

Point → 工程管理や原価管理，品質管理などの用語の意味とそれらの関係をよく理解しておくこと。

解説

施工管理とは，施工計画に基づいて工事を実施するために行うものである。工事において施工管理は，発注者が行うべき監督と受注者が行うべき施工管理が一体になることで，良質な工事を実施することができる。この施工管理は，品質管理，原価管理，工程管理などから成り立っている。

(1) 工程管理

　工程管理とは，施工計画で定めた通りに工事が進捗しているかどうかをチェックして，遅れや進みすぎなどの状況が発生した場合に，その要因を調べ，必要に応じて対策を講じることをいう。

(2) 品質管理

　品質管理とは，施工によって出来上がった成果物などが，所定の基準を満たしているかどうかなどをチェックして，異常があれば修正を講じることによって，構築する目的物が所定の形状や品質を確保できるようにすることをいう。

(3) 原価管理

　原価管理とは，工事の進捗に応じて，予算と実際に要した費用を比べ，費用が過大な状況になっていないかどうかなどを確認し，異常があればその内容をチェックして，対策を講じることをいう。原価管理の手順は，以下の通り。

　　①実行予算（工事を実施するための予算）の設定→②原価発生の統制→③実施原価と実行予算の比較→④施工計画の再検討，修正→⑤修正措置の結果の評価

(4) 労務管理

　労務管理とは，作業計画に基づいて，工種別に現場に配置する作業員数や作業員の使用計画などを考慮し，設定した作業条件に応じて労務環境や賃金などに配慮し，下請けの作業員などの管理も行うものをいう。適切な労務管理が実施されれば，それは品質の向上，原価の低減，工程の短縮などに効果がある。

　一般的に施工品質と施工速度と施工に要する原価は，独立するものではなく，相互に密接に関連しあっている。これらの関係は，図のように表現される。

第12章　施工管理

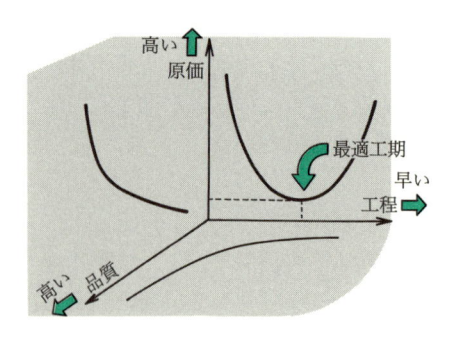

図12・1　品質・原価・工程の関係

〈図の説明〉
・工程と原価：最適工期となる時，原価も最適（最も安い）原価となる。
・品質と原価：品質を高くすれば，それに要する原価は高くなる。
・工程と品質：工程を早めれば，施工品質は悪くなる。

解答　(1)：労務管理とは単純な安全対策とは異なる。

類題マスター

以下の(1)〜(4)の図のうち，最も適当なものはどれか。

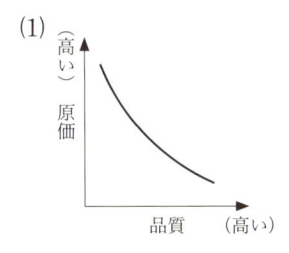

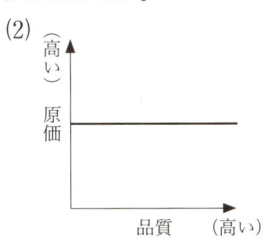

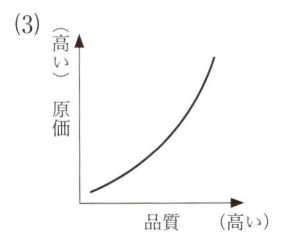

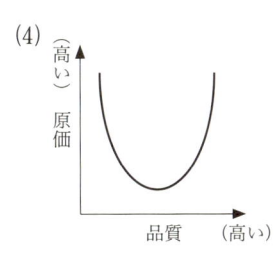

(1) 原価（高い）が品質（高い）に対して減少する曲線

(2) 原価（高い）が品質（高い）に対して一定の直線

(3) 原価（高い）が品質（高い）に対して増加する曲線

(4) 原価（高い）が品質（高い）に対してU字型の曲線

● 解答・ポイント ●

解　答　(3)：品質を高くすれば，それに要する原価は高くなる。

第12章　施工管理

2. 施 工 計 画

例題 2

施工計画を立てる手順について，以下に示す順序のうち，最も適当なものはどれか。
① 労務や機器などの計画を考慮して詳細工程表を作成する
② 施工順序などの基本方針の決定
③ 労務や機械，材料などの調達計画を立てる
④ 契約書や図面の確認，現地の地形などの調査
(1) ④→②→③→①
(2) ②→④→③→①
(3) ④→①→③→②
(4) ④→②→①→③

Point → 施工計画の手順についてよく理解しておくこと。

解説

　施工計画の目的は工事の目的物を設計図書や仕様書に基づいて，所定の期日や最小の費用で安全・確実に施工することにある。
　施工計画を策定する際に検討すべき課題は，以下の通り。
① 発注者との間で結ぶ契約の条件
② 現場の工事条件
③ 全体の工程
④ 施工方法と施工の手順
⑤ 施工に用いる機器の選定
⑥ 仮設設計や仮設の配置計画
　施工者は，工事に伴って，施工計画を作成することになる。施工計画を作

264

12-2　施工計画

成する上で注意すべきポイントは以下の通り。
①　新しい技術や改良工法などを採用できないかどうか検討する。
②　施工計画は現場任せにするのではなく，幅広い知見やアイデアが反映できるように社内で協力して策定することが望ましい。
③　契約工期は最適工期とは限らないことを認識し，契約工期の範囲内でさらに合理的な工期にできないかどうかを検討する。
④　一つだけの工程のアイデアに左右されないように，経済性なども考慮しながら複数の工程計画を比較して，本当に最適な工期を考える。

施工計画の手順は以下の通り。

①　事前調査
　図面や仕様書に基づいて，契約の内容の確認や設計で想定している条件などを把握する。契約書の内容では，工期や金額，不可抗力や工事中止などによる損害の扱い，資材や労務費が変動した場合の取り扱い，瑕疵担保，工事代金の支払条件，工事数量の変更に伴う取り扱い，数量や図面の間違いの有無，施工管理基準，仮設の規定などについて確認しておく。
　現場の条件を確認する際には，地形や土質，水質，気象の状況，施工法や仮設，施工機械の選択，工事中の水や動力源などの確保方法，材料や労務の入手法と価格，環境保全基準，土砂などの処分方法，文化財の有無などについて調査しておく。

②　基本方針の作成
　施工方法や施工順序について，技術的な側面や経済的な側面から基本方針を決める。

③　作業計画の策定
　施工に使う機械の選定や人員配置，作業手順などの詳細の作業計画を立案する。

④　仮設設計と配置計画
　工事期間に設ける仮設備の設計や配置計画を立てる。仮設備は工事が完了すると撤去されるので，検討を怠りがちになるので注意が必要だ。工事の規模に応じて，過大，過小とはならないようにするものの，十分な強度計算などを講じて労働安全衛生規則の基準に反したものにならないようにする。仮設計画は，工事に伴う給水や排水，安全施設，支保工など直接仮設と現場事務所や駐車場など共通仮設に分類できる。

⑤　詳細工程表の作成
　労務や機器の計画を考慮して，最適工程を作成する。

第12章　施工管理

⑥　調達計画の策定

　下請けや作業員，機械などの数量や使用期間などを工程計画に基づいて調達する計画を作成する。調達計画と平行して，実行予算書の作成や安全管理計画なども進める。

解答　(4)

類題マスター

類題1

施工計画に関する以下の記述のうち，適当でないものはどれか。
(1) これまでに経験してきた技術だけでなく，新しい技術や工法などを取り入れることが可能かどうかをよく検討する。
(2) 施工計画は現場に配置した一部の技術者だけで作成するのではなく，会社の別の組織などを利用して，幅広いアイデアなどが反映できるように工夫する。
(3) 契約工期は最適な工期なので，この工期を短縮したり，延長したりしないように留意する。
(4) 施工計画を検討する際は経済性なども考慮して，複数の計画を比較しながら行う方がよい。

類題2

仮設計画に関する以下の記述のうち，適当でないものはどれか。
(1) 仮設は工事が終了した後に撤去するものであるが，強度の計算などを行って，労働安全衛生規則に違反しないように心がける必要がある。
(2) 仮設計画は工事の規模に応じて過大または過小にならないようにして，最適な規模にできるよう，安全性，経済性などの面から十分に検討する。
(3) 仮設計画は調達計画を策定した後に作成する。
(4) 仮設工事は，工事に伴う給水や排水，安全施設，支保工など直接仮設と現場事務所や駐車場など共通仮設に分類できる。

12-2 施工計画

● 解答・ポイント ●

解　答　　類題1　(3)：契約工期を短縮できる経済的な工法などについて十分検討することが必要。

　　　　　類題2　(3)：仮設計画は調達計画や詳細工程表を策定する前に作成しておく。

第12章　施工管理

3. 調達計画

例題 3　重要　重要

調達計画に関する以下の記述のうち，最も適当なものはどれか。
(1) 労務計画を立案する場合，できる限り最高必要人数の変動を減らして，人数を平準化するように心掛ける方がよい。
(2) 機械計画を立案する場合，計画の段階では機械の使用台数が著しく多くなるようなポイントを作っておく方がよい。
(3) 材料計画を立案する場合，用途や規格，数量，納期を明確にしておく必要がある。植物材料は搬入から植栽までを長期間にわたって行うようにする方がよい。
(4) 下請け発注計画では，経済性を優先して，直営でもできるような作業であってもできる限り下請けに出すようにしておく。

Point → 調達計画の基本についてよく理解しておくこと。

解説

施工法が決まった後で，労務や機械，材料などを手配するための計画を調達計画と呼ぶ。

(1) **労務計画**

工程表を基にして，労務予定表を作成。工種などに応じて，いつの段階でどういった職種の作業員が必要であるかを計画する。職種ごとの1日当たり最高必要人数をできる限り平準化して，最高使用人数がなるべく少なくなるようにして，人数の変動を減らす。

労務計画では，計算で求めた人員よりも1～2割程度は多めの人数を配分。病気などによる欠勤者や，正月などの休暇なども十分考慮しておく。

(2) 機械計画

機械計画では，機械の種別や仕様に加えて，調達方法やメンテナンスについても十分考慮しておく。短時間に機械の使用が集中してピークを迎えるような工程計画の立案は避ける。

(3) 材料計画

材料計画では，用途や規格，数量，納期，調達価格，調達先などを明確にしておく必要がある。植物材料は搬入から植栽までを短期間で済まして，植栽する方がよい。植栽に適した時期などをよく考慮して計画を立てる必要がある。

(4) 下請け発注計画

造園工事は全て直営で実施する場合もある一方，工事の一部を下請け工事として発注する場合もある。下請け工事に出した方が適しているものは次の通り。
① 単純な付帯工事
② 特殊な工事で，専門工事会社の技術力が必要な工事

一方，直営で施工すべきまたは，施工するのが望ましい工事は以下のようなもの。
① 主たる工事
② 直営でできる機械化施工
③ 高度の品質が求められるもの
④ 常用の作業員を必要とする工事

解答 (1)：計画では平準化がポイント。

4. 工程計画

例題 4　重要　重要

工程計画に関する以下の記述のうち，適当でないものはどれか。
(1) 工程計画を作成する際には，工程の最後の方に多くの作業員を要する作業を集中させる方が効率的な作業が可能となるので望ましい。
(2) 仮設備の工事や現場の諸経費が合理的な範囲で最小限になるように工程計画を立案する。
(3) 施工用の機械設備や工具は，合理的な範囲で最小限として，極力反復使用するようにする。
(4) 施工の段取り待ちや機械設備の損失を極力なくすようにする。

Point → 工程計画の基本についてよく理解しておくこと。

解説

　工事の品質を保ち，費用を所定の金額内で最小となるようにしながら予定の工期内で施工するためには工程管理が非常に重要になる。工程管理では，時間の管理だけでなく，労務や機械の手配などを適切に検討することも欠かせない。

(1) 採算速度

　施工速度を高めて出来形を多くすると，一定の水準までは単位数量当たりの原価が安くなるが，さらに速度を速めると突貫工事となって原価が高くなる。

　工事の原価の総額は，施工量に応じて変化するが，原価には施工量に応じて変化する変動費と変化しない固定費がある。例えば，燃料などは1日の作業量に応じて変動するが，現場の諸経費は1日の作業量に関わらず一定にな

る。

この関係を示す図に利益図がある。横軸に出来高を縦軸に工事に要する総原価を表す。横軸の出来高と縦軸の総原価が常に等しい $y=x$ の直線と，変動原価 ax に固定原価 F を加えた $y=ax+F$ のグラフとの交点は損益分岐点と呼ばれ，このときの速度が工事の採算を確保するために最低限必要な施工速度となる。この速度は採算速度と呼ばれる。

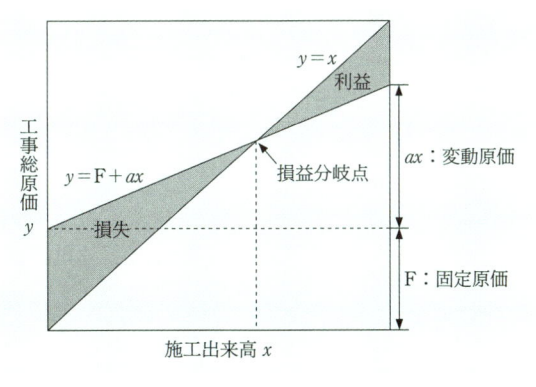

図 12・2 利益図

(2) 経済的な工程の計画

経済的な工程を実現するには，以下の点に注意する必要がある。
① 仮設備工事や現場の諸経費が合理的な範囲で最小限になるような計画とする。
② 施工用の機械設備や工具は，合理的な範囲で最小限として，極力反復使用するようにする。
③ 施工の段取り待ちや機械設備の損失を極力なくすようにする。
④ 作業員の数は合理的に最小限として，全工期にわたって均一になるようにする。

(3) 最適な工期

工事費は直接費と間接費で構成されている。
① **直接費**
直接費とは，労務費や材料費，仮設備費，機械損料などの費用。作業速度を高めるほど超過作業や，作業機械の追加，高価な材料の採用などによって直接費は増加しがち。突貫工事によって最短工期で施工する場合から最適工

第12章　施工管理

期に近づけるにつれて，費用は安くなる傾向がある。各作業の直接費が最小となるようにして，総直接費が最小となったものをノーマル・コストと呼ぶ。また，いくら費用をかけてもこれ以上工期を短縮できない限界をクラッシュ・タイムと呼ぶ。

② 間接費

間接費とは，共通仮設費や減価償却費，金利など工期の延長に伴ってほぼ比例して増える費用が多い。

直接費と間接費合わせた工事費が最小となる工期が最適工期である。

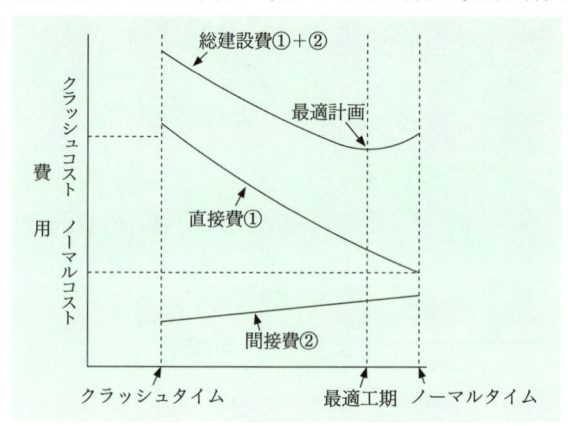

図12・3　工期と建設費の関係

解答　(1)：なるべく忙しさの度合いが全工程を通じて均等になる方が望ましい。

類題マスター

工程計画に関する以下の記述のうち，適当でないものはどれか。

(1) クラッシュ・タイムとは，工費をいくらかけても短縮できない限界の工期のことをいう。
(2) 直接費と間接費の合計が最小となる工期が最適工期を示す。
(3) ノーマル・コストとは，直接費と間接費の合計が最小となる費用をいう。
(4) 間接費は時間経過に応じて，比例的に高くなる傾向にある。

● 解答・ポイント ●

解　答　(3)：ノーマル・コストとは総直接費が最小となる場合のコスト。

第12章　施工管理

例題 5　重要　重要

工程計画に関する以下の記述のうち，適当でないものはどれか。
(1)　（1日の平均施工量）＜（工事量）／（作業可能日数）
(2)　（運転時間率）＝（1日当たり運転時間）／（1日当たり運転員の拘束時間）
(3)　（1日の平均施工量）＝（1時間の平均施工量）×（1日の平均作業時間）
(4)　（所要作業日数）＝（工事量）／（1日の平均施工量）

Point → 工程計画の基本についてよく理解しておくこと。

解説

工程計画は以下の手順で決める。
① 各工程の施工手順を決める。
② 各工程の施工期間を決める。
③ 全ての工程を通じた忙しさの度合いを調整する。
④ 各工程が工期内に完了するように調節する。

　工程計画に当たっては，工程を決定するための基本的な条件である作業可能日数や1日当たりの平均施工量や施工速度を決める必要がある。作業可能日数については，暦から休日や気象等の影響によって作業が不可能な日数を差し引いたものを採用する。

　所要作業日数は，工事量を1日の平均施工量で除したものである。1日当たりの平均施工量は，1時間当たりの平均施工量に1日当たりの平均作業時間を掛けることによって求められる。

　　作業可能日数≧所要作業日数＝（工事量）／（1日の平均施工量）
　　1日の平均施工量≧（工事量）／（作業可能日数）
　　1日の平均施工量＝1時間の平均施工量×1日の平均作業時間
　　　　（1日の平均作業時間は一般の作業員の場合7～9時間が一般的）

　建設機械による1日当たりの平均作業時間は，1日当たりの運転時間に相

274

当する。1日当たり運転時間を1日当たり運転員の拘束時間で除したものは運転時間率と呼ぶ。一般にダンプトラックなどの主な機械では0.35～0.85程度，標準で0.7とされており，運転時間率を0.7以上に高めるように現場を運営する。

運転時間率＝(1日当たり運転時間)／(1日当たり運転員の拘束時間)

解答 (1)：1日の平均施工量≧(工事量)／(作業可能日数)

類題マスター

工程計画に関する以下の記述のうち，適当でないものはどれか。

(1) ダンプトラックなど主要な機械の運転時間率は0.1程度である。
(2) 作業可能日数は所要作業日数以上になる。
(3) 作業可能日数については，暦から休日や天候などの影響で作業が不可能な日数を差し引いたものを採用する。
(4) 工程計画では施工期間を決める前に施工手順を決めておく。

● 解答・ポイント ●

解　答　(1)：一般にダンプトラックなどの主な機械では0.35～0.85程度，標準で0.7。

5. 工程管理

例題 6 重要 重要 重要

工程管理に関する以下の記述のうち，適当でないものはどれか。
(1) ガントチャートは現時点での作業の達成の度合いを容易に把握することができる。しかし，各作業に必要な日数や工期に影響を及ぼす作業がどれなのかを把握することができない。
(2) バーチャートは，各作業間の関係がおおまかに把握できる。しかも，どの作業が工期に影響しているのかを把握しやすい。
(3) 曲線式工程表は，工事の出来高の進捗を容易に把握できる。出来高は工事開始時では準備のために緩やかな勾配となり，工事の中間段階で最も急勾配となる。
(4) ネットワーク式工程表は各作業を丸と矢印の結合で表し，各作業の関連性や流れなどを明確に示す工程表。この工程表は，効率的な工程管理ができるが，表の作成が難しく熟練を要するという欠点がある。

Point → 工程表の種類とその長所，短所についてしっかりと把握しておくこと。

解説

工程表は，工程を効果的に管理するために作成されるものであり，その用途やニーズに応じていくつかの種類のものがある。

(1) 横線式工程表
① バーチャート
縦軸に各作業項目を横軸に暦日をとるので，各作業に要する日数が容易に把握できる。また，作業の流れが左から右へ移行していくので，各作業間の関係がおおまかに把握できる。しかし，どの作業が工期に影響しているのかということを把握することは難しいという欠点がある。

② ガントチャート

縦軸はバーチャートと同じように各作業項目を取り，横軸に各作業の達成の度合いを百分率（％）で表示するもので，各作業の進捗度合いは容易に把握できるが，各作業に必要な日数や工期に影響を及ぼす作業がどれなのかを把握することができない。

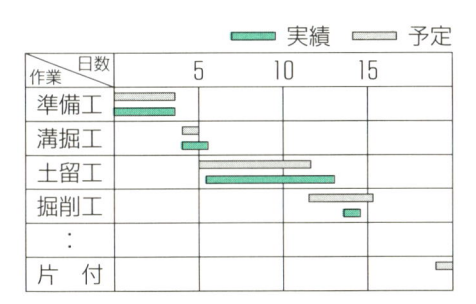

図12・4　バーチャート

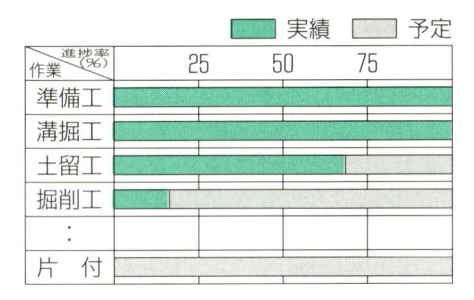

図12・5　ガントチャート

(2) 曲線式工程表

曲線式工程表は，縦軸を工事出来高や累計施工量とし，横軸を日数などの時間軸とするもので，工事出来高の進捗を容易に把握できる。出来高は工事開始時には準備のために緩やかな勾配となり，工事中間時に最も急勾配となり，工事終了時は施工量の減少によってまた緩やかな勾配になる。結果として出来高曲線はＳ字型となる。経済的な工事を実施するために出来高曲線に上限と下限を設けて工程管理することが多いが，この上限と下限の曲線の予定工事勾配曲線をバナナ曲線と呼び，工事の進捗がこの中に収まるように管理する。

横線式工程表と併せて工程曲線を利用すると，より効果的な工程管理が可能になる。

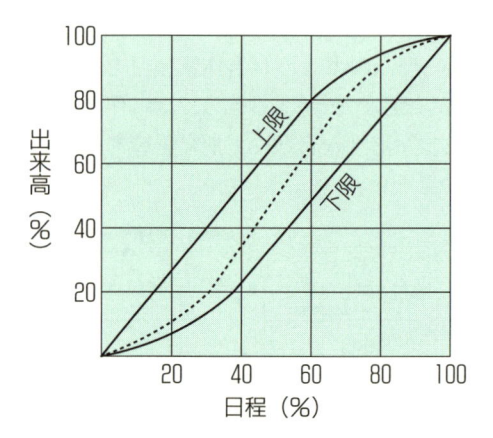

図12・6　曲線式工程表

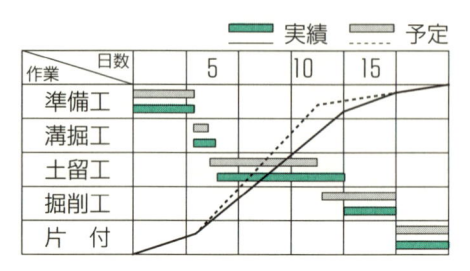

図12・7　横線式工程表と工程曲線

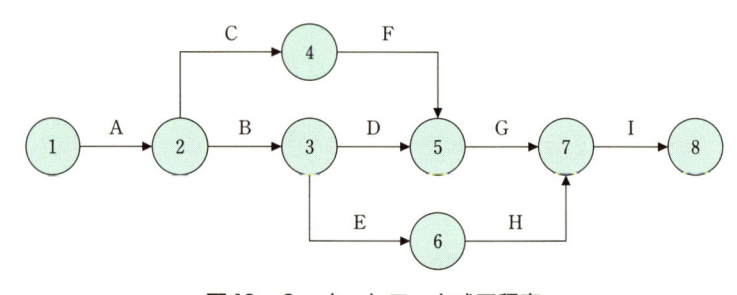

(3) ネットワーク式工程表

　ネットワーク式工程表は各作業を丸と矢印の結合で表し，各作業の関連性や流れなどを明確に示す工程表である。この工程表は横線式工程表の欠点である各作業間の関連性を明確にすることができ，工期に影響を与える作業を明確にできるので，効率的な工程管理ができる。しかし，表の作成が難しく熟練を要するという欠点がある。

図12・8　ネットワーク式工程表

解答 (2)：バーチャートは，どの作業が工期に影響しているのかを把握するのが困難。

類題マスター

類題1

工程表に関する以下の記述のうち，適当でないものはどれか。

(1) バーチャートはネットワーク式工程表よりも作業の相互関係がわかりやすい。
(2) 曲線式工程表において，工事の出来高を示す曲線は一般的にS字型になる。
(3) 工期に影響する作業項目はネットワーク式工程表では容易に分かるが，ガントチャートでは不明である。
(4) ネットワーク式工程表は，作成するのに熟練を要する。

類題2

次の曲線式工程表に対応する横線式工程表として，最も適当なものはどれか。

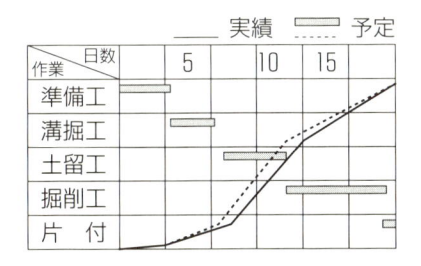

第12章 施工管理

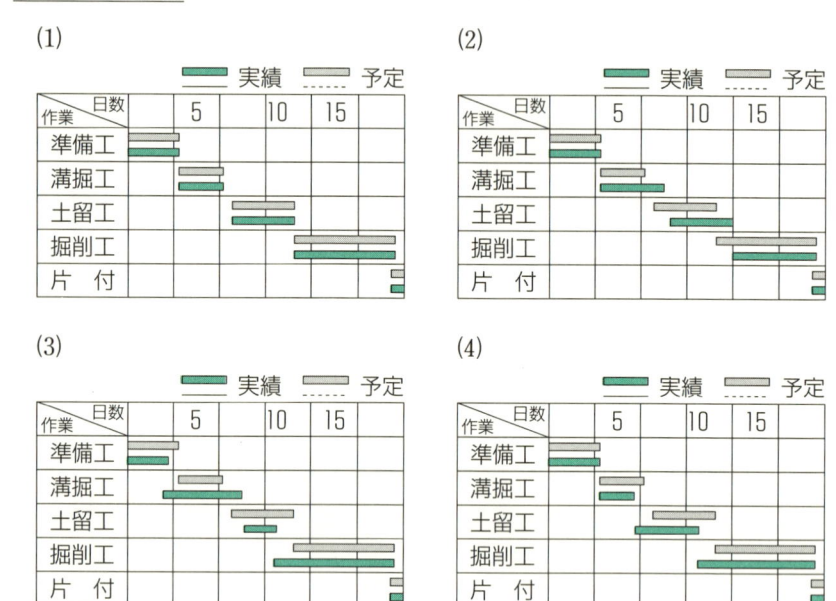

(1) 〜 (4) バーチャート工程表（実績・予定）

作業項目：準備工、溝掘工、土留工、掘削工、片付
日数：5、10、15

● 解答・ポイント ●

解　答　　類題1　(1)：バーチャートでは作業の相互関係があいまいであるが，ネットワーク式工程表では，作業の相互関係や，工期に影響する作業がどれであるかということが明瞭である。

　　　　　類題2　(2)

280

例題 7 重要 重要 重要

工程管理で用いられるネットワーク手法について，以下の記述のうち，適当でないものはどれか。
(1) クリティカルパス上のアクティビティーのフロートは 0 である。
(2) 一つのネットワーク図が示すクリティカルパスは 1 本だけである。
(3) フリーフロートはトータルフロート以下になる。
(4) フリーフロートは，これを使っても後続するアクティビティーに影響を及ぼさない。

Point → 工程計画のうち，ネットワーク手法の基本についてよく理解しておくこと。

解説

(1) 基本ルール

　ネットワーク式工程表は，個々の作業（アクティビティー）を矢印で示し，丸で示した結合点（イベント）同士を矢印で結んで表現する。矢印の方向は作業の進行方向を示している。矢印の下には作業の所要時間（デュレーション）を記入している。この所要時間は必ず作業ができる時間という考えでなく，その作業を行う上で最も確率の高い所要時間を記入する。デュレーションは通常，日数で示すことが多い。天候による影響などはここに含めるものとする。破線の矢印はダミーと呼び，所要時間 0 の架空の作業であり，相互の作業の前後関係を表す。

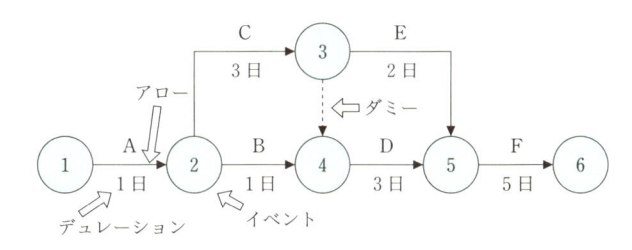

図 12・9　ネットワーク式工程表の概要

(2) 最早開始時刻, 最遅完了時刻

① 最早開始時刻
イベント i とイベント j の間のアクティビティー (i, j) が最も早く開始できる時刻。

② 最早完了時刻
アクティビティー (i, j) が最も早く完了する時刻。最早開始時刻にアクティビティー (i, j) の作業時間を加えたもの。

③ 最遅開始時刻
全体の工程を所定の工期で完了させるために, アクティビティー (i, j) が最も遅く完了する場合に, アクティビティー (i, j) を開始する時刻。

④ 最遅完了時刻
全体の工程を所定の工期で完了させるために, アクティビティー (i, j) が最も遅く完了しておかねばならない時刻。最遅開始時刻にアクティビティー (i, j) の作業時間を加えたもの。

(3) 最早結合点時刻と最遅結合点時刻

① 最早結合点時刻
ネットワークの開始時点からみて, そのイベントから始まるアクティビティーのすべてが最も早く開始できる時刻。

② 最遅結合点時刻
ネットワークの完了時点からみて, そのイベントを終えるアクティビティーのすべてが最も遅く完了できる時刻。

12-5 工程管理

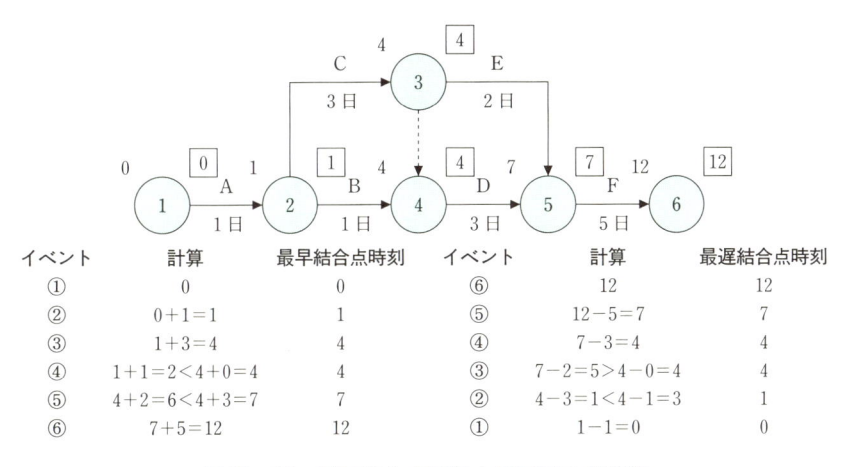

```
          4  ┌4┐
       C ───→(3)─── E
       3日    │    2日
             ↓
 0 ┌0┐  1 ┌1┐ 4 ┌4┐  7 ┌7┐ 12 ┌12┐
(1)─A─→(2)─B─→(4)─D─→(5)─F─→(6)
   1日     1日    3日    5日
```

イベント	計算	最早結合点時刻	イベント	計算	最遅結合点時刻
①	0	0	⑥	12	12
②	0+1=1	1	⑤	12-5=7	7
③	1+3=4	4	④	7-3=4	4
④	1+1=2<4+0=4	4	③	7-2=5>4-0=4	4
⑤	4+2=6<4+3=7	7	②	4-3=1<4-1=3	1
⑥	7+5=12	12	①	1-1=0	0

図12・10 最早結合点時刻と最遅結合点時刻

(4) 余裕時間(フロート)

アクティビティーの最早開始時刻と最遅完了時刻は同じ場合と差が生じる場合がある。差が生じる場合には,その差は工期に影響しないで作業を遅らせることのできる時間となる。これを余裕時間という。

余裕時間には,トータルフロートとフリーフロート,インターフェアリングフロートなどがある。

① トータルフロート(全余裕時間)

トータルフロートとは,最早開始時刻で作業を始めて,最遅完了時刻で続きの作業を完了する場合に生じる余裕。アクティビティー(i, j)を含んだ一つの経路に共通する余裕となる。その経路内でこの余裕を使い切ると,その経路はクリティカルパスになる。

② フリーフロート(自由余裕時間)

フリーフロートとは,最早開始時刻でアクティビティー(i, j)の作業を開始して,最早開始時刻でイベントjに続く作業を開始する際の余裕。後続の作業に影響を及ぼさない範囲でアクティビティー(i, j)が使うことのできる余裕。フリーフロートはトータルフロート以下になる。

③ インターフェアリングフロート(干渉余裕時間)

インターフェアリングフロートとは,全体の工期には影響を及ぼさないが,後続するアクティビティーの最早開始時刻に影響を与えるフロートをいう。

283

第 12 章　施工管理

(5) クリティカルパス

　クリティカルパスは余裕時間のないトータルフロートがゼロの経路で，作業開始から完了までで最も時間のかかる経路をいう。工程管理をするうえで最も重要な経路になる。
　クリティカルパスには，以下のような特徴がある。
① 　クリティカルパス上のアクティビティーのフロートは 0 である。
② 　クリティカルパスは一つの経路とは限らない。
③ 　クリティカルパスは，すべての経路のなかで最も時間がかかる経路である。
④ 　工程を短縮するには，クリティカルパスに目を向ける必要がある。

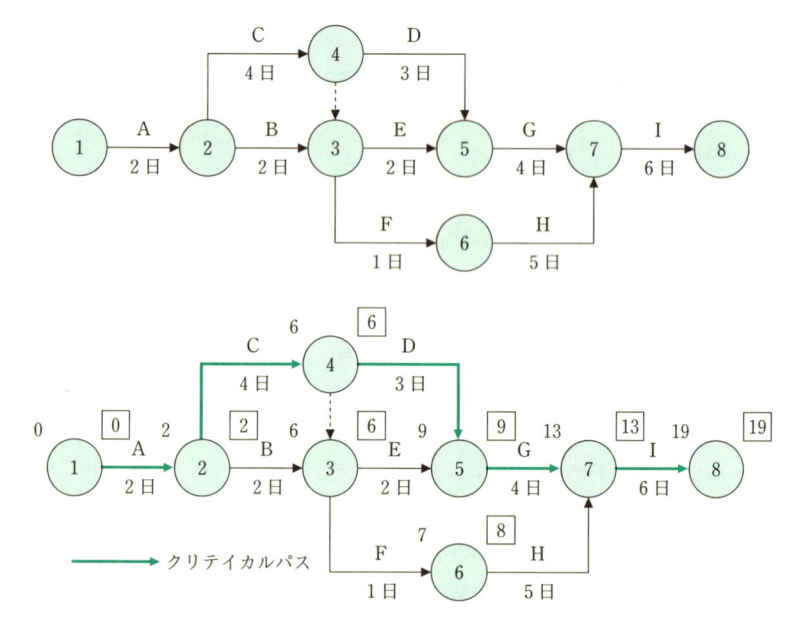

図 12・11　ネットワーク式工程表のクリティカルパス

解答　(2)：一つのネットワーク図が示すクリティカルパスは 1 本とは限らない。

類題マスター

類題1

工程管理で用いられるネットワーク手法について，以下の記述のうち，適当でないものはどれか。

(1) 工程を短縮するにはクリティカルパス上のアクティビティーに要する日数を短縮する必要がある。
(2) ダミーはクリティカルパスに含まれない。
(3) クリティカルパス上のアクティビティーのフロートは0である。
(4) フリーフロートとは，最早開始時刻でアクティビティー（i, j）を始めて，最早開始時刻でイベントjに続く作業を始められる場合の余裕。

類題2

図のネットワーク式工程表で，Gの作業を1日，Hの作業を2日，Jの作業を1日減らすと，全体の工期は何日短縮できるか。以下の選択肢のうち，最も適当なものを選べ。

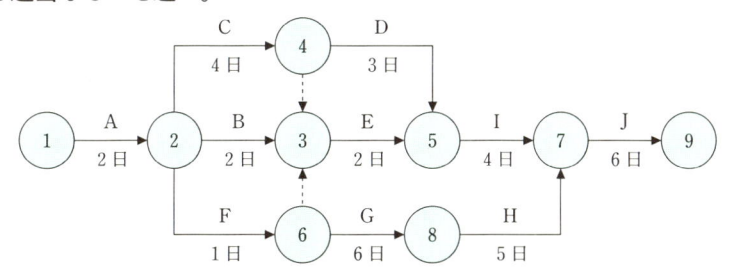

(1) 1日
(2) 2日
(3) 3日
(4) 4日

● 解答・ポイント ●

解 答　類題2

当初のクリティカルパスは下図の通り。

第12章　施工管理

[図 12·12: ネットワーク工程図]

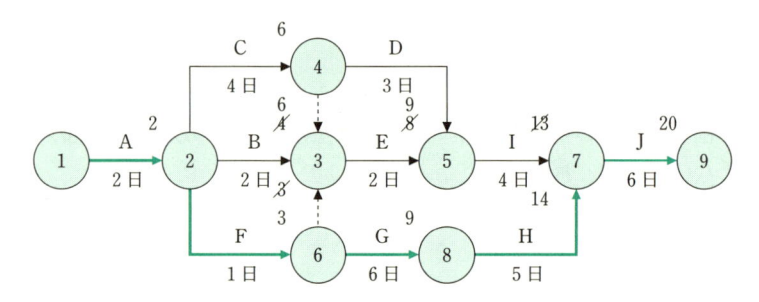

図12・12

　G，H，Jのアクティビティーをそれぞれ1日，2日，1日減らすと，クリティカルパスは次のように変化する。

[図 12·13: 変更後のネットワーク工程図]

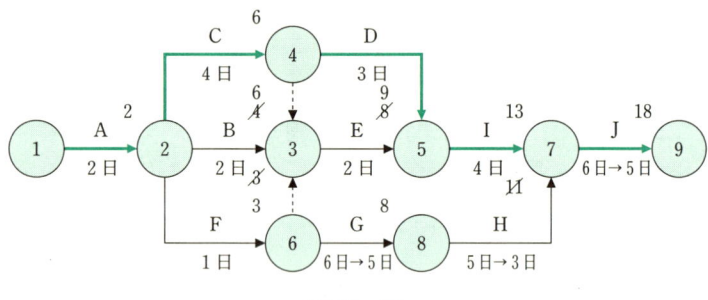

図12・13

解　答　**類題1**　(2)：ダミーがクリティカルパスに含まれる場合もある。
　　　　　類題2　(2)：クリティカルパスは上図のように変わり，工程は2日短縮される。

例題 8

次のネットワーク図について、以下の記述の（　）内に当てはまる数字の組み合わせのうち、適当なものはどれか。

「この工程表のクリティカルパスによって示される最小の所用日数は（　イ　）日である。作業Dのトータルフロートは（　ロ　）日である。」

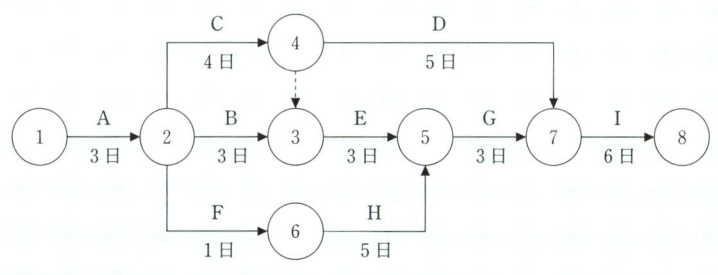

```
              C         D
             4日  ④    5日
        A       B       E       G       I
   ①──→②──→③──→⑤──→⑦──→⑧
        3日     3日    3日    3日    6日
              F         H
             1日  ⑥    5日
```

	(イ)	(ロ)
(1)	18	1
(2)	19	1
(3)	18	2
(4)	19	2

Point
ネットワーク図の読み取りが確実にできるようにしておくこと。

解説

フリーフロートは最早開始時刻で作業を始めて後続する作業を最早開始時刻で始める場合に生じる余裕。トータルフロートは最早開始時刻で作業を始めて、最遅完了時刻で作業を完了する場合に生じるフロートである。

ネットワーク図の最早結合点時刻と最遅結合点時刻を順に求めていって、その差を調べていけば、余裕の計算ができる。

第12章 施工管理

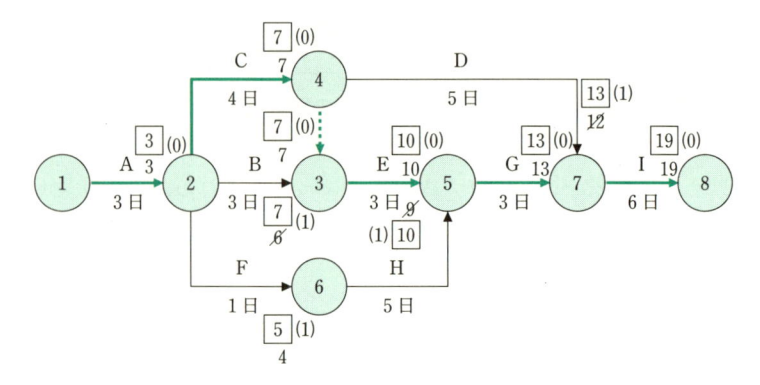

図12・14 例題ネットワーク図のクリティカルパス

解答 (2)：上図の通り。

例題 9

次のネットワーク図について，ピーク時の作業人数が最も少なくなるような配員計画とした場合のピーク時の作業人数として，適当なものはどれか。

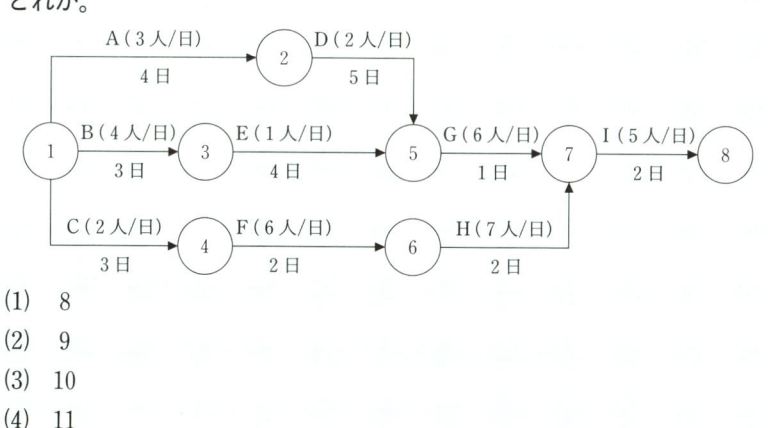

(1) 8
(2) 9
(3) 10
(4) 11

Point → ネットワーク図から配員計画を読み取れるようにしておくこと。

解説

施工管理するうえでは，所要日数の把握だけでなく，人や物などを組み合わせた管理が必要となる。ネットワーク図を利用した工程管理では，人や金などの要素を組み込んで管理することができる。

例えば，現場に配置する人員の計画では，各作業に必要な人員の数を「山積み」や「山崩し」といった方法で効率的に配置することができる。

山積みとはネットワークに示されている各作業に必要な労務者を工程別に積み上げて計算する作業をいう。一方，山崩しとは，山積みされたものを，余裕日数を勘案しながら，工期を変えずに作業量を平準化する作業をいう。

作業人数についての山積みや山崩しの作業は，人数と日数をそれぞれ軸にとったグラフを利用して作業別に人員の割り当てを調整する。手順は次の通り。まずは，最早時刻による人員を割り付ける（最遅時刻で行う場合もあ

第12章　施工管理

る)。そして，工程のフロートを考慮して，作業が平準化できるように調節する。実際の山崩しの計算では，クリティカルパスを優先して，残りの作業を図示しながら，各作業の余裕を考えて，平準化できるように調節する。

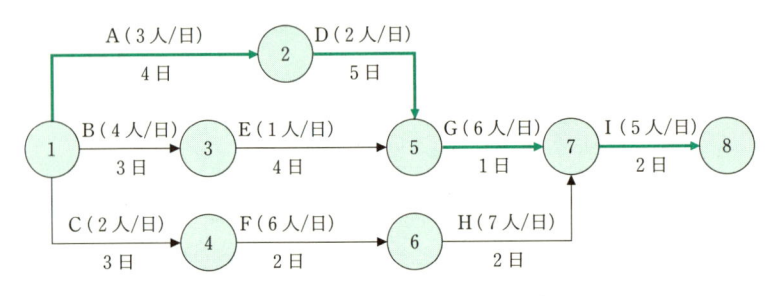

図12・15　例題のクリティカルパス

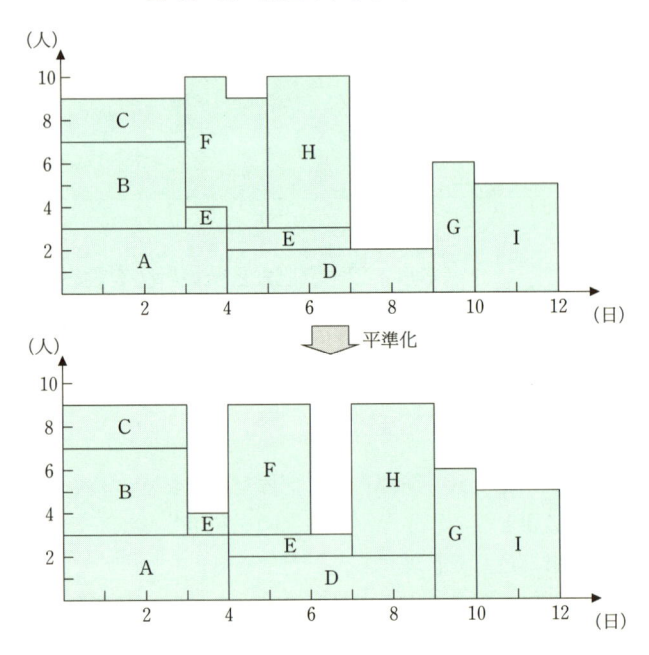

図12・16　例題のネットワーク図を最早時刻で山積みした図と平準化した図

解答　(2)：上の図参照。

290

第13章

品質管理

第13章　品質管理

1. 品質管理

例題 1　重要 重要 重要

品質管理の一般的な手順に関して次の（　）に当てはまる項目の組み合わせとして適当なものはどれか。
　（　A　）→品質標準の決定→（　B　）→（　C　）→（　D　）→検討と処置
（項目）イ．品質特性の決定　　ロ．データの測定
　　　　ハ．データの判読　　　ニ．作業標準の決定
(1)　A：イ　　B：ロ　　C：ハ　　D：ニ
(2)　A：ロ　　B：イ　　C：ニ　　D：ハ
(3)　A：イ　　B：ニ　　C：ロ　　D：ハ
(4)　A：ロ　　B：ハ　　C：ニ　　D：イ

Point → 品質管理の目的や手順について理解しておくこと。

解!説

(1) 品質管理の目的
　品質管理とは，目的とする機能を得るために，設計や仕様の規格を満足する構造物を経済的に作り出すための手段の管理体系」をいう。品質管理が十分できていることとは，次の二つの条件を同時に満たすことをいう。
①　製品などが規格の許容範囲を満たしている
②　工程が安定している

(2) 品質管理の手順
　品質管理の手順は以下の通り。

292

① 品質特性の決定
　設計の品質を満たすために管理しようとする品質の特性を決める。
② 品質特性に対する品質標準を決める
　品質の平均とそのばらつきの幅などによる品質の目標を定める。
③ 品質を確保するための作業標準を決める
　品質標準を満たすために必要な作業方法や作業手順などを決める。
④ データの測定
　品質管理のためのデータを測定。
⑤ データの判読
　測定したデータを判読。ヒストグラムで各データが品質に十分な余裕を持っているかどうかを確認した後に，管理図を作成。工程が安定しているかどうかを確認する。
⑥ 検討と処置
　判読されたデータから品質や工程が安定しているかどうかをチェックした後，計画からデータがずれているような場合には，修正のための処置を講じる。

(3) 品質特性を決める際の条件
品質特性を決める際に必要な条件は以下の通り。
① 工程の状態を総合的に表すもの
② 設計の品質に重要な影響を及ぼすものであること
③ 代用特性または工程要因を品質特性とする場合は，真の特性との関係が明らかであること
④ 測定しやすい特性であること
⑤ 工程に対して処置を講じやすい特性であること

解答 (3)

第 13 章　品質管理

類題マスター

品質特性を決める際の条件として，適当でないものはどれか。
(1)　代用特性を品質特性とする場合は，真の特性との関係が明らかであること。
(2)　測定しやすい特性であること。
(3)　工程の状態を総合的に表すもの。
(4)　設計品質に影響が少ない特性であること。

● 解答・ポイント ●

　解　答　　(4)：最終的な品質に重要な影響を及ぼす特性に着目しなければならない。

例題 2

工種と品質特性，試験方法に関する組み合わせのうち，適当でないものはどれか。

	工 種	品質特性	試験方法
(1)	土 工	― 透水係数 ―	透水試験
(2)	路盤工	― 支持力 ―	平板載荷試験
(3)	コンクリート工	― スランプ ―	空気量測定
(4)	アスファルト舗装工	― 安定度 ―	マーシャル安定度試験

Point → 品質特性と試験方法の関係を覚えておくこと。

解説

品質特性は，最終の品質に影響を及ぼすもののうち，できる限り工程の初期段階で測定でき，結果も早々に得られるような項目を選ぶ。品質特性と試験方法の関係は次の表の通り。

表13・1　品質特性と試験方法の例

工　種		品質特性	試験方法
土工	材料	最大乾燥密度	締め固め試験
		粒度	粒度試験
		自然含水比	含水比試験
		液性限界	液性限界試験
		塑性限界	塑性限界試験
		透水係数	透水試験
		圧密係数	圧密試験
	施工	施工含水比	含水比試験
		締め固め度	現場密度の測定
		CBR	現場 CBR 試験
		たわみ量	たわみ量測定
		支持力値	平板載荷試験
		貫入指数	各種貫入試験
路盤工	材料	粒度	ふるい分け試験

第13章　品質管理

		含水比	含水比試験
		塑性指数	液性限界・塑性限界試験
		最大乾燥密度・最適含水比	締め固め試験
		ＣＢＲ	ＣＢＲ試験
	施工	締め固め度	現場密度の測定
		支持力	平板載荷試験・ＣＢＲ試験
		平坦性	平坦性試験
コンクリート工	骨材	比重及び含水率	比重及び含水率試験
		粒度（細骨材，粗骨材）	ふるい分け試験
		単位容量質量	単位容積質量試験
		すり減り減量（粗骨材）	すり減り試験
		混合割合	洗い分析試験
		表面水量（細骨材）	表面水率試験
		安定性	安定性試験
	コンクリート	スランプ	スランプ試験
		空気量	空気量試験
		圧縮強度	圧縮強度試験
		曲げ強度	曲げ強度試験
アスファルト舗装工	材料	骨材の比重及び吸水率	比重及び吸水率試験
		粒度	ふるい分け試験
		単位容積質量	単位容積質量試験
		すり減り減量	すり減り試験
		軟石量	軟石量試験
		針入度	針入度試験
		伸度	伸度試験
	プラント	混合温度	温度測定
		アスファルト量・合成粒度	アスファルト抽出試験
	舗設現場	敷き均し温度	温度測定
		安定度	マーシャル安定度試験
		厚さ	コア採取による測定
		平坦性	平坦性試験
		混合割合	コア採取による混合割合試験
		密度	密度試験

解答　(3)

13-1　品質管理

類題マスター

工種と品質特性，試験方法に関する組み合わせのうち，適当でないものはどれか。

	工　種		品質特性		試験方法
(1)	コンクリート工	―	圧縮強度	―	圧縮強度試験
(2)	路盤工	―	CBR	―	平坦性試験
(3)	土工	―	圧密係数	―	圧密試験
(4)	アスファルト舗装工	―	針入度	―	針入度試験

● 解答・ポイント ●

解　答　(2)：CBRはCBR試験で確認。

第13章　品質管理

例題 3 重要 重要 重要

次のデータのメジアンとレンジの組み合わせとして，適当なものはどれか。

〈データ〉
26, 30, 17, 24, 28

	メジアン	レンジ
(1)	26	13
(2)	25	17
(3)	25	13
(4)	26	17

Point → 統計に関する用語と意味をよく理解しておくこと。

解説

統計的品質管理を行う上で，各種の統計用語を整理しておく。

(1) 平均値（$\bar{x}$：エックスバー）

平均値はデータの算術平均で，次式のように表現される。

$$\bar{x} = \frac{x_1 + x_2 + x_3 + \cdots\cdots + x_n}{n}$$

次のデータで平均値を求めてみると以下のようになる。

{10, 8, 19, 7, 14, 10, 12, 9, 17, 11, 15}

$$\bar{x} = \frac{10+8+19+7+14+10+12+9+17+11+15}{11} = 12$$

(2) メジアン

メジアンはデータを小さい方から順番に並べたときにその真ん中の順番になる値をいう（データが偶数の場合は，中央の2つの値の平均値をとる）。

以下のデータでメジアンを求めてみる。

{10, 8, 19, 7, 14, 10, 12, 9, 17, 11, 15}

まず，データを小さい順に並べかえる。
　　7，8，9，10，10，⑪，12，14，15，17，19
すると，真ん中の数値は11。これがメジアンとなる（平均値12と異なっていることに注意する）。

(3) モード

モードとはデータの中で最も多く出てくる数値をいう。
次のデータでモードを求めてみる。
　　{10，8，19，7，14，10，12，9，17，11，15}
まず，データを小さい順に並べかえると10が2回出ている。他の数値は1つしかないので，このデータにおけるモードは10となる。
　　7，8，9，⑩，⑩，11，12，14，15，17，19

(4) レンジ

レンジとはデータの中の最大値と最小値の差をいう。
次のデータでレンジを求めてみる。
　　{10，8，19，7，14，10，12，9，17，11，15}
まず，データを小さい順に並べかえると最大値は19，最小値は7である。
　　⑦，8，9，10，10，11，12，14，15，17，⑲
したがって，
　　19−7＝12
より，このデータのレンジは12となる。

解答　(1)：データを並び替えて真ん中に来るのは26。従って，メジアンは26，レンジは13（＝30−17）。

第 13 章　品質管理

類題マスター

以下のデータのモードとレンジの組み合わせを示した(1)〜(4)の選択肢のうち，正しいものはどれか。

〈データ〉
　　24，24，34，16，34，26，24，32，29

(1)　モード　24　　レンジ　18
(2)　モード　24　　レンジ　16
(3)　モード　27　　レンジ　18
(4)　モード　27　　レンジ　16

● 解答・ポイント ●

解　答　　(1)：平均 27，メジアン 26，モード 24，レンジ 18（＝34－16）

例題 4

横軸に品質特性値，縦軸に度数を示したヒストグラムと品質管理上の判断の組み合わせのうち，適当でないものはどれか。

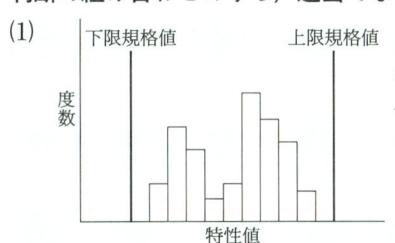

(1) 山が二つあり，他の母集団のデータが混在している可能性がある。データ全体を調べる必要がある。

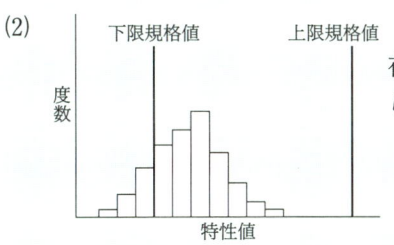

(2) 下限規格値を超えているデータが存在する。平均値を大きいほうにずらすようにする必要がある。

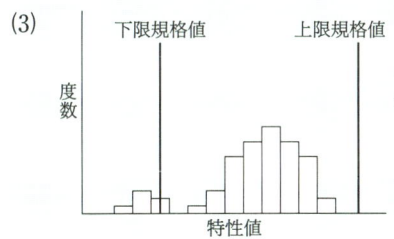

(3) 離れ小島のように下限規格値を超えているデータがある。測定の誤りや工程で異常が生じた可能性がある。

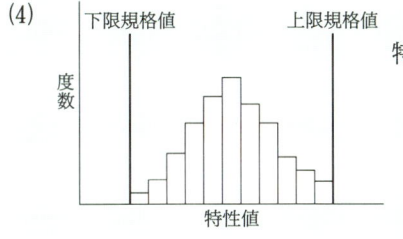

(4) データは規格内に収まっており，特に問題はない。

Point → ヒストグラムの特徴をよく理解しておくこと。

解説

ヒストグラムは統計的品質管理を行ううえで品質特性のバラつきを確認するためのグラフである。ヒストグラムは横軸に特性値を一定の幅で区分したバンドを，縦軸にそのバンドに出現する特性値の度数をとった柱状図である（図13・1）。

一般的にはこの分布状況が平均値を中央として，上限，下限の規格値内にあり，かつその分布状況が正規分布のような山状で，上限と下限にゆとりがあるとよい（図13・2）。

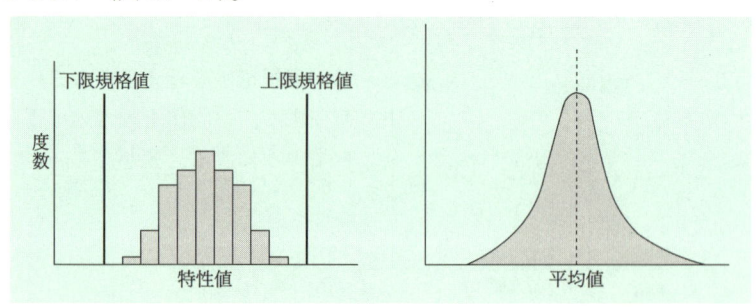

図13・1　ヒストグラム　　　図13・2　正規分布

ヒストグラムを見る場合に注意すべき点は以下の通り。
① データが規格値の中に納まっているか
② 分布の幅は適当か（幅が大きすぎないか又は小さすぎないか）
③ 分布の位置は適当か（上限，下限の中間にデータの中心があるような適当な分布状況になっているか）
④ 分布の山が2つ以上ないか
⑤ 離れ島のような飛び離れた位置にあるデータはないか
⑥ 分布の山がきれいな山状（正規分布のような山）になっているか

ここで，例題について見てみる。(1)はデータが2つの山に分布しており，工程の異常や他の母集団のデータなどが混在している恐れがある。そのため，データ全体を改めて調べる必要がある。(2)は分布が下限よりに偏っており，何らかの対策を講じる必要がある。(3)は下限規格値を下回る離れ島のようなデータがある。測定の間違いや工程上で異常が生じた恐れがある。(4)は正規分布のようなデータ分布をしているものの，データが上限と下限の規格値いっぱいまで分布している。そのため，少しの変動でも規格値を外れる可能性がある。上限と下限の設定が現状の技術レベルに見合っているかどうかの検

13-1　品質管理

討など品質管理上の注意が必要。

解答 (4)

類題マスター

次のヒストグラムの分析結果として以下の説明のうち，最も適当なものはどれか。

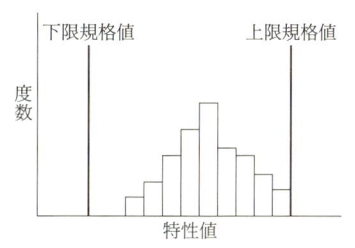

(1) 正規分布に近く，品質管理が非常にうまくなされている状態。
(2) 下限管理値を超過しているものがあり，品質管理上何らかの対策が必要な状態。
(3) データが上限値よりに偏っており，品質管理上何らかの対策が必要な状態。
(4) 規格値に対して余裕があり，特に問題はない。

● 解答・ポイント ●

解　答　(3)：データが上限よりに偏っており，何らかの対策が必要。

第13章　品質管理

例題 5

上限規格値が 25 cm の規格を持つもので，測定データの平均値が 20 cm の場合，この結果から判断できることとして最も適当なものはどれか。なお，測定データの標準偏差の推定値は 1.5 cm だった。
(1)　規格値に対してゆとりがない。
(2)　規格値に対してゆとりがある。
(3)　上限規格値と平均値の差が小さくゆとりの有無を判断できない。
(4)　規格値を外れているデータがある。

Point → 規格値についてよく理解しておくこと。

解説

規格値とは，品質特性について製品の許容できる限界を表したものである。規格値には上限もしくは下限を示す片側規格値と上限，下限の両方を示した両側規格値がある。

この規格値は，仕様書などに示される設計値と組み合わせて出来形の管理に用いられる。

規格値に対するゆとりは，次の式で判定。次の式を満たす場合は測定値にゆとりがある。

$$\frac{|S-\bar{x}|}{\hat{\sigma}} > 3$$

S：規格値（上限規格値，下限規格値）
$\bar{x}$：平均値
$\hat{\sigma}$：標準偏差の推定値

例題を上の式に当てはめてみると，$(25-20)/1.5 = 3.33 > 3$。よって，測定データにはゆとりがある状態といえる。

解答　(2)：解説のとおり。

例題 6 重要 重要

次に示す工程能力図の説明のうち，適当でないものはどれか。

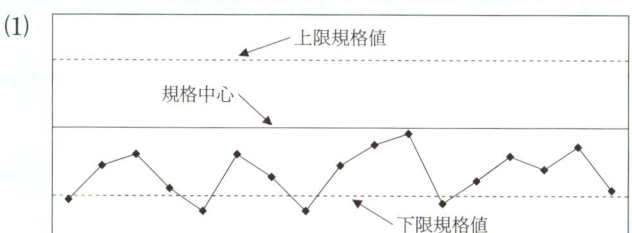

(1)

下限規格値を超えているものがあるので，全体のデータを上げるようにする必要がある。

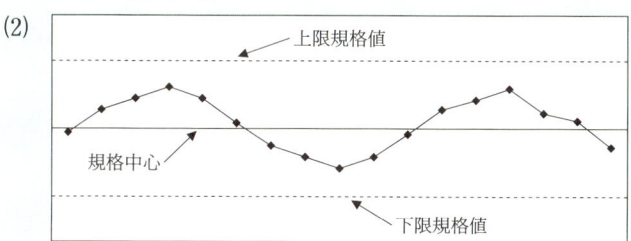

(2)

データが周期的に変化しているので，気温など時間的に周期性を持つ現象の影響を受けている可能性が考えられる。

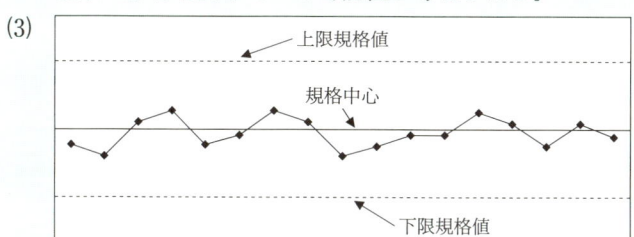

(3)

規格値の上下に不規則にばらつきがみられ，不安定な状態。

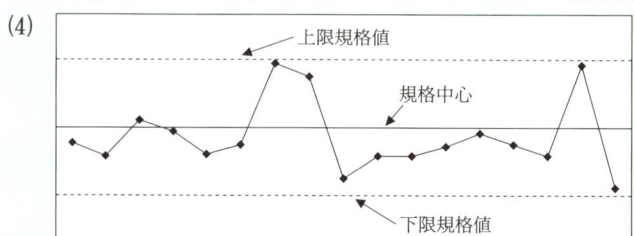

(4)

突然，データが高くなったり低くなったりしており，機械の調整な

第13章　品質管理

> どの影響を受けていないかどうかなどを調べる必要がある。

Point → 工程能力図の読み方をよく理解すること。

解説

　工程能力図は，縦軸に特性を横軸にサンプル番号や時間をとり，規格の中心値と上限規格値，下限規格値を示す線を引いて，データを打点。時間経過に伴う品質の変化や傾向を確認する。

　工程能力図が安定しているかどうかは次の点に着目して判定する。

① 上限規格値や下限規格値をはみ出ていないか。
② 時間経過と共に次第にデータが一定の方向に変動していないか。データが上昇を続けたり，下降を続けたりしている場合は，機械の精度が悪くなった影響などが考えられる。
③ データが周期的に変動していないか。データが周期的に変化している場合は，気温など周期的に変化する事象の影響を受けている恐れがある。
④ バラツキが大きくないか。バラツキが大きいと，工程は不安定になる。また，バラツキの度合いが次第に大きくなるような場合は，作業に慣れた作業員が粗雑な作業をしている恐れや計器の精度が悪化している恐れがある。ばらつきの程度が少なく，平均が規格中心に近い方が工程は安定している。
⑤ 突然上昇したり下降したりするような状態にないか。データが突然変化する場合は，機械を調整した影響や材料の変化などについて確認する必要がある。

解答　(3)：データは規格中心付近を少ないばらつきで分布。工程は安定している。

例題7

品質管理に利用する管理図について，適当でないものはどれか。
(1) R管理図は群のバラツキを管理して工程の状態を確認する。
(2) $\bar{x}$管理図は，平均値の変動を管理する。
(3) x管理図は計数値を管理するものである。
(4) $\bar{x}$－R管理図は，群の平均値と範囲の変化を同時に確認しながら工程の安定状態を計量値で管理する。

Point → $\bar{x}$－R管理図などの管理図の特徴などについて理解しておくこと。

解説

管理図は，測定値の時間変化に応じた変化を基に工程が安定しているかどうかを判断するために利用するもの。図には，上方管理限界や下方管理限界を記載して，バラツキの限界を示す。管理図では，偶然に生じるバラツキと機械などの異常によって生じるバラツキを見極めることが求められる。管理図のデータは，データを示した点のバラツキの具合に一定の法則などがなく，中心値を平均としてデータが適度に散らばっていれば工程は安定していると考えられる。

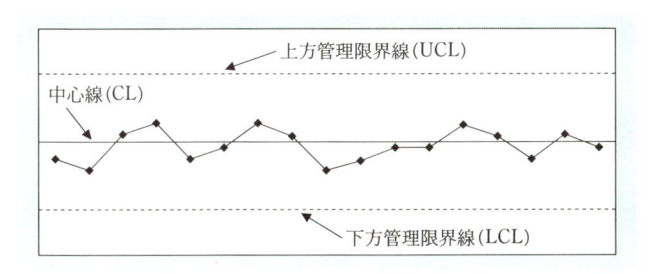

図13・3 管理図の概念図

計量値は，重さや長さ，強度，時間など連続的な値。計数値とは離散的な数値で，100個の製品のうち不良品が2個などのデータをいう。計量値を管理する主な管理図は以下の通り。

(1) x 管理図
工程平均を個々の測定値（計量値）を時間変化に応じて順番に並べて管理する。データを群に分けることが困難な場合やデータを得る間隔が長い場合などに利用する。

(2) $\bar{x}$ 管理図
工程平均を群の平均値 $\bar{x}$ によって管理する。

(3) R 管理図
群のバラツキを管理する。バラツキはデータの最大値と最小値の差であるレンジ R によって把握する。

(4) $\bar{x}$ ─ R 管理図
工程を平均値 $\bar{x}$ とレンジ R の両方を利用して管理する。$\bar{x}$ ─ R 管理図を作成する手順は次の通り。
① データの収集
② データを群に分類する
③ 組ごとにデータの平均値 $\bar{x}$ を算出
④ 組ごとにレンジ R を計算する
⑤ 組ごとの平均値をさらに組数で割り平均して，群全体の総平均値を算出
⑥ 組ごとのレンジの合計を組数で割り，群のレンジの平均値を計算する
⑦ $\bar{x}$ 管理図の管理線を以下のように求める

　　中心線　　　　：$CL = \bar{\bar{x}}$
　　上方管理限界線：$UCL = \bar{\bar{x}} + A_2 \bar{R}$
　　下方管理限界線：$LCL = \bar{\bar{x}} - A_2 \bar{R}$
　　（A_2 はデータ数に応じて決まる定数。表 13・2 参照）

表13・2　管理限界の係数

群の大きさ	A_2	D_3	D_4
2	1.88	—	3.27
3	1.02	—	2.57
4	0.73	—	2.28
5	0.58	—	2.11
6	0.48	—	2.00
7	0.42	0.08	1.92
8	0.37	0.14	1.86
9	0.34	0.18	1.82
10	0.31	0.22	1.78

⑧　R管理図の管理線を以下のように求める
　　中心線　　　　　：$CL = \bar{R}$
　　上方管理限界線：$UCL = D_4 \bar{R}$
　　下方管理限界線：$LCL = D_3 \bar{R}$
　　（D_3，D_4は群のデータ数に応じて決まる定数。表13・2参照）

(5)　x-R_s-R_m管理図

　x管理図に移動範囲と最大移動範囲を組み合わせた管理図。コンクリートの強度の管理など，データ数が少ない場合は前後のデータとの差R_sによって管理限界線を求め，最大範囲R_mとの関係によって管理する。

解答　(3)：x管理図は計量値を管理する。

第13章　品質管理

類題マスター

$\bar{x}$―R 管理図に関する記述のうち，適当でないものはどれか。
(1)　計数値を管理する図の一つ。
(2)　長さや重さ，強度，時間などの連続的なデータを管理する。
(3)　$\bar{x}$ 管理図と R 管理図を併記して，平均値とレンジの変化を同時に確認できる。
(4)　データの群の平均値とバラツキについて同時に管理できる。

● 解答・ポイント ●

解　答　　(1)：$\bar{x}$―R 管理図は計量値を管理するもの。

第14章

労働関係法規

第14章　労働関係法規

1. 労働関係法規

例題 1

「労働基準法」に関する記述のうち，適当でないものはどれか。
(1) 同居の親族のみを使用する事業であっても，労働基準法は適用される。
(2) 期間の定めのないものを除き，一定の事業の完了に必要な期間を定める場合など期間を定めるもののほかは，使用者は労働者と1年を超えた期間にわたる労働契約を締結できない。
(3) 使用者は，業務上負傷した場合や疾病にかかった場合，その療養のための休業期間及びその後30日間は，原則としてその労働者を解雇できない。
(4) 建設業では15才未満の児童の使用を認めていない。

Point → 賃金や労働時間など労働基準法に関するポイントについてよく覚えておくこと。

解説

労働基準法は労働条件に関する基本原則を示した法律である。労働契約や休日，労働時間などに関する労働上の最低基準が示されている。ただし，同居の親族のみを使用する事業については，労働基準法が適用されない。

労働基準法では，使用者は労働者の国籍，信条，社会的身分による差別を禁止している。

(1) **労働契約**

労働契約とは，使用者と労働者とが労働に対する対価を受けること（労務給付）について締結される契約をいう。労働協約とは使用者と労働組合または過半数の労働者を代表とする者との労働条件の設定を主たる内容とする取

312

り決めをいう。この労働契約の内容について，労働基準法に満たない部分がある場合はその部分の契約は無効となり，その条件は労働基準法に定めるものとなる。未成年者については親権者や後見人が未成年者に代わって労働契約を締結してはならない。

① 契約期間

労働契約は期間の定めのない場合を除いて，一定の事業の完了に必要な期間を定めるものの他は，1年を超える期間について締結できない。

② 労働条件の明示

使用者は労働契約の締結に際して，労働者に対して賃金，労働時間その他の労働条件を明示しなければならない。この場合，賃金及び労働時間に関する事項，その他命令で定める事項は，書面を交付して明示しなければならない。

明示された労働条件が事実と異なったときは，労働者は契約を解除することができる。契約を解除した日から14日以内に帰郷する場合には，使用者は必要な旅費を負担しなければならない。

[書面を交付して明示しなければならない事項]
　就業場所及び従事すべき業務
　始業及び終業の時刻・休憩時間
　休日・休暇ならびに就業時転換
　賃金の決定・計算及び支払方法・賃金の締切り・支払い時期・昇給
　退職
　労働契約期間

[定めのある場合に明示しなければならない事項]
　退職手当
　臨時賃金・賞与・最低賃金
　食費・作業用品，安全及び衛生
　職業訓練，災害補償・業務外の傷病扶助
　表彰及び制裁
　休職

③ 最低年齢

建設業では満15歳に達した日から最初に訪れる3月31日が終わるまでの児童を労働者として使用してはならない。

④ 解雇制限

労働者が業務上負傷し，または疾病にかかった場合に，療養のために取得

した休業期間とその後の30日は解雇できない。

療養開始後3年たっても治癒せず，打ち切り補償を支払う場合，天災その他やむをえない理由のため事業の継続が不可能になり，労働基準監督署長の認定を受けたときは解雇できる。

⑤ 解雇予告

使用者は労働者を解雇しようとする場合は，少なくとも30日前に予告しなければならない。30日前に予告しない場合は，30日分以上の平均賃金を支払わなければならない。

但し，以下の労働者には適用しない。

(イ) 日々雇い入れられる者（1ヶ月を超えて引き続いた場合は除く）

(ロ) 2ヶ月以内の期間を定めた者

(ハ) 季節的業務に4ヶ月以内の期間を定めた者

(ニ) 試用期間中の者（但し14日以内）

⑥ 労働時間

使用者は労働者を，休憩時間を除いて，1日8時間，1週間40時間を越えて労働させてはならない。

労使協定などで定められた場合は，1週間，1ヶ月，3ヶ月，1年単位の変形労働時間やフレックスタイム制が認められる。

時間外労働は非常火災時および労使協定に規定されており，時間外労働と深夜労働に対する割り増し賃金は2割5分以上とする。ただし，坑内労働その他健康上特に有害な業務の労働時間の延長は1日あたり2時間以内とする。なお，時間外と深夜労働が重複する場合は5割増し以上の賃金となる。さらに休日労働に対しては3割5分増し以上の賃金となり，休日労働と深夜労働が重なった場合は6割り増し以上の賃金となる。

使用者は労働者の過半数で組織する労働組合などと書面で協定して，行政官庁に届出をした場合には，法定労働時間や休日の規定にかかわらず，労働時間を延長したり休日に労働させたりすることができる。

⑦ 休憩・休日

労働時間が6時間以上のときは少なくとも45分，8時間以上のときは少なくとも1時間の休憩を労働時間の途中で与えなければならない。

休憩時間は原則として一斉に与えねばならない。

毎週少なくとも1回の休日を与えなければならない。

例外として，4週間を通じて4日以上の休日を与える場合もある。

6ヶ月以上継続勤務し，全労働日の8割以上出勤した労働者に対して，継

続，または分割した 10 労働日以上の有給休暇を与えなければならない。
　1 年 6 ヶ月以上継続勤務した労働者に対しては，6 ヶ月を超える継続勤務年数 1 年に対して 1 労働日を加えた有給休暇を与えなければならない。

⑧　**労働時間，休日などの例外**
　下記の者には労働時間，休憩，休日に関する規定が適用されない。
　(イ)　監督もしくは管理の地位にある者
　(ロ)　監視または断続的な労働に従事する者で，行政官庁の許可を受けた者

⑨　**賃金**
　賃金は通貨で，直接労働者にその金額を毎月 1 回以上，一定の期日を定めて支払わねばならない。ただし，臨時に支払われる賃金や賞与などはこの限りではない。また，親権者や後見人が未成年者に代わって賃金を受け取ってはならない。
　使用者の責に帰すべき事由によって労働者が休業する場合，使用者は休業期間中に，平均賃金の 6 割以上の手当てを支払わなければならない。
　使用者は，労働者が出産や疾病，災害などの非常の場合において，その費用に充てるために請求する賃金については，支払い期日前であっても，既往の労働に対する賃金を支払わなければならない。さらに，使用者は事業所ごとに賃金台帳を調整し，賃金計算の基礎となる事項や賃金の額などについて賃金を支払う都度，遅延なく記載しなければならない。
　また，出来高払い制で使用する労働者については，使用者は労働時間に応じて，一定額の賃金の保証をしなければならない。

［賃金支払いの 5 原則］
　(イ)　通貨払い
　(ロ)　直接払い
　(ハ)　全額払い
　(ニ)　月最低 1 回払い
　(ホ)　一定期日払い

(2)　**就業規則**
　各事業所において使用者が，労働者の就業上守るべき規則と労働条件の具体的な項目を決めた規則を就業規則と呼ぶ。
　常時 10 人以上の労働者を使用する使用者は一定の事項について就業規則を作成し，行政官庁に届けなければならない。
　就業規則の変更は，労働者の過半数で構成される労働組合などの意見を聞

第14章　労働関係法規

かねばならない。

解答　(1)：同居の親族のみを使用する事業では，労働基準法は適用されない。

類題マスター

類題1

「労働基準法」に関する記述のうち，最も適当なものはどれか。
(1) 労働基準法では，労働者が出産や疾病など非常の際の費用に充てるために請求する賃金について，支払日の前であれば既往の労働に対する賃金を支払わなくてもよい。
(2) 未成年者が賃金を受け取る場合は，親権者や後見人が未成年者に代わって賃金を受け取ることができる。
(3) 出来高払い制で使用する労働者については，使用者は労働時間に応じて，一定額の賃金の保証をしなければならない。
(4) 使用者の責に帰すべき事由によって労働者が休業する場合，使用者は休業期間中に，平均賃金の8割以上の手当を支払わなければならない。

類題2

「労働基準法」に関する記述のうち，最も適当なものはどれか。
(1) 1年6ヶ月以上継続勤務した労働者に対しては，6ヶ月を超える継続勤務年数1年に対して2労働日を加えた有給休暇を与えなければならない。
(2) 6ヶ月以上継続勤務し，全労働日の5割以上出勤した労働者に対して，継続，または分割した10労働日以上の有給休暇を与えなければならない。
(3) 坑内労働その他健康上特に有害な業務の労働時間の延長は1日あたり2時間以内とする。
(4) 明示された労働条件が事実と異なったときは，労働者は契約を解除することができる。契約を解除した日から30日以内に帰郷する場合には，使用者は必要な旅費を負担しなければならない。

類題3

「労働基準法」に関する記述のうち，最も適当なものはどれか。
(1) 使用者は労働者に対して，毎週少なくとも1日の休日を与えるか，4週間に4日以上の休日を与えなければならない。
(2) 労使協定などで定められた場合は，1年以上の単位に限って変形労働時間やフレックスタイム制が認められる。
(3) 使用者は，労働時間が8時間を超える場合は，少なくとも30分の休憩を労働時間の途中に設ける必要がある。
(4) 使用者は労働者を，休憩時間を除いて，1日7時間，1週間35時間を越えて労働させてはならない。

類題4

「労働基準法」に関する記述のうち，最も適当なものはどれか。
(1) 労働基準法は，日本人を対象としているので，外国人労働者には適用されない。
(2) 建設業では満16歳に達した日から最初に訪れる3月31日が終わるまでの児童を労働者として使用してはならない。
(3) 賃金は必ずしも通貨でなくても構わず，債権や株式でも可能であり，経営の状況に応じて労働者に不定期に年1度以上の頻度で支払われればよい。
(4) 使用者は労働者を解雇しようとする場合は，少なくとも30日前に予告しなければならず，30日前に予告しない場合は，30日分以上の平均賃金を支払わなければならない。

● 解答・ポイント ●

解　答　　類題1　(3)
　　　　　　類題2　(3)
　　　　　　類題3　(1)
　　　　　　類題4　(4)

第14章　労働関係法規

例題2　重要　重要

「労働基準法」において，満18歳未満の年少者に就業させても労働基準法上の定めに違反しない業務はどれか。
(1)　満16歳以上満18歳未満の女性が20 kgの重量物を継続して取り扱う作業
(2)　足場の組み立てと解体作業
(3)　高さが20 mのコンクリート用エレベーターの運転
(4)　2人以上の者によって行う玉掛け作業の補助作業

Point → 労働基準法のうち，年少者や女性の就業制限について理解しておくこと。

解説

使用者は，満18歳未満の年少者について，下記の業務に従事させてはならない。

①　重量物を取り扱う業務

表14・1に掲げる年齢と性別の区分に応じて，重量物を取り扱う作業に従事させてはならない。

表14・1　年齢や性別と重量物を扱う業務との関係

年齢及び性別		重量（単位kg）	
		断続作業の場合	継続作業の場合
満16歳未満	女	12	8
	男	15	10
満16歳以上満18歳未満	女	25	15
	男	30	20

②　クレーンやデリックなどの運転業務
③　最大積載荷重が2 t以上の人荷共用や荷物用のエレベーター，高さ15 m以上のコンクリート用エレベーターの運転業務
④　クレーンやデリック，揚貨装置の玉掛け作業

318

ただし，2人以上の者によって行う玉掛け作業における補助作業を除く。
⑤ ブルドーザーなどの動力によって駆動される土木建築用機械
⑥ 土砂が崩壊する恐れのある場所，または，深さが5m以上の地山の業務
⑦ 高さ5m以上の場所で，墜落によって労働者が危害を受ける恐れがあるところでの業務
⑧ 足場の組み立てや解体などの業務
　ただし，地上または床上の補助作業は除く。
⑨ 異常気圧下での業務
⑩ 削岩機など身体に著しい振動を与える機械器具を用いる業務
⑪ 土石のじんあいまたは，粉末が著しく飛散する場所での業務
⑫ 岩石や鉱物の破砕機に材料を送給する業務

　妊産婦に対しても危険有害業務についての就業規制がある。例えば，つり上げ荷重が5t以上のクレーンやデリック，又は，制限荷重5t以上の揚荷装置の運転業務，足場の組み立てや解体作業などに妊婦が従事してはならない。また，削岩機など著しく振動を与える機械器具を用いる作業には，妊産婦が従事してはならない。

解答 (4)

例題 3 重要 重要 重要

「労働安全衛生法」に関する記述のうち，適当でないものはどれか。
(1) 事業者は，労働者の作業内容を変更する場合は，安全衛生の教育を実施しなくてもよい。
(2) 労働災害の恐れがある作業においては，事業者は作業主任者を選任して作業指揮をさせる。
(3) 事業者は労働者を雇い入れたときに，安全衛生の教育を実施しなければならない。
(4) 安全管理者は労働者が常時 50 人以上いる事業所で，一定の資格を持って安全に関する技術的な事項の管理を行う。

Point → 労働安全衛生法に関するポイントについてよく覚えておくこと。

解説

労働安全衛生法は，労働災害につながる危険を防ぐために，危険を防止するための基準や責任体制を規定して安全を確保する。さらに，職場における労働者の健康管理など作業環境の整備も目的にしている。

(1) 安全衛生管理体制
① **総括安全衛生管理者**
労働者が常時 100 人以上いる事業場で安全や衛生に関する業務を総括する責任者で，選任される。事業所内の安全衛生組織のトップとして，安全管理者や衛生管理者を指揮する。
② **統括安全衛生責任者**
特定元方事業者（元請け会社）は，同一の場所で元請けと下請け会社などの作業員が常時 50 人以上（ずい道や圧気工法などの作業では常時 30 人以上）の労働者が混在して作業を行う場合には，統括安全衛生責任者を配置する。事業者が選任する。

③ 元方安全衛生管理者
統括安全衛生責任者を選任した事業者は，有資格者のうちから元方安全衛生管理者を選任。特定元方事業者が構じるべき措置のうち，技術的事項を管理させなければならない。

④ 安全管理者
労働者が常時50人以上いる事業場で，一定の資格を持って安全に関する技術的事項の管理を行う。

⑤ 衛生管理者
労働者が常時50人以上いる事業場で，一定の資格を持って衛生に関する技術的事項の管理を行う。

⑥ 安全衛生推進者
常時10人以上50人未満の労働者を使用する事業場には安全衛生推進者を選任して配置する。

⑦ 作業主任者
労働災害の恐れがある作業について，労働災害を防止するための管理を担う者で，一定の資格を持つ。事業者には，作業主任者を選任して作業指揮させる義務がある。

⑧ 産業医
常時50人以上の労働者を使用する事業場に産業医を選任する。産業医は医師の資格が必要。

(2) 委員会
事業場に従事する労働者が50人以上の場合，安全委員会及び衛生委員会，または，安全衛生委員会を設置しなければならない。安全や衛生に関連する事項などを調査・審議する。

① 安全委員会
安全委員会で調査・審議する主な事項は以下の通り。
- (イ) 労働者の危険を防ぐための基本対策に関連する事項
- (ロ) 労働災害の原因や再発防止策の検討などの安全に関連する事項
- (ハ) その他に労働者の危険を防ぐことに関連する事項

② 衛生委員会
衛生委員会で調査・審議する主な事項は以下の通り。
- (イ) 労働者の健康障害を防ぐための基本対策に関連する事項
- (ロ) 労働者の健康の保持や増進を図るための基本対策に関連すること

(ハ) 労働災害の原因や再発防止策のうち，衛生に関連する事項

(3) 労働者の就業
① 安全衛生教育
事業者は労働者に対して労働災害などを防止するために，安全衛生に関する教育を実施しなければならない。教育を実施すべき時期は以下のような場合である。
- (イ) 労働者を雇い入れたとき
- (ロ) 労働者の作業内容を変更するとき
- (ハ) 危険または有害な作業に従事させるとき
- (ニ) 職長や現場監督者を新規に任命したとき

② 就業制限
危険または有害な業務については，有資格者以外にその業務を行わせてはならない。就業制限の項目は以下の表の通り。

表14・2　就業制限を要する業務

業務の内容		資 格 者
クレーンの運転	吊り上げ荷重が5t以上	・クレーン運転士 ・床上操作式クレーン運転技能講習修了者（床上操作式のみ）
移動式クレーンの運転	吊り上げ荷重が1t以上（道路上での走行を除く）	・移動式クレーン運転士 ・小型移動式クレーン運転技能講習修了者（5t未満のみ可）
デリックの運転	吊り上げ荷重が5t以上	・デリック運転士
車両系建設機械の運転（整地，運搬，積み込み用，及び掘削用）	機体重量3t以上（道路上の走行を除く）	・車両系建設機械（整地，運搬，積み込み用及び掘削用）運転技能講習修了者 ・その他
車両系建設機械の運転（基礎工事用）	機体重量3t以上（道路上の走行を除く）	・車両系建設機械（基礎工事用）運転技能講習修了者 ・その他
不整地運搬車の運転	最大積載量が1t以上（道路上の走行を除く）	・不整地運搬車運転技能講習修了者 ・その他
高所作業者の運転	作業床の高さが10m以上（道路上での走行を除く）	・高所作業車運転技能講習修了者 ・その他

発破作業	せん孔，装てん，結線，点火並びに不発の装薬または，残薬の点検及び処理	・発破技士 ・その他
ガス溶接等の作業	可燃性ガス及び酸素を用いて行う金属の溶接，溶断又は加熱	・ガス溶接技能講習修了者 ・その他
玉掛け作業	吊り上げ荷重が1t以上のクレーン，移動式クレーンもしくはデリック	・玉掛け技能講習修了者 ・その他

③ 特別教育

以下の危険な作業や有害な業務に労働者を従事させる場合，安全衛生についての特別教育を実施しなければならない。

(イ) アーク溶接
(ロ) 吊り上げ荷重5t未満のクレーン（移動式を除く），デリックの運転，吊り上げ荷重1t未満の移動式クレーンの運転
(ハ) 建設用リフトの運転，ゴンドラの操作，軌道装置の運転
(ニ) 吊り上げ荷重1t未満のクレーンなどの玉掛け作業
(ホ) 作業室などへ送気するための空気圧縮機の運転
(ヘ) 高圧室内作業，酸素欠乏危険作業
(ト) 機体重量3t未満の車両系建設機械の運転
(チ) ずい道などの掘削，覆工コンクリートの打設作業

解答 (1)：事業者は，労働者の作業内容を変更する場合でも，安全衛生の教育をしなければならない。

類題マスター

類題1

労働者に対して安全衛生教育を実施しなければならない場合に関する次の記述のうち，適当でないものはどれか。

第14章　労働関係法規

(1) 新規に雇い入れたとき
(2) 作業内容を変更したとき
(3) 労働者を危険または有害な業務に従事させるとき
(4) 労働者が1ヶ月を超える長期休暇から戻った場合

類題2

「労働安全衛生法」に関する記述のうち，適当でないものはどれか。
(1) 建設業を営む事業者は，事業場の労働者を50人以上使用する場合には，安全委員会または衛生委員会のいずれかを設ける必要がある。
(2) 事業者は，労働災害を防ぐための管理が必要な一定の作業について，作業主任者を選任する必要がある。
(3) 事業者は労働者に対して，医師による健康診断を実施しなければならない。
(4) 特定元方事業者は，同一の場所で元請けと下請け会社などの作業員が常時50人以上（ずい道や圧気工法などの作業では常時30人以上）の労働者が混在して作業を行う場合には，統括安全衛生責任者を設置する。

類題3

危険または有害な業務として，労働安全衛生法で技能講習修了や免許などの資格が必要でないものはどれか。
(1) 機体重量が4tのパワーショベルの運転（道路上での走行を除く）
(2) 吊り上げ荷重が2tの移動式クレーンの運転
(3) 作業床の高さが最大8mの高所作業車の運転（道路上での走行を除く）
(4) 機体重量が5tのブルドーザーの運転（道路上での走行を除く）

● 解答・ポイント ●

解　答　類題1　(4)：安全衛生教育の記述を参照。
　　　　類題2　(1)：安全委員会及び衛生委員会が必要で，安全衛生委員会で代替できる。
　　　　類題3　(3)：作業床の高さが10m未満の高所作業車の運転（道路上の走行を除く）では，技能講習修了の資格を必要としない。

例題 4 重要 重要 重要

墜落災害を防止する上で，労働安全衛生規則と比較して適当でないものはどれか。
(1) 高さ2m以上の足場（1側足場を除く）には作業床を設ける。
(2) 脚立を使用する場合は，脚と水平面の角度が75°以下になるようにする。
(3) 高さが3m以下の箇所での作業は，強風や大雨などの悪天候でも作業ができる。
(4) 足場を取り外す際は，労働者に安全帯を着用させるなどの安全対策を講じる。

Point → 労働安全衛生規則に関するポイントについてよく覚えておくこと。

解説

労働安全衛生法に基づいて，危険作業などに対して労働災害を防止するための具体的な方策を示したものが労働安全衛生規則である。
・各作業の規則

(1) 明かり掘り，土留め工

掘削における地山の勾配は，表14・3の通り。掘削作業の安全基準は，下表の通り。

表14・3 明かり掘り作業の安全基準

地山の種類	掘削面の高さ	掘削面の勾配
岩盤または硬い粘土	5m未満 5m以上	90°以下 75°以下
その他	2m未満 2m以上5m未満 5m以上	90°以下 75°以下 60°以下
砂	掘削面の勾配35°以下または高さ5m未満	
発破等で崩壊しやすい状態になっている地山	掘削面の勾配45°以下または高さ2m未満	

325

高さ 2 m 以上の掘削作業は，技能講習を修了した資格者を作業主任に選任する。

　　掘削深さが 1.5 m を超え，勾配を保てないときは土留め工を行う。深さが 4 m を超えた場合は矢板や杭などで土留めを実施する。圧縮材を継ぎ合わせる場合は，突合せ継ぎ手にする。切りばりの間隔は水平方向が 5 m 以下で，垂直方向が 3 m 程度となるようにする。土留め支保工組み立て後 7 日以内，及び中震以上の地震や大雨などがあった場合は異常の有無について点検調査する。

(2) 足場，墜落防止

　　高さ 2 m 以上の足場（1 側足場を除く）には，作業床を設けなければならない。足場板の幅は吊り足場の場合を除いて 40 cm 以上で，床材相互の隙間は 3 cm 以下とする。足場板を長手方向に重ねる場合，その重ね合わせの長さは 20 cm 以上設ける。足場を取り外す場合は，幅 20 cm の足場板を設けて労働者に安全帯などを着用させるなどの措置が必要。

　　墜落の危険がある場合は，丈夫な構造で，著しい損傷や破損のない材料を使った手すりを設ける。また，この高さは 75 cm 以上とする。

　　吊り足場の場合，ワイヤーの素線損失は 10 % 以下で，公称径損失は 7 % 以下のものを使用し，キンクなどがないようにする。

　　高さ 2 m 以上の箇所で作業を行う場合，大雨や強風などの悪天候によって作業が危険であると予想される場合は，労働者に作業を実施させてはならない。

　　脚立を使用する場合は丈夫で著しい損傷や腐食のないものを使用し，脚と水平面の角度は 75° 以下にする。

(3) クレーン系機械など

　　クレーンの運転については，一定の合図を決めておく。強風のため，クレーンなどの作業に危険が予想される場合は，作業を中止しなければならない。

　　移動式クレーンについては，移動式クレーン運転士免許を持つものでなければ業務に従事できない。ただし，吊り上げ荷重が 1 t 以上 5 t 未満の移動式クレーンについては，小型移動式クレーン運転技能講習を終えていれば作業に従事できる。

　　移動式クレーンの作業では，規定のジブの傾斜角を超えて使用してはならない。また，軟弱な地盤や地下の構造物の損壊などによって，移動式クレー

ンが倒壊する恐れがある場合は，移動式クレーンを使用して作業してはならない。移動式クレーンでは，労働者を運搬したり吊り上げたりしてはならない。安全な作業を行ううえで，やむを得ない場合には，吊り具に専用の搭乗設備を設けたうえで，搭乗設備に人を乗せることが可能。移動式クレーンの運転を交代する際などに，運転手は荷を吊ったまま運転位置を離れてはならない。

移動式クレーンの巻過防止装置その他の警報装置やブレーキなどの機能については，その日の作業開始前に点検を行わねばならない。

(4) 車両系建設機械

ブルドーザーやモーターグレーダーなどの整地・運搬・積み込み用機械や，パワーショベルやドラグショベルなどの掘削用機械，杭打ち機やアースドリルなどの基礎工事用機械などの運転業務では，3t以上の機械では技能講習修了者が，3t未満の機械やローラーなど締め固め機械は特別教育修了者が就く。

落石などの恐れがある場所で車両系建設機械を使用する場合には，機械に堅固なヘッドガードを備え付けなければならない。

また，車両系建設機械のアームなどの下の部分を点検や修理する際には，アームなどが急に降下しないよう安全支柱や安全ブロックなどで労働者の安全を確保する必要がある。

車両用建設機械については，パワーショベルによる荷の吊り上げなど主たる用途以外に使用してはならない。車両系建設機械については，1年以内，1ヶ月以内ごとに1回定期点検を行い，その記録を3年間保存する。その日の作業を開始する前にブレーキやクラッチなどの機能について点検する必要がある。

(5) 通路

仮設通路の勾配は30°以下にして，15°を超えた場合は滑り止めを設ける。危険性の高い場所には75 cm以上の高さの手すりを設ける。8 m以上の登り桟橋には，7 m以内ごとに踊り場を設置する。たて坑内の仮設通路では，15 m以上の長さのものに対しては10 m以内ごとに踊り場を設ける。

解答 (3)：高さが2 m以上の箇所で作業する場合，強風や大雨などの悪天候による危険性が予測される場合は，作業を行わない。

第14章　労働関係法規

類題マスター

類題1

高所作業を行う場合の安全管理について「労働安全衛生規則」上，適当でないものはどれか。

(1) 高さ3mの高所作業で，作業員が墜落する恐れがあったので，作業床と高さ80cmの手すりを設置した。
(2) 高さ3mの位置に設置した足場に使用している足場板の幅が45cmで，隙間が1cmだった。
(3) 高さ5mの足場の取り外し作業において，幅20cmの足場板を設けて，労働者には安全帯を着用してもらった。
(4) 高さ4mの場所で作業床を設置する際に，足場板を長手方向に10cmずつ重ねた。

類題2

硬い粘土の地山を掘削する際の掘削面の高さと掘削面の勾配の組み合わせのうち，労働安全衛生規則に違反しているのはどれか。

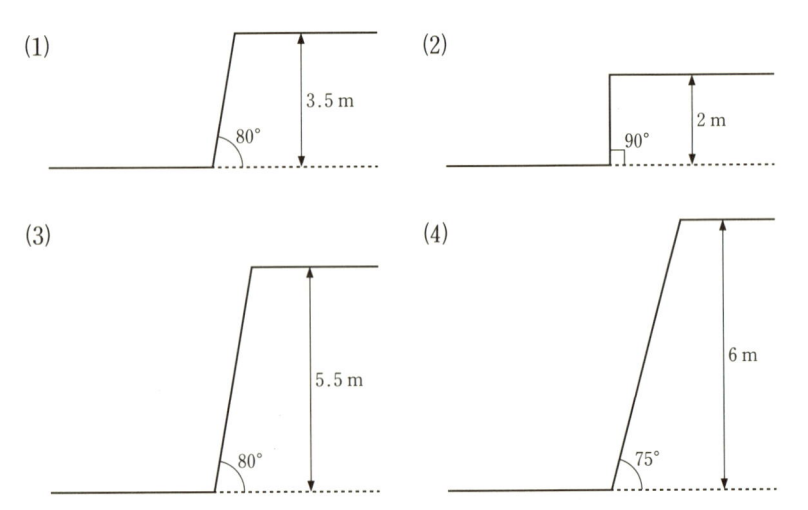

(1) 80°　3.5m
(2) 90°　2m
(3) 80°　5.5m
(4) 75°　6m

類題3

移動式クレーンを用いて作業する際の安全管理に関する記述のうち，最も適当なものはどれか。

(1) 移動式クレーンの巻過防止装置その他の警報装置やブレーキなどの機能については，その日の作業開始前に点検を行わねばならない。
(2) 軟弱な地盤や地下の構造物の損壊などによって，移動式クレーンが倒壊する恐れがある場合は，移動式クレーンを水平に設置して，アウトリガーを最大限に張り出して操作を行った。
(3) 現場の天候が強風で危険が予想される状況だったので，アウトリガーを十分に張り出して，慎重に作業を行った。
(4) 移動式クレーンの運転を交代する際に，荷を吊った状態で運転位置を離れた。

● 解答・ポイント ●

解　答　　類題 1　(4)：足場板は長手方向に 20 cm 以上重ねる必要がある。
　　　　　類題 2　(3)：硬い粘土で高さ 5 m 以上の地山では，掘削面の勾配を 75°以下にしなければならない。
　　　　　類題 3　(1)

第15章

その他の法規

第15章　その他の法規

1. 建設業法

例題1 重要 重要 重要

建設業法に関する記述のうち，適当でないものはどれか。
(1) 建設会社は請け負った工事を一括して他者に請け負わせてはならない。
(2) 許可を受けていない業種に関しては，基本的に工事を請け負うことはできない。
(3) 建設業者が建設工事現場に掲げる標示では，会社の商号または名称を示さなくてもよい。
(4) 建設業許可については，1つの都道府県内にのみ営業所を配置するものは都道府県知事の許可が必要である。

Point → 建設業法に関するポイントについてよく覚えておくこと。

解説

　建設業法は，建設業を営む者の資質向上や建設工事の請負契約の適正化を図り，適切な施工を確保して発注者を保護するための法律。公共事業に関連する法律なので，法の目的は公共の福祉にも寄与する。

(1) 建設業許可
① 許可
　2以上の都道府県に営業所（本店，支店）を配置して営業を行う者は国土交通大臣の許可が，1つの都道府県内にのみ営業所を配置するものは都道府県知事の許可が必要。
② 許可業種
　建設工事の種類ごとに一般建設業と特定建設業の区分を受ける。許可を受

けていない業種に関しては，基本的に工事を請け負うことはできない（本体工事の付随工事は除く）。許可は5年ごとに更新する。

③ **特定建設業・一般建設業**

特定建設業は，発注者から直接請け負う工事1件について，その工事の下請け金額が3000万円以上（建築工事は4500万円以上，下請けが2件以上ある場合は下請けの合計）となる下請け契約を締結して施工する際に必要。

特定建設業以外の場合，一般建設業の許可が必要。

④ **主な許可基準**

許可を受けようとする建設業に関して5年以上の経営に関する経験を有する者を配置し，営業所ごとに一定の資格を有する者を専任者として配置する。

(2) 主任技術者と監理技術者

建設会社が工事を請け負う場合，現場の施工における技術的な管理を行う主任技術者を配置する必要がある。また，一定の条件の下で監理技術者の配置が必要になる。主任技術者は，施工計画や工程計画の作成，工程管理や品質管理，その他の技術的事項に関する管理や指導を行う者である。

① **主任技術者**

主任技術者を配置する工事現場は以下のような場合である。また，主任技術者は公共性の高い工事においては，2500万円以上の建設工事，5000万円以上の建築工事において専任しなければならない。

(i) 下請け工事の現場
(ii) 下請けに出す工事金額が合計3000万円未満（建築一式工事は4500万円未満）の現場
(iii) 土木一式工事，建築一式工事において一式工事に含まれる他の工事（電気，管，造園など）を施工する場合，その工事ごとに配置
(iv) 付帯工事の現場

② **監理技術者**

特定建設業者において合計3000万円以上（建築一式工事の場合4500万円以上）の工事を下請けに出す場合，監理技術者を配置する。監理技術者は，1級施工管理技術者などの有資格者で，「監理技術者資格証」を交付されている者の中から選任する。

また，監理技術者は公共性の高い工事においては，2500万円以上の建設工事，5000万円以上の建築工事において専任しなければならない。

(3) 一括下請けの禁止

建設会社は請け負った工事を一括して他者に請け負わせてはならない。

(4) 現場に掲げる標示

建設業者が建設工事現場に掲げる標示には，以下の項目が含まれる。
① 一般建設業と特定建設業の種別
② 許可を受けた年月日，許可番号，許可を受けた建設業の種別
③ 商号または名称
④ 代表者の名前
⑤ 主任技術者または監理技術者の氏名

(5) 元請負人に課せられた義務

建設業法では以下のように元請人に一定の義務を課すことによって，下請負人の保護を図っている。
① 下請負人の事情の聴取
　　元請負人は建設工事の工程の細目や作業方法などを定める際にあらかじめ下請負人の意見を聞かねばならない。
② 下請代金の支払い
　　元請負人が出来高部分に関する支払いや工事完成後の支払いを受けた場合には，下請負人に出来高部分の代金を1カ月以内に支払うこと。
　　また，元請人が前払いの支払いを受けた場合には，下請負人に資材の購入や労働者の募集，そのほか建設工事の着手に必要な費用を前払い金として支払うよう適切に配慮する。
③ 検査・引渡し
　　元請負人は下請人から建設工事が完了した旨の通知を受けた場合，20日以内で，かつ，できる限り短い期間内で完成の確認検査を行う。
④ 特定建設業者の下請け代金支払い期日など
　　特定建設業者が注文者となった場合，下請契約の下請代金の支払い期日は，工事の完成を確認し，下請負人の請求があった日から50日以内でできる限り短い期間に定める。
　　また，下請代金の支払い期日が定められていない場合，または上記の規定に違反する場合は50日を経過する日が下請け代金の支払い期日となる。

解答 (3)：建設業者が建設工事現場に掲げる標示では，会社の商号または

名称を示す必要がある。

類題マスター

類題1

「建設業法」に関する以下の文章の（　）内の語句の組み合わせとして最も適当なものはどれか。

「特定建設業者が合計（　ア　）万円以上（建築一式工事の場合（　イ　）万円以上）の工事を下請けに出す場合，（　ウ　）を配置する。（　ウ　）は，1級施工管理技術者などの有資格者のうち，資格証を交付されている者の中から選ぶ。また，公共性の高い工事において，（　エ　）万円以上の建設工事については（　ウ　）を専任しなければならない」。

	(ア)	(イ)	(ウ)	(エ)
(1)	3000	4500	監理技術者	2500
(2)	4500	5000	監理技術者	1500
(3)	3000	5000	主任技術者	2500
(4)	4500	4000	主任技術者	1500

類題2

建設業法に関する記述のうち，適当でないものはどれか。
(1) 発注者から請け負った工事が小規模な工事だったので，専門の会社に一括で下請けさせた。
(2) 元請けした建設工事の一部を下請けに出した際，下請け契約の合計額が4000万円だったので，監理技術者を配置した。
(3) 建設業の許可は5年ごとに更新する。
(4) 工事金額が2000万円の下請け工事に主任技術者を配置した。

● 解答・ポイント ●

解　答　　類題1　(1)
　　　　　類題2　(1)：一括下請けは禁止されている。

第15章　その他の法規

2. 都市公園法・都市計画法

例題 2　重要　重要

都市公園に関する記述のうち，適当でないものはどれか。
(1) 都市公園の敷地面積の2％を超えるような建築物は，公園施設として設けられない。
(2) メリーゴーランドや遊戯用電車など有料の遊戯施設は，4 ha以上の都市公園に設置できる。
(3) 屋根付き野外場や屋根付き広場，壁のない雨天運動場の建築面積は都市公園面積の10％を超えてはならない。
(4) 仮設公園施設は，都市公園の敷地面積の2％を限度として，制限面積を超えることができる。

Point → 施設の設置基準など都市公園法に関するポイントについてよく覚えておくこと。

解説

　都市公園法は，都市公園の設置や管理に関する基準を定めたもので，都市公園の健全な発展と公共の福祉を増進させることを目的としている。

(1) **都市公園の定義**
　都市公園の定義は以下の通り。
① 都市計画施設である公園または緑地で，地方公共団体が設置するものおよび，地方公共団体が都市計画区域内に設置する公園または緑地。
② 国が設置する以下の公園
　(i) 1都府県を越える広域の見地から設置する都市計画施設の公園または緑地
　(ii) 国固有の優れた文化的資産の保存および，活用を図るために閣議決定

336

を経て設置する都市計画施設の公園

(2) 都市公園の種類
① 住区基幹公園
　(i) 街区公園
　　主に街区内に居住する住民を利用対象として設置される。誘致距離250 m の範囲で，1カ所の大きさは 0.25 ha を基本とする。
　(ii) 近隣公園
　　主に近隣に居住する住民を利用対象として設置される。誘致距離 500 m の範囲で，1カ所の大きさは 2 ha を基本とする。
　(iii) 地区公園
　　主に徒歩圏内に居住する住民を利用対象として設置される。誘致距離 1 km の範囲で，1カ所の大きさは 4 ha を基本とする。
　(iv) 特定地区公園
　　都市計画区域外の一定の町村における農山漁村地域の生活環境改善の目的で設置するもの。1カ所の大きさは 4 ha を基本とする。
② 都市基幹公園
　(i) 総合公園
　　基本的に都市住民全般を利用対象として設置される。1カ所の大きさは 10〜50 ha を基本とし，休息，散歩，運動などの目的で利用される。
　(ii) 運動公園
　　基本的に都市住民全般が運動の目的で利用するために設置される。1カ所の大きさは 15〜75 ha を基本とする。
③ 特殊公園
　特殊公園には，風致公園や動植物公園，歴史公園，墓園などがある。
④ 大規模公園
　大規模公園には，広域公園やレクリエーション都市がある。2002年1月時点で供用している国営公園として，昭和記念公園や淀川河川公園，飛鳥歴史公園，沖縄記念公園など14公園がある。

(3) 公園施設
公園施設は以下のように分類される。
① 修景施設
　植栽，芝生，花壇，噴水，池，彫像，燈籠など。

② 休養施設
　　休憩所，ベンチ，キャンプ場など。
③ 遊戯施設
　　ブランコ，すべり台，砂場，ジャングルジム，メリーゴーランド，遊戯用電車など。
④ 運動施設
　　野球場，サッカー場，テニスコート，ゴルフ場，バスケットボール場，水泳プール，ボート場，乗馬場，鉄棒など。
⑤ 教養施設
　　植物園，動物園，水族館，温室，野外劇場，野外音楽堂，図書館，天体・気象観測施設，記念碑など。
⑥ 便宜施設
　　売店，飲食店，駐車場，手洗い場，便所など。
⑦ 管理施設
　　門，柵，管理事務所，倉庫，材料置き場，標識，照明施設，水道，井戸など。
⑧ **その他施設**
　　展望台，集会所など。

(4) 公園施設の設置基準
① 建築物
　　都市公園の敷地面積の2％を超えるような建築物は，公園施設として設けられない。
② 仮設公園施設
　　仮設公園施設は，都市公園の敷地面積の2％を限度として，制限面積を超えることができる。
③ 遊戯施設
　　メリーゴーランドや遊戯用電車など有料の遊戯施設は，5 ha以上の都市公園に設置できる。
④ 運動施設
　　運動施設は，都市公園の敷地面積の50％を超えてはならない。
⑤ 分区園
　　農耕地を分区して，家庭菜園など非営利目的で貸し出す分区園の1分区の面積は50 m^{2}を超えてはならない。

⑥　屋根付き広場
　　屋根付き野外場や屋根付き広場，壁のない雨天運動場の建築面積は都市公園面積の10％を超えてはならない。
⑦　宿泊施設
　　都市公園の効用を全うするために特に必要がある場合は設置できる。

(5) 占用物件

　工作物が社会生活上欠かせない施設である場合，都市公園の中に公園施設以外の工作物を設置することがある。この場合，占用物件として許可が必要となる。占用物件として認められるものは以下の通りである。

①　水道管，下水道管，ガス管など。本管を設置する場合，基本的に埋設深さを1.5m以下にしないようにする。重量物の圧力を受けるような場所では3m以下にしないようにする。
②　電線，電柱，変圧塔など。基本的に電線は地下に設置する。
③　郵便差出箱，公衆電話所。
④　通路，鉄道，軌道，公共用駐車場，及びこれらに準じるもので地下に設置されるもの。
⑤　集会，競技会，展示会などに類する催しのために使用する仮設工作物。
⑥　非常災害時に災害被災者を収容する仮設施設。
⑦　橋，道路，鉄道などの高架施設。
⑧　警察の派出所。
⑨　工事用足場などの工事用施設。
⑩　標識。
⑪　防火用貯水槽で地下に設けるもの。

解答　(2)：有料の遊戯施設は，5ha以上の都市公園に設置できる。

第 15 章　その他の法規

類題マスター

都市公園に関する記述のうち，適当でないものどれか。
(1) 都市公園内の地下にガス管を設置する場合は，占用許可は必要ない。
(2) 電線や変圧塔などを設置する場合は，占用許可が必要であるが，公園利用者のための売店の設置には占用許可が不要である。
(3) 運動施設は，都市公園の敷地面積の 50 % を超えてはならない。
(4) 都市公園の効用を全うするために特に必要がある場合は公園内に宿泊施設を設置できる。

● 解答・ポイント ●

解　答　(1)：ガス管を設置する場合は占用許可が必要。売店の設置に占用許可は不要。

例題 3

都市計画法に基づいて開発許可を与える基準に関する記述のうち，適当でないものはどれか。
(1) 1 ha 以上の開発行為で，植物の生育を確保するうえで必要な樹木の保存や表土の保存などの措置を講じる。
(2) 1 ha 以上の開発行為で，騒音や振動などによる環境の悪化を防ぐために必要な緑地帯などの配置。
(3) 高さ 1 m 以上の切土または盛土が行われた土地が 1000 m^2 以上に達した場合，その部分の表土の復元や客土，土壌の改良。
(4) 高さ 3 m 以上で面積 100 m^2 以上の樹木の集団は，その場所を公園などとして保存する。

Point → 都市計画法に関するポイントについて確認しておくこと。

解説

都市計画法は，都市の健全な発展と秩序ある整備を図り，国土の均衡ある発展と公共の福祉を目的とした法律である。

(1) 都市計画

都市計画とは，土地利用や都市施設の整備，および，市街地開発事業に関する計画で都市計画法に規定されたもの。

都市計画区域は，都道府県知事が関係市町村および，都市計画地方審議会の意見を聞いたうえで，国土交通大臣の許可を受けて行う。

(2) 都市計画法の開発規制

都市計画法では，都市計画区域や準都市計画区域で開発行為を行う場合に都道府県知事の許可が必要となる。しかし，以下の行為の場合は許可が不要である。
① 都市計画区域や準都市計画区域内において政令で定める規模未満のもの

② 農林漁業用の建築物とこの業務を行うものの居住用建築物
③ 国，都道府県，指定都市などが行う開発行為
④ 鉄道の施設，医療施設，学校，社会福祉施設などの公益施設
⑤ 都市計画事業，土地区画整理事業，市街地再開発事業などを施行する際の行為

(3) 都市計画法の開発許可の基準

都市計画法では，申請された開発行為が以下のような一定の基準に達していて，その手続きに問題がない場合，開発を許可しなければならない。
① 1 ha 以上の開発行為では，植物の生育を確保するうえで必要な樹木の保存や表土の保存などの措置を講じている。
② 1 ha 以上の開発行為では，騒音や振動などによる環境の悪化を防ぐために必要な緑地帯などの配置。
③ 高さ 1 m 以上の切土または盛土が行われた土地が 1000 m² 以上に達した場合，その部分の表土の復元や客土，土壌の改良。
④ 高さ 10 m 以上の樹木または，高さ 5 m 以上で面積 300 m² 以上の樹木の集団は，その場所を公園などとして保存する。

解答 (4)：高さ 5 m 以上で面積 300 m² 以上の樹木の集団は，その場所を公園などとして保存する。

3. 建築基準法

例題 4

公園に以下の施設を設置しようとした場合に，建築主事の確認が不要なものはどれか。
(1) 高さ5mの煙突
(2) 観光用エスカレーター
(3) 高さ5mの広告塔
(4) 高さ20mのRC柱

Point → 建築基準法で建築確認が必要な事項についてよく覚えておくこと。

解説

建築基準法は建築物の構造や設備などについて最低基準を定めて，その安全性を守り，国民の生命や健康と財産の保護を目的とした法律である。

(1) 建築確認

以下の建築物などを建築する場合には，建築主事または，指定確認検査機関の確認を受ける必要がある。また，建築主事などは，確認の申請書を受理した場合，受理後7日以内に審査を行い，規定に適合していれば，確認した旨を文書で申請者に通知しなければならない。

なお，建築主事とは，都道府県知事または市町村の長の指揮監督のもとで確認に関連する事務を司る者を指す。
① 高さ6mを超える煙突
② 高さ4mを超える広告塔，広告板，記念塔など
③ 観光用のエレベーター，エスカレーター
④ ウォーターシュート，コースターなど

⑤ 高さ 15 m を超える RC 柱，木柱，鉄柱
⑥ 高さ 2 m を超える擁壁
⑦ 原動機を使用する回転遊戯施設
⑧ 高さ 8 m を超えるサイロ，高架水槽など

(2) 報告・検査

　建築主事などは，建築物もしくはその敷地の所有者，建築主，建築物の設計者，工事監理者，工事施工者などに対して，建築物の敷地や構造，用途などについて，工事の計画や施工の状況に関する報告を求めることができる。
　また，建築主は，特定の工程に関わる工事の完了後 4 日以内に中間検査の申請を行い，建築主事などは申請受理後 4 日以内に検査を実施する。
　建築主は工事が完了した後，工事完了後 4 日以内に建築主事に検査の申請を行う。建築主事は申請の提出後 7 日以内に検査を行う。

解答　(1)：高さ 6 m を超える煙突には建築確認申請が必要。

4. 都市緑地法

例題 5

緑地保全地域内で，都市緑地法からみて，都道府県知事への届出の必要がないものについて，適当なものはどれか。
(1) 小動物の捕獲
(2) 土石の採取
(3) 建築物の改築
(4) 木竹の伐採

Point → 緑地保全地域内の規制などについて理解しておくこと。

解説

都市緑地法は，都市における緑地の保全や緑化の推進に関して都市公園法などとともに，良好な都市環境の整備と健康で文化的な都市生活の確保に寄与することを目的としている。

(1) 緑地保全地区
都市計画区域内の緑地で緑地保全地域を定められる土地は以下の通り。
① 無秩序な市街地化の防止，公害，災害の防止などに適切な場合。
② 地域の住民の健全な生活環境の確保に必要なもの。

(2) 行為の制限
緑地保全地域内では，以下の行為をする際に都道府県知事への届出が必要となる。
① 建築物その他の工作物の新築，改築または増築
② 宅地の造成，土地の開墾，土石の採取，鉱物の採掘その他土地の形質の

変更
③ 木竹の伐採
④ 水面の埋め立て，干拓
⑤ 上記のほか緑地保全に影響を与える恐れのある行為

(3) 届出を不要とする行為

届出を不要とする行為は以下の通り。
① 公益性が特に高い事業の実施に関わる行為で，緑地保全上著しい支障を及ぼす恐れがないと認められ，政令で定めるもの。
② 緑地保全地域に関する都市計画が定められた際，すでに着手していた行為。
③ 非常災害のため必要な応急措置として行う行為。

(4) 緑地協定

都市計画区域内に以下のいずれかの土地を保有する者は，市街地の良好な環境の確保のため，全員の合意により緑地協定を締結することができる。また，地域住民の合意によって締結された緑地協定は市町村長の許可を受ける必要がある。
① 相当規模の一団の土地
② 道路，河川などに隣接する相当の区間にわたる土地

解答 (1)

5. その他法律

例題 6

工事に関係する法律に関する記述のうち，適当でないものはどれか。
(1) 自然公園法では，国立公園の特別地域内での木竹の伐採は，原則として環境大臣の許可が必要。
(2) 文化財保護法は，土木工事などで古墳など周知の埋蔵文化財包蔵地を発掘する場合は，発掘者は着手の60日前までに文化庁長官に届出を要する。
(3) 生産緑地法では，生産緑地内で建築物などの工作物を新築，改築する場合は，原則として市町村長の許可を受ける必要がある。
(4) 騒音規制法では，作業場所の敷地境界線で75 dBを超えないようにすることを規制基準とする。

Point → 自然公園法などの法規についても概要は把握しておくこと。

解説

(1) 自然公園法

環境大臣は国立公園の，都道府県知事は国定公園の風致を維持するために公園計画に基づいて，その区域内に特別地域を指定できる。また，環境大臣は国立公園の，都道府県知事は国定公園の景観を維持するために，特に必要がある場合，公園計画に基づいて特別地域内に特別保護地区を指定できる。

特別地域内での以下の行為については，原則として国立公園では環境大臣の，国定公園では都道府県知事の許可が必要。
① 工作物の新築，改築，増築
② 木竹の伐採
③ 鉱物の掘採，土石の採取

④　河川や湖沼の水位や水量に増減を及ぼすこと
⑤　広告物などの設置
⑥　水面の埋め立て，干拓
⑦　土地の開墾，その他土地の形状の変更
⑧　環境大臣の指定する高山植物の採取など
　上記①～⑦までを特別保護地区内で行う場合は，国立公園では環境大臣の，国定公園では都道府県知事の許可が必要。

(2) 自然環境保全法

　自然環境が人の活動の影響を受けることなく，原生の状態を維持し，国または地方公共団体の所有する一定の面積以上の土地の区域で，自然環境の保全が特に必要な地域を原生自然環境保全地域と呼ぶ。

　原生自然環境保全地域以外の区域で，一定の規定により自然的社会的諸条件からみて自然環境の保全が必要な区域を自然環境保全区域と呼ぶ。

　原生自然環境保全区域では，原則として以下のような行為をしてはならない。
①　建築物その他工作物の新築，改築，増築
②　木竹の伐採，損傷
③　鉱物の掘採，土石の採取
④　河川や湖沼の水位や水量に増減を及ぼすこと
⑤　木竹の植栽
⑥　水面の埋め立て，干拓
⑦　土地の開墾，宅地の造成，その他土地の形質の変更
⑧　火入れ，たき火

(3) 生産緑地法

　市街化区域内にある農地など以下の条件に当てはまる一団の区域を生産緑地地区と呼ぶ。
①　公害・災害の防止，農林漁業と調和した都市環境の保全など良好な生活環境の確保に効用があり，公共施設などの敷地用の土地として適合する。
②　500 m² 以上の規模である。
③　用排水その他の状況を勘案して農林漁業の継続が可能な条件を備えている。

　生産緑地内で建築物などの工作物を新築や改築したり，宅地の造成や土石

の掘採などを行う場合は，原則として市町村長の許可を受ける必要がある。

(4) 騒音規制法

工場などの事業活動や建設工事などに伴う騒音の許容限度を定めて，国民の生活環境を保全することを目的としている。

作業場所の敷地境界線で 85 dB を超えないことが基準となる。

指定地域内で著しい騒音を発する特定建設作業を行う場合は，作業開始の 7 日前までに氏名や名称，住所，工作物の種類，実施期間，騒音防止の方法などを市町村長に届ける必要がある。なお，指定地域とは，住居が集合している地域や病院や学校など騒音を防止することで生活環境を保全すべき地域で，都道府県知事が指定する。

(5) 振動規制法

工場などの事業活動や建設工事などに伴う振動の許容限度を定めて，国民の健康を保全することを目的としている。

作業場所の敷地境界線で 75 dB を超えないことが規制の基準となる。

指定地域内で特定建設作業を行う場合は，作業開始の 7 日前までに市町村長に届ける必要がある。

(6) 建設副産物の処理に関する法令

建設工事にかかわる資材の再資源化に関する法律では，建設資材廃棄物の再資源化について規定する。分別解体で生じた建設資材廃棄物は資材や原材料として利用できる状態にする。また，建設資材廃棄物のうち，燃焼して利用できるものは，熱を得るために利用できる状態にする。

廃棄物の処理及び清掃に関する法律では，廃棄物などは以下のように定義される。

① 廃棄物
　ごみ，粗大ごみ，汚泥，燃え殻，ふん尿，廃油，動物の死体など。
② 一般廃棄物
　産業廃棄物以外の廃棄物。
③ 産業廃棄物
　燃え殻，汚泥，ふん尿，廃油，配プラスチック類，廃酸，廃アルカリなど。

④　指定副産物

建設業に関連するものは，土砂，コンクリートの塊，アスファルト・コンクリートの塊，建設発生木材。

(7) **文化財保護法**

土木工事などで貝塚や古墳など周知の埋蔵文化財包蔵地を発掘する場合，発掘者は着手の 60 日前までに文化庁長官に届出が必要。

土地の所有者や占有者が出土品によって古墳や貝塚など遺跡と認められるものを発見した場合，現況を変更しないまま，文化庁長官に書面で届け出る。

文化庁長官は，遺跡の調査が必要であると判断した場合は，土地の所有者や占有者に期間と区域を定めて 3 カ月以内に限り，現状を変更する行為の停止や禁止を命じることができる。またこの命令に際して，文化庁長官は事前に地方自治体の意見を聞き，命令は届出から 1 カ月以内に行う。調査の延長は 1 回だけ可能。前回の調査と通算して 6 カ月以内にする。

解答　(4)：騒音規制法では，作業場所の敷地境界線で 85 dB を超えないようにすることが規制基準。

第16章

実　　　　　地

第16章 実 地

1. 経験問題

例題 1

あなたが経験した造園工事の実例を一つ選び，工事名，工事金額，工期，施工場所，工事概要，あなたの立場を記述し，その工事について，安全管理，品質管理のいずれか1つについて，問題点とあなたがとった処置または対策について記述せよ。

(1) 工事名（例：○○公園新設工事）

(2) 工事金額（1万円未満は切り捨てて記入してもよい）

(3) 工期（○年○月から○年○月　約○○日間）

(4) 施工場所（都道府県名のみでも可）

(5) 工事概要

(6) あなたの立場

_____

(7) 以下の項目から1つ選んで〇で囲み，その項目について上記工事における問題点を述べよ。

①安全管理　②品質管理

_____
_____
_____
_____

(8) (7)に挙げた問題点についてあなたが行った処置または対策について述べよ。

_____
_____
_____
_____

第16章 実　地

〈解答例〉

(1)

山川公園新設工事

(2)

7500万円

(3)

平成16年8月〜平成17年3月　約210日

(4)

東京都千代田区

(5)

0.6haの面積を持つ緑地の整備工事。園地の造成や植栽，便宜施設，管理施設などの建設。

(6)

現場代理人の補助

(7)

①安全管理　②品質管理
都市部での工事であり，工事場所の出入り口の通行量が多かった。また，植栽や盛土などを運搬する道路には通学路も含まれており，十分な交通安全対策が求められた。

(8)

出入り口の通行の安全確保を図るために，出入り口に交通整理員を常駐させた。また，大型車両の通行路については，事前に学生の通行時間の調査を行い，通学時間には極力，大型車両を通行させないようにした。どうしても通行が必要な場合は，通行時の徐行と安全確認を徹底するようにした。

例題 2

都市公園の新設工事で樹木の植栽工事を行うことになった。この工事を実施する際に留意する点などについて以下の質問に答えよ。

(1) 工事に際して，公園を利用する第三者に対しての安全対策として留意すべき事項を3点挙げよ。

①
②
③

(2) 「公共用緑化植物の品質寸法規格基準（案）」に定められている樹木の規格のうち，H（樹高），C（幹周），W（枝張）について，測定の方法をそれぞれ述べよ。

（樹高）

（幹周）

（枝張）

(3) 「公共用緑化植物の品質寸法規格基準（案）」に定められている樹木の品質のうち，以下の①，②について答えよ。

　① 樹姿に関して，樹形の品質について留意すべき事項
　② 樹勢に関して，葉の品質について留意すべき事項

　①
　②

(4) 植栽地から約60km離れた地点から掘り取った樹木を運搬して移植する。この際，品質管理のうえで重要な点を三つ挙げよ。

　①
　②
　③

〈解答例〉

(1)
① 工事の作業区域をバリケードなどできちんと区画する。
② 作業区域にはガードマンを配置して，歩行者を危険な作業区域などに進入しないように誘導する。
③ 高所で樹木せん定を行う場合，せん定した枝が落下して歩行者に当たらないように切り落としの際に樹下の確認を十分に行った。

(2)
H（樹高）
樹木の樹幹の頂端から根鉢の上端までの垂直高をいい，一部の突出した枝は含まない。なお，ヤシ類など特殊樹にあって，「幹高」と特記する場合は幹部の垂直高さをいう。
C（幹周）
根鉢の上端より1.2 m上がりの位置を測定する。この部分に枝が分岐しているときは，その上部を測定する。幹が2本以上の樹木の場合においては，おのおのの幹周の総和の70％をもって幹周とする。
W（枝張）
樹木の四方面に伸長した枝（葉）の幅をいう。測定方向により幅に長短がある場合は，最長と最短の平均値とする。一部の突出した枝は含まない。葉張とは低木の場合についていう。

(3)
① 樹種の特性に応じた自然樹形で樹形が整っていること。
② 正常な葉形，葉色，密度（着葉）を保ち，しおれ（変形，変色）や軟弱葉がなく，生き生きしていること。

(4)
① 幹や枝葉を損傷しないように枝しおりを行う。
② 枝や葉が乾燥しないようシートなどで覆って運搬する。
③ 幹巻きを行っておく。

第16章 実地

2. 専門問題

例題 3

下記の工程表の長所と短所について，それぞれ回答せよ。

(1) ネットワーク工程表

（長所）

（短所）

(2) ガントチャート

（長所）

（短所）

(3) バーチャート

（長所）

(短所)
_____
_____

⟨解答例⟩

(1) ネットワーク工程表
　（長所）
　横線式工程表の欠点である各作業間の関連性を明確にすることができる。
　（短所）
　表の作成が難しく熟練を要するという欠点がある。

(2) ガントチャート
　（長所）
　各作業の進捗度合いを容易に把握できる。

　（短所）
　各作業に必要な日数や工期に影響を及ぼす作業がどれなのかを把握することができない。

(3) バーチャート
　（長所）
　各作業に要する日数が容易に把握できる。

　（短所）
　どの作業が工期に影響しているのかということを把握することが難しい。

第16章 実　地

(参考文献)

　図3・1（898），図3・2（899），図3・3（895），図3・4（896），
　図3・5（899），図3・6（899）

　図7・1（1007），図7・2（1009），図7・3（1010），図7・4（1012），
　図7・5（1012），図7・6（1015），図7・7（1018），図7・8（1023），
　図7・9（1027）

　以上　㈳日本造園学会編：造園ハンドブック，技報堂出版，1978.1
　　　　※カッコ内の数字は上記文献における掲載ページ

よくわかる！ 1級 造園施工管理技士試験〔学科試験〕

監　　修	造園施工管理試験問題研究会
印刷・製本	㈱太洋社

発　行　所　株式会社　弘文社	☎546-0012 大阪市東住吉区中野2丁目1番27号 ☎　（06）6797－7441 FAX（06）6702－4732 振替口座 00940-2-43630 東住吉郵便局私書箱1号
代表者　岡崎　達	

落丁・乱丁本はお取り替えいたします。